Thomas Anger

Die Gefährdungsanalyse in der Praxis

W0180650

Thomas Anger

Die Gefährdungsanalyse in der Praxis

Ein Arbeitsheft

Vierte Auflage

Deutscher Sparkassenverlag Stuttgart

Bibliografische Information der Deutschen Nationalbibliothek

Die Deutsche Nationalbibliothek verzeichnet diese Publikation
in der Deutschen Nationalbibliografie;
detaillierte bibliografische Daten sind im Internet
unter http://dnb.d-nb.de abrufbar.

Alle Angaben wurden sorgfältig ermittelt, für Vollständigkeit
oder Richtigkeit kann jedoch keine Gewähr übernommen werden.

© 2009 Deutscher Sparkassen Verlag GmbH, Stuttgart
Alle Rechte vorbehalten.
Dieses Werk einschließlich aller seiner Teile ist urheberrechtlich
geschützt. Jede Verwertung außerhalb der engen Grenzen des
Urheberrechtsgesetzes ist ohne Zustimmung des Verlages
unzulässig und strafbar. Das gilt insbesondere für Vervielfältigungen,
Übersetzungen, Mikroverfilmungen und die Einspeicherung
und Verarbeitung in elektronischen Systemen.

www.sparkassenverlag.de

Lektorat: Barbara Lägel
Herstellung: Stephanie Schwinn
Umschlaggestaltung nach einer Konzeption
von Groothuis, Lohfert, Consorten, glcons.de, Hamburg
Typografie nach einer Konzeption
von Rainer Leippold, Leonberg
Satz: MetaLexis, Niedernhausen-Engenhahn
Druck und Binden: M. P.Media-Print Informationstechnologie GmbH, Paderborn
Printed in Germany

ISBN: 978-3-09-301 429-1
4. Auflage 08/2009
Artikelnummer 305 768 020

Inhaltsverzeichnis

Geleitwort des DSGV

Auch nach Inkrafttreten des Geldwäschebekämpfungsergänzungsgesetzes (GwBekErgG) am 22. August 2008 muss ein Kreditinstitut über angemessene geschäfts- und kundenbezogene Sicherungssysteme und Kontrollen zur Verhinderung der Geldwäsche, der Terrorismusfinanzierung sowie des Betrugs zulasten des Instituts verfügen (§ 25c Abs. 1 KWG). Welche Sicherungssysteme zum Einsatz kommen und welche einzelnen Transaktionen und Geschäftsarten einer Kontrolle unterworfen werden, hat das Kreditinstitut – wie sonst auch im Rahmen der Schaffung von Risikomanagement-Systemen – auf der Grundlage einer eigenen Gefährdungsanalyse und der Risikostruktur der von ihm angebotenen Dienstleistungen zu entscheiden[1]. Das Ergreifen angemessener Sicherungsmaßnahmen zur Verhinderung der Geldwäsche setzt folglich zwingend die Kenntnis und die Aufbereitung der institutseigenen Gefährdungssituation voraus.

Die Bundesanstalt für Finanzdienstleistungsaufsicht (BaFin) hat mit dem Rundschreiben 8/2005 (GW) vom 24. März 2005 »grundlegende Leitlinien« für die Anfertigung der institutsinternen Gefährdungsanalyse veröffentlicht. Mit dem BaFin-Rundschreiben 8/2005 wurden damit allgemein verbindliche Standards für den Aufbau und die wesentlichen Inhalte der Gefährdungsanalyse vorgegeben, die bei der künftigen Erstellung der Analysen in den Kreditinstituten umzusetzen sind.

Anders als z. B. die Verlautbarung des ehemaligen Bundesaufsichtsamtes für das Kreditwesen über Maßnahmen der Kreditinstitute zur Bekämpfung und Verhinderung der Geldwäsche vom 30. März 1998 in der Fassung vom 4. März 2002, die neben zahlreichen anderen Rundschreiben am 13. Januar 2009 von der BaFin aufgehoben wurde, hat Rundschreiben 8/2005 weiterhin Bestand.

Vor allem kleineren und mittleren Sparkassen sind die Vorgaben der BaFin allerdings zu abstrakt. Daher hatten die Institute seinerzeit die Veröffentlichung ergänzender Hinweise und Erläuterungen für die konkrete Anfertigung der Gefährdungsanalysen gegenüber den Verbänden angeregt. Der vorliegende Leitfaden soll in Ergänzung und Ausgestaltung der BaFin-Vorgaben die gewünschte Unterstützung bieten. Der DSGV hatte daher bereits die Erstellung der ersten Auflage des Leitfadens durch einen überregionalen Arbeitskreis unterstützt, der sich vor allem aus Geldwäschebeauftragten kleinerer und mittlerer Institute mit langjähriger Erfahrung bei der Erstellung von Gefährdungsanalysen zusammensetzte. Auch die nunmehr durch das GwBekErgG notwendig gewordene umfangreiche Überarbeitung des Leitfadens ist insbesondere im Hinblick auf die zahlreichen gesetzlichen Neuerungen in enger Abstimmung zwischen dem Autor und dem DSGV entstanden.

Die folgenden Ausführungen sind aus Sicht des DSGV bestens geeignet, auf Basis der neuen gesetzlichen Regelungen vor allem den Geldwäschebeauftragten kleinerer und mittlerer Institute eine praktikable, umfassende und risikoorientierte Hilfestellung für die Erstellung ihrer Gefährdungsanalyse zur Verfügung zu stellen. Aufgrund seiner flexiblen, jederzeit erweiterbaren Konzeption bietet der Leitfaden darüber hinaus aber auch den Geldwäschebeauftragten größerer Institute eine geeignete Grundlage für die Anfertigung ihrer Gefährdungsanalyse.

Anders als die Mehrzahl der bislang zu dem Thema existierenden Abhandlungen enthält der vorliegende Leitfaden neben dem eigentlichen Konzept für die Erstellung der Gefährdungsanalyse eine Vielzahl nützlicher Formulierungsbeispiele und Erläuterungen, die die Anfertigung der Analyse über die Zurverfügungstellung des »Gerüstes« hinaus zusätzlich erleichtern sollen. Die ergänzenden Ausführungen sind jedoch ausschließlich als Anregungen und »Ideenpool« für den Geldwäschebeauftragten zu verstehen. Eine unreflektierte Übernahme der Formulierungsbeispiele wird weder den Anforderungen der BaFin an eine institutsindividuelle Gefährdungsanalyse gerecht, noch wird sie dem Institut als Grundlage für risikoorientierte, effektive und angemessene Maßnahmen zur Geldwäschebekämpfung dienen können.

Deutscher Sparkassen- und Giroverband
Silvia Frömbgen
Berlin, im Mai 2009

Vorwort

Mit Einführung des Geldwäschegesetzes im Jahre 1992 wurde eine Entwicklung in der deutschen Kreditwirtschaft in Lauf gesetzt, die bis zum heutigen Tage durch eine kontinuierliche Erweiterung der aufsichtsrechtlichen Vorgaben insbesondere der Bundesanstalt für Finanzdienstleistungsaufsicht (»BaFin«; früher Bundesaufsichtsamt für das Kreditwesen, »BaKred«) gekennzeichnet ist. Während diese Entwicklung bis zu den terroristischen Anschlägen vom 11. September 2001 in den USA noch einen gemächlichen Rhythmus an den Tag legte, erhielt die Geldwäschebekämpfung durch die schlagartig ins Bewusstsein gerufene Verletzlichkeit der westlichen Gesellschaft durch terroristische Angriffe einen Anstoß, der zu einer erdrutschartigen Ausweitung der bestehenden Anforderungen an die Kreditinstitute führte. Viele der in der Folgezeit hektisch als verpflichtend eingeführten Anforderungen waren zu einem großen Teil von der eigenen Rat- und Hilflosigkeit der zuständigen Ministerien und (Aufsichts-) Behörden bestimmt und mündeten in einer Vielzahl von aus purem Aktionismus geleiteten Einzelmaßnahmen.

Fünf Jahre nach den Anschlägen sind deren Auswirkungen in der Geldwäscheprävention immer noch deutlich spürbar, wenngleich die Diskussion mittlerweile wieder auf eine sachliche Ebene zurückgeführt worden ist. Dennoch ist es an der Zeit, eine Zwischenbilanz zu ziehen, um sich die in der jüngsten Vergangenheit teilweise aus dem Blickfeld geratenen Ansätze und Zielsetzungen der Geldwäschebekämpfung wieder vor Augen zu führen. Dies gilt vor allem für den Bereich der von der Kreditwirtschaft eingeforderten Gefährdungsanalyse und der hierauf aufsetzenden Research-Maßnahmen, die ohne das tragische Datum des 11. September 2001 sicherlich nicht in dieser Ausprägung Eingang in die kreditwirtschaftliche Praxis gefunden hätten.

Zu beiden Themen sind bereits eine Vielzahl von Abhandlungen geschrieben worden, die in erster Linie an einer abstrakt-methodischen Herangehensweise an diese Thematik ausgerichtet sind. Hinsichtlich der Erarbeitung einer Gefährdungsanalyse gibt es jedoch bislang keine Abhandlung, die einen praxisorientierten Rahmen in Form einer mit praktischen Beispielen angereicherten Gliederung der Gefährdungsanalyse für die tägliche Arbeit des Geldwäschebeauftragten bietet. Dies soll mit dem vorliegenden Leitfaden nachgeholt werden. Dabei ist als Maßstab nicht nur die aktuelle aufsichtsrechtliche Anforderung insbesondere des Rundschreibens 8/2005 der BaFin in die Gliederung eingeflossen. Ziel dieses Leitfadens ist es auch und vor allem, eine kritische Auseinandersetzung mit dem Themenkomplex der Gefährdungsanalyse zu suchen, um die Gefährdungsanalyse von unnötigem Ballast zu befreien und zu einem aussagekräftigen und praxisorientierten Hilfsmittel des Geldwäschebeauftragten zu entwickeln. Nur so kann sie einen sinnvollen, an der Zwecksetzung der Geldwäschebekämpfung ausgerichteten Beitrag zu einer wirkungsvollen Unterstützung der Ermittlungsbehörden gegen Geldwäsche, Terrorismusfinanzierung und Betrug zulasten des Instituts leisten und das Institut vor Schaden bewahren, der aus einer nicht erkannten Gefährdungssituation entstehen kann.

Thomas Anger, Münster, im September 2006

Vorwort zur 2. Auflage

Bereits kurze Zeit nachdem die BaFin am 24. März 2005 mit ihrem Rundschreiben 8/2005 Anforderungen für die Erstellung einer Gefährdungsanalyse definiert hatte, trat am 15. Dezember 2005 die Richtlinie 2005/60/EG (3. EU-Geldwäscherichtlinie) in Kraft, die eine radikale Abkehr von dem bis dahin verfolgten typologiebasierten Ansatz hin zu einem risikoorientierten Ansatz beinhaltete. Mit der nunmehr abgeschlossenen Umsetzung der Richtlinie in nationales Recht durch das Geldwäschebekämpfungsergänzungsgesetz wird damit zugleich ein neues Zeitalter in der Geldwäscheprävention eingeläutet, das erhebliche Auswirkungen auf die Konzeption der Gefährdungsanalyse hat. Anders als bisher ist der Datenbestand in den Häusern nicht mehr nur punktuell unter bestimmten typologischen Gesichtspunkten auf Auffälligkeiten hin zu untersuchen. Vielmehr bedarf es nunmehr einer ganzheitlichen Betrachtung der Geschäftsbeziehung unter Erstellung eines Kundenprofils, die auch die Herangehensweise an die Gefährdungsanalyse nachhaltig beeinflusst.

Die neuen Anforderungen praxisgerecht im Rahmen der Gefährdungsanalyse abzubilden, ist Ziel der vor Ihnen liegenden zweiten Auflage.

Allerdings sind die Halbwertzeiten der aufsichtsrechtlichen Anforderungen heutzutage auch nicht mehr das, was sie mal waren. Mit Rundschreiben 14/2009 vom 29. Juli 2009 hat die BaFin Teile der erst im Dezember des vergangenen Jahres vereinbarten Auslegungs- und Anwendungshinweise des Zentralen Kreditausschusses vom 17. Dezember 2008 wieder über den Haufen geworfen. Das Rundschreiben hat insoweit möglicherweise auch Auswirkungen auf die in Kapitel 2.2.3.5 (Historische Erkenntnisse der Sparkasse Schurkenhausen) vorgeschlagenen Lösungshinweise. Welchen Umfang diese Änderungen einnehmen werden, werden erst die nächsten Wochen zeigen, wenn die Einzelheiten unter den Spitzenverbänden abgestimmt worden sind.

Die Art und Weise, wie unbekümmert die BaFin mit einmal abgestimmten Verfahrensweisen aus rein politisch motivierten Gründen umgeht (das Rundschreiben dient nur zur Abwendung einer ungünstigen Benotung der gesetzgeberischen Umsetzungsmaßnahmen der Empfehlungen der Financial Action Task Force on Money Laundering durch diese Organisation), ist bedauerlich und insbesondere gegenüber Sparkassen und Volksbanken unverhältnismäßig, da diese ohnehin schon mit einem enormen Umsetzungsaufwand im Massengeschäft belastet sind. Die nächsten Monate und Jahre werden zeigen, ob die BaFin bereit ist, den vom Richtliniengesetzgeber vorgesehenen, risikobasierten Ansatz zu respektieren oder ob wir zu der früheren Praxis einer auferlegten Verwaltungspraxis zurückkehren werden. Letzteres wäre sicherlich nicht im Sinne einer effektiven Geldwäscheprävention.

Thomas Anger, Münster, im August 2009

Dankesworte des Verfassers

Dieser Leitfaden ist für die Benutzung in der Praxis gedacht – er soll Ihnen als Geldwäschebeauftragtem das tägliche Arbeitsleben ein bisschen erleichtern, aber trotzdem allen aufsichtsrechtlichen und pragmatischen Anforderungen an die Ausgestaltung einer Gefährdungsanalyse genügen. Ob er diesem Anspruch gerecht wird, müssen letztlich Sie selbst beurteilen.

Wie schon bei der Vorauflage, so habe ich auch das vor Ihnen liegende Werk nur mit der Hilfe vieler Kolleginnen und Kollegen aus der Praxis schreiben können, ohne deren Hilfe wohl kaum eine verwendbare Analyse auf den folgenden Seiten zu finden wäre.

Ein ganz besonderer Dank gilt dabei Torsten Mayer, Rainer Hill, Frank Holzenthal und vor allem Uwe Weber von der Firma Tonbeller, die einen – wenn nicht sogar *den* – entscheidenden Anteil an der Entstehung der zweiten Auflage gehabt haben. Ohne ihre unermüdliche Geduld und Bereitschaft, mir trotz ihrer eigenen Arbeitsbelastung in diesen aufsichtsrechtlich stürmischen Zeiten tiefere Einblicke in die Funktionsweise des von ihnen (mit-)entwickelten und vertriebenen Software-Paketes Siron®Profile zu gewähren und ohne ihre fachliche Expertise wäre ich nicht in der Lage gewesen, dieses Buch so anzupassen, dass es auch für ein Research-Programm taugt, das eine Profilierung auf der Basis von Vergleichsgruppen vornimmt.

Wie schon für die erste Auflage gilt mein Dank ferner Marion Schmidt, Petra Große-Wortmann und Andreas Puhl, die es immer noch nicht leid sind, meine zahlreichen Fragen zu beantworten und endlose Diskussionen über praktische und theoretische Auswirkungen dieser oder jener Fallkonstellation zu führen. Ohne diese drei wäre dieses Buch im Allgemeinen und die zweite Auflage im Besonderen nicht zu schreiben gewesen. Ein besseres Team kann man sich nicht wünschen – ich hoffe, Euer Arbeitgeber weiß, was er an Euch hat.

Ferner danke ich Silvia Frömbgen und Marc Studer für ihre nimmermüde Bereitschaft, meine manchmal etwas zu hemdsärmeligen Vorstöße in bankaufsichtsrechtliches Niemandsland zu bremsen und in die raue geldwäschepräventive Wirklichkeit zurück zu holen.

Und nicht zuletzt gilt mein Dank all jenen Kolleginnen und Kollegen, die mir ihre Erfahrungen und kritischen Anmerkungen aus der Praxis zu der ersten Auflage dieses Werkes übermittelt haben.

Zur Arbeit mit diesem Buch

Das vorliegende Werk ist als Arbeitshilfe zur Erarbeitung einer Gefährdungsanalyse, angefangen mit der Erhebung der relevanten Daten über die Auswertung der gefundenen Ergebnisse bis hin zum regelmäßigen Controlling der festgestellten Gefährdungssituation, gedacht. Es basiert auf einer Gliederungsstruktur, die der Geldwäschebeauftragte unmittelbar und unverändert als Grundlage für die von ihm zu erstellende Gefährdungsanalyse übernehmen kann. Gleichzeitig ist diese Konzeption aber flexibel ausgestaltet, sodass auch eine Anpassung des Grundkonzepts nach den individuellen Erfordernissen und Gegebenheiten des jeweiligen Instituts sowie ein Zuschnitt auf die bereits vorliegende Gefährdungsanalyse erfolgen kann, wenn dies gewünscht wird.

Bei der Konzeption ist ferner die im Gegensatz zur bisherigen Gefährdungsanalyse erforderlich gewordene stärkere Verzahnung zwischen Gefährdungsanalyse und eingesetztem Research-System berücksichtigt worden, die auf dem mit dem Inkrafttreten der 3. EU-Geldwäscherichtlinie einhergehenden Wechsel vom typologiebasierten hin zum risikobasierten Ansatz beruht. Mit Einführung der Verpflichtung zur Kundenprofilierung ist der bis dato praktizierte typologiebasierte Ansatz in der Geldwäschebekämpfung teilweise überflüssig geworden. Zugleich erlangt die Segmentierung insbesondere des Kundenbestandes im Rahmen der Gefährdungsanalyse eine zentrale Bedeutung.

Bislang wurde die Gefährdungsanalyse insbesondere zur Feststellung von vermeintlich risikoträchtigen Kundengruppen, Produkten und Transaktionen genutzt. Diese wurden im eingesetzten Research-Programm unter Berücksichtigung bestimmter Typologien (z. B. Bareinzahlung hoher Geldbeträge) überwacht. So wurde die im Hinterhof betriebene Kfz-Werkstatt mit angeschlossenem Gebrauchtwagenverkauf auf verschiedene typische Verdachtsindizien durchleuchtet, nur weil sie nach landläufigem Vorurteil als geldwäscherelevanter Kunde einzustufen war.

Bei dieser Betrachtung bleibt unberücksichtigt, dass nicht nur der Hinterhofbetrieb oder die Pizzeria um die Ecke geldwäscheanfällig sein können, sondern auch der nach außen seriöse Hotelbetrieb oder der Einzelhändler.

So einleuchtend diese Erkenntnis ist, so wenig war es bisher möglich, mit den bestehenden Reserach-Programmen eine brauchbare Überwachung sämtlicher Kunden(gruppen) vorzunehmen. Zwar ist es theoretisch möglich, auch unter den bestehenden Reserach-Programmen sämtliche Kunden zu segmentieren und entsprechende Kundenprofile im Sinne des § 3 Abs. 1 Nr. 4 GwG zu bilden. Ohne Filterung in Form von vorgelagerten Vergleichsgruppen würde hierdurch jedoch eine Systemauslastung erzeugt, die selbst bei Einsatz der leistungsfähigsten Hardware zu praxisuntauglichen Verarbeitungszeiten der Prüfläufe führen würde.

Der risikobasierte Ansatz erfordert daher nicht nur eine neue Herangehensweise an die Gefährdungsanalyse, sondern darüber hinaus auch völlig neue Software-Lösungen, die bislang nicht verfügbar waren. Damit ist es mir – anders als noch in der Vorauflage – nicht mehr möglich, einen von der eingesetzten Software losgelösten Lösungsvorschlag zur Konzeption der Gefährdungsanalyse zu unterbreiten. Zwar kommt es für die Gefährdungsanalyse nach wie vor nicht auf die technischen Spezifikationen der eingesetzten Segmentierungssoftware an, sodass auf diese im vorliegenden Werk nicht näher eingegangen werden muss – ebenso wenig, wie in Ihrer eigenen Gefährdungsanalyse. Gleichwohl sind die Vorüberlegungen für die Segmentierung bis zu einem gewissen Grad abhängig von der eingesetzten Software, da die gebildeten Profile (im Folgenden auch Segmentindizien genannt) von der Software verstanden und verarbeitet werden müssen. Vor diesem Hintergrund lehnt sich dieses Werk an den Segmentierungsprozess an, den die derzeit marktführende Software Siron®Profile der Firma Tonbeller AG vorgibt.

Ich habe mich gleichwohl bemüht, die Gefährdungsanalyse so zu fassen, dass sie zumindest Anregungen und Hilfestellungen auch für diejenigen Institute bietet, die diese Software nicht nutzen. Auch wenn die verwendete Software von Drittanbietern möglicherweise nicht jedes der im Folgenden beschriebenen Profile abbilden kann, so dürften die Vorüberlegungen zur Profilierung zumindest dem Grundsatz nach in den meisten Fällen vergleichbar sein.

Die in den nachfolgenden Abschnitten ausführlich beschriebenen Teilbereiche der Gefährdungsanalyse finden Sie in Dateiform als Dokumentenvorlage zur unmittelbaren Einbindung in Microsoft® Word auf der diesem Werk beigefügten CD-ROM. Die Dateien sind so gestaltet, dass sie nach wenigen Mausklicks sofort einsetzbar sind. Nähere Hinweise zur Installation der Dokumentenvorlagen finden Sie in Kapitel B. 1. Daneben finden Sie auch die vollständige Gefährdungsanalyse der Sparkasse Schurkenhausen als Word-Datei auf der CD-ROM.

Die diesem Leitfaden zugrunde liegende Gliederungsstruktur wird in den folgenden Abschnitten durch zahlreiche Beispiele, Erläuterungen und Anmerkungen ergänzt, die eine plastische und nachvollziehbare Darstellung der Konzeption der Gefährdungsanalyse ermöglichen. Sie sollen Ihnen als Anregung für die Erstellung der eigenen Gefährdungsanalyse dienen. **Bitte beachten Sie aber in diesem Zusammenhang, dass die Institute nach den Vorgaben insbesondere des Rundschreibens 8/2005 der BaFin eine auf die institutsspezifische Situation zugeschnittene Analyse zu erstellen haben und daher eine wörtliche Übernahme der genannten Beispielstexte im Rahmen der eigenen Ausarbeitungen zu vermeiden ist.** Eine gewisse Übereinstimmung ist jedoch nicht in allen Fällen vermeidbar, insbesondere dann nicht, wenn die genannten Beispiele allgemeingültige Fallkonstellationen betreffen, die in allen Instituten mehr oder weniger gleich gelagert sind. Ferner sind auch die Kriterien zur Profilbildung bei den Instituten einer Institutsgruppe, aber auch institutsgruppenübergreifend, zwangsläufig weitgehend identisch, sodass diese im Grundsatz den in diesem Buch beschriebenen Beispielen entsprechen werden. Gleichwohl sollte die Gliederungsstruktur auch vor dem Hintergrund kommender Jahresabschluss- und etwaiger Sonderprüfungen soweit möglich an die institutsindividuelle Situation angepasst und mit eigenen Worten ausformuliert werden.

Darüber hinaus erheben die in diesem Leitfaden verwendeten Bearbeitungshinweise und Beispielstexte nicht den Anspruch der abschließenden Vollständigkeit, so dass Änderungen und Ergänzungen in der inhaltlichen Darstellung ausdrücklich erwünscht sind. Anregungen für alternative Darstellungen und Abweichungsmöglichkeiten von dem hier beschriebenen Konzept finden Sie daher jeweils zusätzlich in den nachfolgenden Abschnitten beschrieben.

Ferner sei angemerkt, dass das vorliegende Konzept nur eine von vielen Möglichkeiten darstellt, eine Gefährdungsanalyse auf der Grundlage des Rundschreibens 8/2005 der BaFin zu erstellen. Kreditinstitute, die ihre Gefährdungsanalyse in der Vergangenheit bereits unter Berücksichtigung dieses Rundschreibens überarbeitet haben, müssen diese deshalb selbstverständlich **nicht** an das vorgestellte Konzept anpassen.

Abschließend noch ein Hinweis in eigener Sache: Die Gefährdungsanalyse ist ein dynamischer Prozess und der fortlaufenden Veränderung unterzogen. Ein Leitfaden zu diesem Thema ist es damit auch; die fortlaufende Aktualisierung ist daher schon vorprogrammiert. Da der vor Ihnen liegende Leitfaden an die Praxis gerichtet ist, lebt er zum größten Teil von dem praktischen Nutzen, den er Ihnen bei der täglichen Arbeit zu bringen im Stande ist. Um einen aktuellen Bezug zur Praxis zu gewährleisten, bin ich daher für die Übermittlung Ihrer Erfahrungen, Anregungen und kritischen Gedanken im Zusammenhang mit diesem Buch, aber auch mit der Erstellung einer Gefährdungsanalyse im Allgemeinen dankbar.

1 Allgemeine Überlegungen

1.1 Der Zweck der Gefährdungsanalyse

Wie eingangs bereits ausgeführt, hat die Geldwäschebekämpfung und die hieran geknüpften aufsichtsrechtlichen Anforderungen nach den terroristischen Anschlägen vom 11. September 2001 in den USA einen Quantensprung vollzogen, der zu einer erheblichen Aufwertung dieses Bereiches in der kreditwirtschaftlichen Praxis geführt hat. In der Zwischenzeit sind nicht nur vollkommen neue Präventionsziele, wie die Bekämpfung der Terrorismusfinanzierung und der Betrugsdelikte zum Nachteil des Instituts mit der Geldwäschebekämpfung verknüpft worden, sondern es ist auch zu einer Ausweitung der zu beachtenden Anforderungen und Vorgaben gekommen, die zuweilen den Blick auf den eigentlichen Sinn und Zweck der Geldwäschebekämpfung im Allgemeinen und der Gefährdungsanalyse im Besonderen versperren.

1.1.1 Die Zielsetzung der Geldwäscheprävention

Um die eigentliche Zwecksetzung der Gefährdungsanalyse zu erschließen, ist es daher notwendig, sich zunächst noch einmal vor Augen zu führen, welche Ziele der Gesetzgeber mit der Einführung der Geldwäschebekämpfung in der Kreditwirtschaft durch das *Gesetz über das Aufspüren von Gewinnen aus schweren Straftaten – Geldwäschegesetz*[2] vom 25. Oktober 1993 verfolgt hat.

Der Einführung des Geldwäschegesetzes ging zunächst die Einführung des neuen Straftatbestandes der »Geldwäsche« in § 261 StGB durch das *Gesetz zur Bekämpfung des illegalen Rauschgifthandels und anderer Erscheinungsformen der organisierten Kriminalität (OrgKG)*[3] vom 22. September 1992 voraus. Die Schaffung dieser Strafnorm allein konnte jedoch nicht zu dem beabsichtigten Erfolg bei der Bekämpfung der organisierten Kriminalität führen, da es sich bei dem Straftatbestand der »Geldwäsche« um ein sog. »victimless crime« handelt, bei dem Strafanzeigen und Hinweise aus der Bevölkerung ohne zusätzliche »Anreize« nur in Ausnahmefällen erfolgen dürften.[4] Ohne die Schaffung von zusätzlichen flankierenden Maßnahmen wäre die alleinige Einführung des § 261 StGB ein zahnloser Tiger geblieben, da die Ermittlungsbehörden bei diesem Tatbestand auf Hinweise von Dritten zwingend angewiesen sind.

Vor diesem Hintergrund war dem Gesetzgeber bereits relativ früh bewusst, dass nur eine Verpflichtung bestimmter Personenkreise zu einer erfolgreichen Bekämpfung der Geldwäsche führen würde. Es liegt auf der Hand, dass als zu verpflichtender Personenkreis in allererster Linie die Kredit- und Finanzdienstleistungsinstitute in Betracht kamen, da diese die für professionelle Geldwäscher notwendige Infrastruktur vor allem mit Blick auf die bestehenden weltweiten Verknüpfungen des Zahlungsverkehrs vorhalten. Daneben verfügen Kreditinstitute in der Regel über detaillierte Informationen und Daten über ihre Kunden, so dass sie unmittelbar in der Lage sind, Unregelmäßigkeiten in der Geschäftsbeziehung und deren mögliche strafrechtliche Relevanz zu erkennen. Bereits zur Einführung des § 261 StGB war daher die Verpflichtung der Kreditinstitute zur Unterstützung der Ermittlungsbehörden bei ihren Bemühungen um Aufklärung von Geldwäschedelikten absehbar. In der Begründung zum Regierungsentwurf des seinerzeit noch *Gewinnaufspürungsgesetz* genannten Gesetzesvorhabens heißt es denn auch:

»Rauschgifthersteller und -händler sind gezwungen, ihre illegal erzielten Einnahmen zu »waschen«, d.h. unter Verschleierung deren wahrer Herkunft wieder in den legalen Wirtschafts- und Finanzkreislauf einzuführen. Hierbei bedienen Sie sich zum Teil der Dienstleistungen regulärer Wirtschaftsunternehmen wie z.B. des Kreditgewerbes. Ohne dass die Betroffenen in der Mehrzahl der Fälle die wirkliche Herkunft der von ihnen verwalteten Gelder erkennen, wirtschaften sie mit den ihnen anvertrauten Mitteln, nehmen Überweisungen vor, investieren und tragen damit ungewollt zur Verfestigung der illegalen Strukturen bei.

Die derzeitige Situation ist durch zwei Umstände gekennzeichnet, die dies begünstigen: Zum einen ist die Wiedereinführung von Geldmitteln in den legalen Finanzkreislauf straflos möglich und kann ohne großen Aufwand bewerkstelligt werden. Zum anderen ist der Nachweis von Geldwäschetransaktionen im Strafverfahren als Voraussetzung für den Verfall von Straftatgewinnen aufgrund fehlender Spuren außerordentlich schwierig. Der vorliegende Gesetzentwurf soll das Aufspüren von Gewinnen aus schweren Straftaten erleichtern, die Geldwäsche erschweren und das Erkennen von Strukturen organisierter Kriminalität ermöglichen.[5]«

Seit Einführung des Geldwäschegesetzes im Jahre 1993 wurde die Verpflichtung der Institute zur Ergreifung von Geldwäschepräventionsmaßnahmen stetig ausgeweitet und angepasst. Das einst streng formale Verständnis dieses Gesetzes, das in erster Linie auf die Einhaltung von Identifizierungs- und Aufzeichnungspflichten sowie auf die Pflicht zur Anzeige von Verdachtsfällen gerichtet war, hat sich mittlerweile zu einem umfassenden Präventionsansatz entwickelt. Die Aufgaben des Geldwäschebeauftragten haben sich dabei von einer vormals mehr oder weniger nachgelagerten Kontrollfunktion zu einer aktiven Ermittlungstätigkeit gewandelt, bei der insbesondere durch Rasterung der Stamm- und Transaktionsdatenbanken systematisch nach Auffälligkeiten in der Geschäftsbeziehung zur gesamten Kundschaft des Institutes gefahndet wird. Der vorläufige Höhepunkt dieser Entwicklung ist nunmehr mit dem Geldwäschebekämpfungsergänzungsgesetz (GwBekErgG) vom 21. August 2008 erreicht, das die 3. EU-Geldwäscherichtlinie in deutsches Recht umsetzt.

Die Funktion des Geldwäschebeauftragten ist daher heute mehr denn je mit den Ermittlungsbemühungen der Strafverfolgungsbehörden im Bereich der Geldwäschedelikte untrennbar verbunden. Der Erfolg des einen bedingt den Erfolg des anderen oder anders ausgedrückt: Ohne die Tätigkeit des Geldwäschebeauftragten ist die Geldwäschebekämpfung in ihrer heutigen Ausprägung (also einschließlich der Bekämpfung der Terrorismusfinanzierung und des Betruges zulasten des Instituts) durch den Staat praktisch unmöglich.

Damit steht gleichzeitig fest, dass der Geldwäschebeauftragte, will er seinen Beitrag zur Aufdeckung von kriminellen Handlungen effektiv leisten, Mittel einsetzen muss, mit deren Hilfe diese Zweckbestimmung auch praktisch erreicht werden kann. Der Geldwäschebeauftragte muss die von ihm für sein Institut eingesetzten Mittel somit anhand der konkreten Situation

- einerseits auf die Erschwerung der tatsächlichen Möglichkeiten, zum Zwecke der Geldwäsche, der Terrorismusfinanzierung und des Betruges missbraucht zu werden und
- andererseits auf die Erkennung von Unregelmäßigkeiten in der Geschäftsbeziehung, bei denen ein krimineller Hintergrund nicht ausgeschlossen werden kann,

ausrichten. Nur die konsequente Verfolgung dieses praktischen Verständnisses der Geldwäscheprävention kann einen dauerhaften Erfolg in der Bekämpfung der Geldwäsche, der Terrorismusfinanzierung und des Betruges zulasten des Instituts sicherstellen.

1.1.2 Sinn und Unsinn der Gefährdungsanalyse

In diesem Zusammenhang stellt sich die Frage, ob der von der BaFin verfolgte Ansatz der Kombination von Gefährdungsanalyse und Research-Maßnahmen zur Erreichung des vorstehend beschriebenen Zwecks der Geldwäscheprävention geeignet ist oder etwa über das Ziel hinausschießt. Vor diesem Hintergrund ist es angebracht, den allgemeinen Ansatz der BaFin generell zu hinterfragen, da die Erforderlichkeit einer Gefährdungsanalyse für die Durchführung von Präventionsmaßnahmen auf den ersten Blick nicht erkennbar ist. Dem unbefangenen Betrachter mag sich die Frage aufdrängen, ob die Gefährdungsanalyse überhaupt einen sinnvollen Beitrag zur Geldwäschebekämpfung in der Praxis liefern kann oder ob es sich dabei um einen weiteren Formalismus handelt, der die praktische Arbeit des Geldwäschebeauftragten eher hindert als fördert.

1.1.2.1 Das Phänomen der Übererfüllung

Eine umfassende Beschäftigung mit dieser Frage dürfte den Rahmen dieses Werkes sprengen. Gleichwohl kann eine Abhandlung über das aufsichtsrechtliche System der Gefährdungsanalyse und der daran anzuknüpfenden Präventionsmaßnahmen die Beantwortung dieser Frage nicht vollständig ignorieren, will sie nicht zugleich ihren praktischen Nutzen aufs Spiel setzen.

Um es gleich vorweg zu sagen: Eine allgemeingültige, für alle Institute und Institutsgruppen zutreffende Antwort auf diese Frage gibt es nicht. Welche inhaltliche Ausgestaltung und insbesondere welche konkreten Aspekte eine Gefährdungsanalyse aufweisen muss, ist von einer Vielzahl von Faktoren abhängig, die von Institut zu Institut verschieden sind. Bei der Festlegung der inhaltlichen Ausgestaltung der Gefährdungsanalyse ist aber in jedem Fall zu berücksichtigen, dass der ganz überwiegende Teil der Kundschaft eines Kreditinstituts einem legalen

Broterwerb nachgeht und sich in keinerlei kriminellem Milieu bewegt. Derjenige Anteil der Kundschaft, auf den diese Merkmale nicht zutreffen und deren Handlungen **zusätzlich** die Tatbestandsmerkmale einer Vortat im Sinne des § 261 StGB erfüllen, ist dagegen verschwindend gering. Wenn überhaupt eine Geschäftsbeziehung zu Kunden, die einen kriminellen Hintergrund aufweisen, festgestellt werden kann, so handelt es sich in der ganz überwiegenden Zahl um Einzelfälle, die einer Verallgemeinerung nicht zugänglich sind.

Umgekehrt bedeutet dies, dass es nicht Sinn und Zweck einer Gefährdungsanalyse sein kann, kriminelle Machenschaften nur in bestimmten Branchen oder Kundengruppen zu suchen. Mit einer bloßen »Cluster-Bildung« einschließlich der zugehörigen Risikobewertung lassen sich Gefährdungspotentiale, die von *einer* bestimmten Kundengruppe ausgehen, gerade nicht erkennen. Denn *die* Branche und *die* Kundengruppe, die generell in kriminelle Machenschaften verstrickt ist, gibt es in der Praxis nicht. In Verdachtsfällen, die zufällig einer bestimmten Branche oder Kundengruppe zuzuordnen sind, lassen sich daher Rückschlüsse auf andere Vertreter dieser Gruppe nur in Ausnahmefällen ziehen, eben weil es sich um Einzelfälle handelt.

Da Kreditinstitute einerseits durch vollkommen unterschiedliche Rahmenbedingungen gekennzeichnet sind und andererseits eine Nivellierung der im Rahmen der Geldwäscheprävention zu beobachtenden Geschäftsbeziehungen nicht angezeigt ist, ist es darüber hinaus ohne Zweifel verfehlt, alle Kreditinstitute bei der Verpflichtung zur Implementierung von Geldwäschepräventionsmaßnahmen unterschiedslos über einen aufsichtsrechtlichen Kamm zu scheren.

In der Praxis führt die fehlende Differenzierung zu einer Übererfüllung der aufsichtrechtlichen Anforderungen. Selbst kleine und mittlere Institute, die ihre Kunden noch persönlich kennen, betreiben neben der Einführung einer an sich überdimensionierten Research-Software einen Aufwand für die von ihnen verlangten Präventionsmaßnahmen, der weit über ein angemessenes Maß hinausgeht. So gibt es kleine und mittlere Häuser, die getrieben von der Sorge um ein negatives Abschneiden in der externen Prüfung nach der »Optimierung« und Anpassung der vorgegebenen und an sich ausreichenden Parameter des von ihnen eingesetzten Research-Systems eine Rasterfahndung mit der doppelten bis hin zur dreifachen Anzahl von Einstellungen in ihrem Kunden- und Transaktionsdatenbestand durchführen. Die eigentliche Stärke dieser Institute, nämlich die Möglichkeit, durch entsprechend sensibilisierte Mitarbeiter eine ebenso effektive Geldwäscheprävention zu gewährleisten, tritt zugunsten dieses »Research-Overkills« dagegen weitgehend in den Hintergrund.

Nun wäre es ein Leichtes, die Verantwortlichkeit für die aus der Verallgemeinerung aufsichtsrechtlicher Anforderungen entstehende Übererfüllung durch die Institute allein bei der BaFin zu suchen. Schließlich ist es ja eben diese, die eine derartige Entwicklung durch entsprechende Vorgaben erst hervorruft.

Allerdings darf man sich die Zuweisung des Schwarzen Peters nicht so leicht machen. Zwar trägt die BaFin durch die von ihr verfolgte Politik, lediglich den groben Umriss der von den Instituten erwarteten Geldwäschepräventionsmaßnahmen vorzugeben und im Übrigen auf konkrete Anforderungen zu verzichten, zu einer erheblichen Verunsicherung in der Kreditwirtschaft bei. Diese Tendenz dürfte sich durch die Einführung des risikobasierten Ansatzes des GwBekErgG noch verstärken, da dieser gerade auf die Vorgabe möglichst weniger konkreter Anforderungen ausgerichtet ist. Diese Politik eröffnet aber auch Freiräume, die es in angemessener Weise zu nutzen gilt. In Ermangelung konkreter Anforderungen wird es den Instituten daher ermöglicht, sich selbst Gedanken über eine vernünftige Ausgestaltung ihrer Verfahrensweisen im Bereich der Geldwäschebekämpfung zu machen. In der Vergangenheit führte dies jedoch in der Regel zu einer Entwicklung, an deren Ende eine einschneidende Präventionsmaßnahme steht, die von der BaFin mangels gesetzlicher Ermächtigungsgrundlage nicht hätte vorgeschrieben werden können, aber letztlich faktisch in allen Instituten zum verbindlichen Standard erhoben wurde.

An dieser Entwicklung sind die Kreditinstitute selbst sowie die Prüfungsverbände und Prüfungsgesellschaften und nicht zuletzt diejenigen, die an der Ausweitung der Geldwäscheprävention verdienen – sei es als Seminarveranstalter, Softwareentwickler oder freier Berater –, maßgeblich mitbeteiligt.

Die verhängnisvolle Entwicklung nimmt ihren Anfang in dem verständlichen Bestreben des Geldwäschebeauftragten, einen verbindlichen Ansatz bei der Organisation der verschiedenen, von ihm zu implementierenden Teilbereiche der Geldwäschebekämpfung (z. B. der Überwachung von Risikoländern) zu finden. Hierzu wird er im Regelfall zunächst auf Veröffentlichungen der BaFin sowie ggf. der Financial Action Task Force on Money Laundering (FATF) und sonstiger Publikationen zurückgreifen. Fehlt es an konkreten Handlungsempfehlungen (z. B. daran, welche Staaten überhaupt als Risikoländer einzustufen sind), bleibt ihm nur die Möglichkeit, durch Rücksprache mit seinem Interessenverband, etwa befreundeten Geldwäschebeauftragten und/oder sonstigen Quellen eine Lösung für das eigene Institut zu erarbeiten. Durch die Prüfungstätigkeit der internen und externen Revision, die möglicherweise zusätzliche Anregungen und Empfehlungen zu der gefundenen Lösung ausspricht, entsteht so im Laufe der Zeit eine Präventionsmaßnahme, die – wenn sie von den Beteiligten als geeignet empfunden wird – allmählich von anderen Instituten übernommen und sich auf diese Weise zum undifferenzierten, die individuelle Situation des jeweiligen Hauses unberücksichtigt lassenden Standard entwickelt.

In unserem Beispiel der beabsichtigten Definition der Risikoländer entsteht möglicherweise eine Liste mit mehreren Dutzend Staaten, die vom Geldwäschebeauftragten als riskant eingestuft werden, obwohl es hierfür nachweisbare Anhaltspunkte oder Belege gar nicht gibt. Diese Liste findet über den beschriebenen Weg sodann Eingang in die Präventionsmaßnahmen anderer Institute. Die Frage, ob die erarbeitete Liste dieser »Risikoländer« für die individuelle Situation des übernehmenden Instituts überhaupt geeignet ist und ob der Auslandszahlungsverkehr dieses Instituts – beispielsweise aufgrund seiner Geringfügigkeit und der Sensibilisierung der dort beschäftigten Mitarbeiter – auf eine entsprechende Liste verzichten kann, wird dagegen nicht mehr gestellt.

1.1.2.2 Die Orientierung an der Angemessenheit

Eine solche, in vielen Bereichen der Geldwäschebekämpfung festzustellende Übererfüllung der aufsichtsrechtlichen Anforderungen ließe sich weitgehend vermeiden, wenn die Umsetzung von Präventionsmaßnahmen an der bereits in § 25c KWG hervorgehobenen **Angemessenheit** ausgerichtet würden. Das Merkmal der Angemessenheit wird auch in dem Rundschreiben 8/2005 der BaFin vom 24. März 2005 betont, wenn es dort heißt:

»Angemessen sind dabei solche Maßnahmen und Systeme, die der jeweiligen Risikosituation des einzelnen Institutes entsprechen und diese hinreichend abdecken. Die Sicherungssysteme haben sich insbesondere an der Größe, Organisation und Gefährdungssituation des einzelnen Institutes, insbesondere dessen Geschäfts- und Kundenstruktur, auszurichten (…).«

Vor diesem Hintergrund kann ich die Institute nur ermutigen, als Maßstab für ihre Gefährdungsanalyse und der hierauf aufbauenden Präventionsmaßnahmen konsequent das Merkmal der Angemessenheit anzulegen. Tatsächlich steht nicht die Frage des »Ob« der Erstellung einer Gefährdungsanalyse zur Diskussion, sondern vielmehr das »Wie«.

Die Entscheidung für die Erstellung einer Analyse ist spätestens seit dem vorerwähnten Rundschreiben 8/2005 gefallen – was nicht weiter tragisch ist, da die Erstellung der Gefährdungsanalyse auch handfeste Vorteile bietet. Die Ausfüllung dieser Anforderung und die inhaltliche Ausgestaltung der Analyse aber ist primär Sache des einzelnen Geldwäschebeauftragten. In seiner Hand liegt es, der Analyse den richtigen Akzent zu geben und die inhaltliche Ausgestaltung mit dem gebotenen Augenmaß seinen Bedürfnissen und den Bedürfnissen seines Instituts anzupassen.

Verallgemeinerungen und die Darstellung von Informationen, denen kein weiterer Erkenntniswert zukommt, sind ebenso wenig zielführend wie eine unnötige Hochstilisierung des tatsächlichen Gefährdungspotentials aus Sorge vor einer möglichen Auseinandersetzung mit der internen oder externen Revision. Auch die gelegentlich zu lesende Behauptung, im Geschäftsgebiet des Kreditinstituts gebe es kein Gefährdungspotential, führt nicht weiter, da eine derartige Aussage durch den Erfindungsreichtum professioneller Geldwäscher längst unhaltbar geworden ist.

Naturgemäß gilt dies sinngemäß für die aus dem festgestellten Gefährdungspotential folgenden Maßnahmen. Insbesondere im Bereich der EDV-gestützten Research-Maßnahmen ist eine Übererfüllung durch eine Flut von vermeintlich notwendigen, aber im Ergebnis unnötigen Parametern und Einstellungen nicht angezeigt, wenn diese lediglich zu einem Arbeitsaufwand führen, der in der Konsequenz nicht zur Gewinnung von verwertbaren Erkenntnissen beiträgt.

Beschränkt man die Gefährdungsanalyse aber auf ein angemessenes und für das jeweilige Institut erforderliches Maß, so ergibt sich auch vor dem Hintergrund der eingangs aufgeworfenen Fragestellung, dass die Gefährdungsanalyse durchaus ihren Beitrag zur Erfüllung der Zielrichtung der Geldwäschebekämpfung zu leisten imstande ist. Die generelle Eignung der Gefährdungsanalyse für diesen Zweck wird maßgeblich von dem Geldwäschebeauftragten mitbestimmt. Den hierfür erforderlichen Ermessensspielraum des Geldwäschebeauftragten anzuerkennen und als nicht nachprüfbar hinzunehmen, wird dabei eine zentrale Herausforderung für die BaFin aber auch und vor allem für die interne und externe Revision bleiben.

1.1.3 Der Beitrag der Gefährdungsanalyse im Rahmen der Geldwäscheprävention

Nach den vorherigen Ausführungen lässt sich festhalten, dass eine angemessene, die individuelle Situation des jeweiligen Kreditinstituts berücksichtigende Gefährdungsanalyse erst die strukturierte und risikoorientierte Implementierung und Durchführung von Geldwäschepräventionsmaßnahmen, vor allem mit Blick auf EDV-gestützte Research-Maßnahmen, ermöglicht.

Die Gefährdungsanalyse dient dabei zunächst vor allem als zentrale Informationsgrundlage über die risikobehafteten Bereiche eines Kreditinstituts und gibt einen Überblick über

- die erfassten und identifizierten,
- **kategorisierten** und
- **gewichteten** Risiken, zu Zwecken von Geldwäsche, Terrorismusfinanzierung und Betrug zulasten des Instituts missbraucht zu werden[6].

Um insbesondere Research-Maßnahmen zielgerichtet durchführen zu können, ist im Rahmen der Gefährdungsanalyse ferner festzulegen, in welchen Bereichen des Kreditinstituts entsprechende Maßnahmen überhaupt einzusetzen sind. Sie dient aber zugleich auch dazu, Geschäftsbereiche, in denen ein erhöhtes Risiko nicht gesehen wird, von den weiteren Sicherungsmaßnahmen ganz oder teilweise, dauerhaft oder bis auf weiteres auszuschließen.

Darüber hinaus beinhaltet die Gefährdungsanalyse eine Bewertung der insgesamt durchgeführten Sicherungsmaßnahmen hinsichtlich einer etwaigen Anpassung oder Einstellung der jeweiligen Maßnahme.

Schließlich ist die Gefährdungsanalyse in das Geflecht der aufsichtsrechtlichen Regelungen der BaFin zur Geldwäscheprävention eingebettet und dient als zentrale Dokumentation der gewonnenen Ergebnisse des Geldwäschebeauftragten für die interne und externe Revision sowie für etwaige Prüfungshandlungen, die von der BaFin initiiert werden.

ACHTUNG

Die Gefährdungsanalyse ist somit kein Selbstzweck, sondern muss einen auf die **konkrete Situation** des Instituts bezogenen, **aussagekräftigen** und **übersichtlichen Rahmen** geben, um Sicherungsmaßnahmen zu Präventionszwecken zielgerichtet und effektiv einsetzen zu können. Der individuelle Rahmen ist dabei insbesondere an den **aufsichtsrechtlichen Anforderungen** der BaFin auszurichten.

1.1.4 Die Gefährdungsanalyse und der risikobasierte Ansatz

Nach Umsetzung des risikobasierten Ansatzes der 3. EU-Geldwäscherichtlinie durch das GwBekErgG ist darüber hinaus zu berücksichtigen, dass die Gefährdungsanalyse nunmehr eine weitere Aufgabe zu erfüllen hat, nämlich die Beschreibung der vom Institut in Erfüllung dieser Anforderung getroffenen Risikoeinstufungen. Dabei ist insbesondere zu beachten, dass die Einführung des risikobasierten Ansatzes dazu führt, dass die bisherigen Prüfmuster in den eingesetzten Research-Programmen nicht mehr weitergeführt werden können. Die meisten Research-Programme sind gerade nicht auf eine dynamische Betrachtung der verschiedenen Risiken ausgerichtet, sondern vielmehr auf die starre Abbildung von Typologien. Sie eignen sich daher nur bedingt für eine dynamische Risikobetrachtung und schon gar nicht für die Bildung von Kundenprofilen, wie sie durch § 3 Abs. 1 Nr. 4 GwG vorgesehen sind.

Siron®AML als grundlegende Research-Software aus der Siron®-Produktfamilie der Fa. Tonbeller AG gruppiert Kunden standardmäßig in statischen, also in vordefinierten und überwiegend inhomogenen Kundenkategorien. Eine Verknüpfung dieser Kundenkategorien mit Verhaltensmustern im Sinne einer echten Vergleichsgruppenbildung (sogenannten »Peergroups«) und eine daraus abgeleitete Risikoklassifizierung ist schon deshalb nicht möglich, weil die institutseigenen Stammdaten in der Regel nicht die erforderliche Datenqualität hierfür besitzen. Nun könnte man zwar theoretisch eine risikoorientierte Betrachtung sämtlicher Kunden simulieren, indem man die eingestellten Verdachtsindizien nicht auf bestimmte, sondern ohne Einschränkung auf alle Kunden eines Instituts anwendet. In der Praxis hätte dies jedoch zur Folge, dass selbst die aktuellste Hardware mit der hierdurch ausgelösten Trefferanzahl sehr schnell an ihre Grenzen geraten würde. Erst die Einführung neuer Techniken insbesondere im Hinblick auf die Bildung von Segmentindizien (dynamische Kundensegmentierung) ermöglicht eine risikoorientierte Betrachtung mit einem verhältnismäßigen Aufwand.

Im Fall der Siron®-Produktfamilie kommt diese Aufgabe Siron®Profile zu. Siron®Profile greift auf eine Vielzahl von Profildaten zurück, welche sowohl Transaktionsdaten als auch statistische Kennzahlen über das tatsächliche Kundenverhalten enthalten. Diese Profildaten, die von Siron®AML bereits seit Version 4 automatisch angelegt werden, stehen je Kunde, Kundenkategorie und Kundensegment abhängig vom Ersteinsatz dieser Version bereits über längere Zeiträume zur Verfügung. Aus den Profildaten lassen sich Einzelrisiken zunächst in einer sogenannten Profilleiste abbilden (segmentieren) und anschließend einem kombinierten Gesamtrisiko (»Gering«, »Normal«, »Hoch« sowie die aus Sicht der Gefährdungsanalyse unerheblichen Risikosegmente »gesetzlich Gering« und »gesetzlich Hoch«) zuordnen. Die Zuordnung zu den Segmenten wird nicht durch den Benutzer durchgeführt, sondern dynamisch aus den Eigenschaften und dem Verhalten des Kunden abgeleitet. Mit der Kombination von Stammdaten-Merkmalen (z. B. Branche, Nationalität, Umsatz, Vermögen usw.) sowie Bewegungsdaten (z. B. Transaktionen, Statistik) werden die Kunden in Siron®Profile den einzelnen Kundensegmenten zugeordnet. Diese Bewertung erfolgt in zyklischen Abständen und führt bei Abweichungen zu einer Neueinstufung des Kunden. Anders als bisher muss der Kunde also keiner vordefinierten Fallgruppe mehr angehören, um systemseitig beachtet zu werden, sondern er wird bereits dann auffällig, wenn er von seinem eigenen Verhaltensmuster und/oder von seiner Vergleichsgruppe abweicht.

Die vom Geldwäschebeauftragten in Siron®Profile vorzunehmenden Voreinstellungen beziehen sich im Wesentlichen auf die vorab durchzuführende Bewertung der Einzelrisiken in der Profilleiste und der Festlegung des Gesamtrisikos nach den Risikoklassen »Gering«, »Normal« und »Hoch« (feinere Unterteilungen sind natürlich ebenfalls möglich). Es liegt auf der Hand, dass durch diese Bewertung bereits ein zentraler, wenn nicht sogar der wichtigste Bestandteil der Gefährdungsanalyse abgedeckt wird. Denn die vorzunehmende Bewertung ist letztlich die Grundlage für alle weiteren programmseitigen Research-Maßnahmen und stellt damit letztlich den Kernbereich der Analyse dar. Für den bisherigen Aufbau der Gefährdungsanalyse ist damit zugleich eine einschneidende Veränderung vorprogrammiert, da diese bislang an Typologien ausgerichtet war, nicht aber an der nach dem risikobasierten Ansatz erforderlichen, dynamischen Kundensegmentierung. Die bisherigen Abschnitte *B. Besonderer Teil III. – V.* der Gefährdungsanalyse werden daher einer Runderneuerung unterzogen werden müssen, um den aktuellen gesetzlichen Anforderungen zu entsprechen. Die näheren Einzelheiten – auch zu Siron®Profile – werden in den betreffenden Abschnitten weiter unten ausführlich behandelt.

1.2 Die praxisbezogene Ausgestaltung der Gefährdungsanalyse

Aus dem bisher Gesagten ergibt sich, dass die Gefährdungsanalyse zwei Grundanforderungen erfüllen muss. Einerseits muss sie eine verlässliche Informationsgrundlage für die praktische Arbeit des Geldwäschebeauftragten insbesondere im Bereich der zu ergreifenden Präventionsmaßnahmen bieten. Andererseits hat sie den aufsichtsrechtlichen Anforderungen zu genügen und ist als solche zentrale Ausgangsbasis für Prüfungshandlungen der Revision und der Aufsichtsbehörden.

1.2.1 Das Rundschreiben 8/2005 der BaFin vom 24. März 2005

Für die Erstellung einer aussagekräftigen Gefährdungsanalyse unter gleichzeitiger Berücksichtigung aufsichtsrechtlicher Anforderungen als Grundlage für die tägliche Arbeit des Geldwäschebeauftragten stellt das Rundschreiben 8/2005 der BaFin vom 24. März 2005 einen geeigneten Rahmen dar. Die BaFin hat mit ihrem Rundschreiben eine präzise Struktur für eine Gefährdungsanalyse vorgegeben, die bei zweckmäßiger Umsetzung zu einer übersichtlichen und praxistauglichen Analyse führt.

Dabei lassen sich aus dem Rundschreiben die nachfolgend dargestellten fünf Kernaussagen ableiten, die als zentrale Elemente in jeder Gefährdungsanalyse behandelt werden müssen (*die Angaben in Klammern beziehen sich jeweils auf den Teil des im Folgenden näher dargestellten Gliederungskonzepts, in dem die jeweiligen Anforderungen des Rundschreibens entsprechend der hier verwendeten Systematik behandelt werden*):

- Vollständige **Bestandsaufnahme** der Institutsspezifischen Situation (*Erhebungsbogen, A. Allgemeiner Teil und B. Besonderer Teil II. – V.*)
- **Erfassung** und **Identifizierung** der kunden-, produkt- und transaktionsbezogenen Risiken (*A. Allgemeiner Teil, B. Besonderer Teil I., III. – V.*)
- **Kategorisierung**, d. h. Einteilung in Risikogruppen, und ggf. zusätzliche Bewertung der identifizierten Risiken (*B. Besonderer Teil III. – V.*)
- Entwicklung geeigneter **Parameter** für die erforderlichen Research-Maßnahmen aufgrund des Ergebnisses der Risikoanalyse (*B. Besonderer Teil III. – V.*)
- **Überprüfung und Weiterentwicklung** der bisher getroffenen Präventionsmaßnahmen unter Berücksichtigung der gewonnenen Ergebnisse der Gefährdungsanalyse (*B. Besonderer Teil II.*)

Die Kernaussagen des Rundschreibens 8/2005 werden im Rahmen der folgenden Abschnitte im Einzelnen noch ausführlich behandelt. Vorweg wollen wir uns jedoch kurz mit der Funktion des Rundschreibens im Allgemeinen auseinandersetzen.

Beim Blick auf die einzelnen Teilbereiche des hier vorgestellten Gliederungskonzepts wird schon jetzt deutlich, dass die vorgenannten Kernaussagen des Rundschreibens nicht selbständig nebeneinander stehen, sondern vielmehr ineinander greifen und nicht losgelöst voneinander in der Gefährdungsanalyse behandelt werden können. Betrachtet man die vorstehenden Kernaussagen näher, so stellt man fest, dass diese darüber hinaus auch keine neuen Anforderungen an die Gefährdungsanalyse enthalten, sondern lediglich eine für die wesensnotwendigen Elemente der Gefährdungsanalyse einfache, aber effektive Struktur beschreiben. Die seit jeher von der BaFin geforderte – und im Übrigen auch einzig sinnvolle – Kombination aus Gefährdungsanalyse und der vom Geldwäschebeauftragten zu ergreifenden Präventionsmaßnahmen erfordert zwangsläufig eine

Verzahnung, die durch eine Kombination aus beschreibenden und bewertenden Elementen erreicht werden kann, wie sie in dem Rundschreiben zusammenfassend dargestellt werden. Dabei liegt es auf der Hand, dass eine Analyse, die die getroffenen Maßnahmen nicht nur beschreibt, sondern zugleich auch einer Bewertung zuführt, auf eine regelmäßige Überprüfung und Aktualisierung angelegt ist.

Das Rundschreiben 8/2005 der BaFin ist daher keine aufsichtsrechtliche Weiterung der Anforderungen an die Erstellung einer Gefährdungsanalyse, sondern eine Zusammenfassung derjenigen Elemente, die zwingend in einer Gefährdungsanalyse enthalten sein müssen, wenn die Gefährdungsanalyse die an sie gestellten Anforderungen erfüllen soll.

1.2.2 Die sonstigen Anforderungen an die Gefährdungsanalyse

Neben den Vorgaben des Rundschreibens 8/2005 bestehen noch eine Reihe weiterer rechtlicher und praktischer Anforderungen, die im Rahmen der Gefährdungsanalyse zu berücksichtigen sind. Neben dem Rundschreiben sind daher auch diese Anforderungen zusammen zu tragen, um einen ganzheitlichen Ansatz für die hier beschriebene Gliederung einer Gefährdungsanalyse zu erhalten.

1.2.2.1 Gesetzliche Anforderungen

In diesem Zusammenhang ist zunächst die bereits erwähnte Ausweitung der rechtlichen Grundlagen durch Einführung des § 25a Abs. 1 Satz 2 Nr. 6 KWG durch das 4. Finanzmarktförderungsgesetz vom 21. Juni 2002 (BGBl. I 2002, S. 2011; heute weitgehend aufgegangen in § 25c KWG) und des § 14 Abs. 2 Nr. 2 GwG a. F. durch das Geldwäschebekämpfungsgesetz (GwBekG) vom 8. August 2002 (BGBl. I 2002, S. 3105; heute § 9 Abs. 1 Satz 1 GwG n. F.) zu nennen, nach der erstmals auch der Betrug zulasten des Instituts sowie die Terrorismusfinanzierung in die Präventionsmaßnahmen des Instituts einzubeziehen waren. Diese seinerzeit in das Gesetz aufgenommenen Formen krimineller Handlungen sind durch eine unüberschaubare Fülle von Begehungsweisen und Tatumständen gekennzeichnet, die nur außerordentlich schwer aufzudecken sind. Daneben sind die Präventionsmaßnahmen beider Deliktsgruppen zwar bis zu einem gewissen Grade mit den Präventionsmaßnahmen der Geldwäschebekämpfung identisch. Gleichwohl handelt es sich bei allen drei Deliktsgruppen um völlig unterschiedliche Erscheinungsformen der (organisierten) Kriminalität, sodass der Geldwäschebeauftragte gezwungen ist, die jeweiligen Unterschiede in seine Überlegungen zur individuellen Ausgestaltung der von ihm zu ergreifenden Maßnahmen einzubeziehen. Im Rahmen der Gefährdungsanalyse sind daher neben den Ausführungen zur Geldwäschebekämpfung auch Präventionsansätze für diese Deliktsgruppen herauszuarbeiten.

1.2.2.2 Information und Erkenntniswert

Neben den inhaltlichen Anforderungen war es von Anfang an Ziel der hier vorgestellten Gliederungsstruktur, nicht zuletzt auch die in der Vergangenheit gesammelten praktischen Erfahrungswerte der Kreditinstitute in die Konzeption einfließen zu lassen. Bereits unmittelbar nachdem die BaFin Ende der neunziger Jahre des vergangenen Jahrhunderts erstmalig die Forderung nach einer Gefährdungsanalyse erhoben hatte, stellte sich die Frage nach dem erforderlichen Inhalt einer solchen Analyse. Da verbindliche Vorgaben für die inhaltliche Gestaltung nicht bestanden, blieb der Kreditwirtschaft nur die Möglichkeit, die Gefährdungsanalyse an dem Prinzip »Trial and Error« auszurichten.

Insbesondere nach Veröffentlichung des Rundschreibens 8/2005 und der daran anschließenden Aufarbeitung der seinerzeit schon bestehenden Analysen zeigte sich, dass Gefährdungsanalysen häufig eine Vielzahl von Informationen enthalten, die für die Aufgabe des Geldwäschebeauftragten nicht oder nur wenig aussagekräftig und damit überflüssig sind. Teilweise resultierten diese Angaben aus dem Bestreben, möglichst viele Informationen zusammenzutragen, um allen denkbaren aufsichtsrechtlichen Vorgaben zu genügen; teilweise dienten solche Informationen aber auch nur dazu, die Gefährdungsanalyse umfangreicher erscheinen zu lassen, als es das Gefährdungspotential des Institutes hergab. Auch heute noch finden sich Beispiele für eine derart falsch verstandene Herangehensweise. Die Verleitung zur Anlage von solchen »Datenfriedhöfen« hat nämlich den entscheidenden Nachteil, dass der Aufwand für die Datensammlung im Vorfeld einer Analyse und bei der späteren Aktualisierung im Verhältnis zum Erkenntniswert zu hoch ist. Dies gilt umso mehr, wenn weitere Fachabteilungen des Institutes in die Datenerhebung einbezogen werden.

Vor diesem Hintergrund gilt es, nicht aussagekräftige Daten im Rahmen der Gefährdungsanalyse zu vermeiden und lediglich solche Informationen, die einer **Bewertung unter Risikogesichtspunkten** zugänglich sind, in die Analyse aufzunehmen. Dabei empfiehlt es sich, sowohl bei der Erstellung der Gefährdungsanalyse als auch bei der hieran anknüpfenden Festlegung der Präventionsmaßnahmen die Kontrollüberlegung anzustellen, ob die konkrete Information für die Ermittlung des Gefährdungspotentials tatsächlich erforderlich ist.

1.2.2.3 Zugriffsmöglichkeit und Darstellung

Ein weiterer wesentlicher Aspekt, der bei der Erstellung einer Gefährdungsanalyse zu berücksichtigen ist, ist die Aufbereitung des Datenmaterials und dessen Präsentation. Bei jeder papiergebundenen Darstellungsform stellt sich früher oder später das Problem, dass ein gezielter Rückgriff auf bestimmte Informationen aufgrund des Umfangs der insgesamt zusammengetragenen Daten nur noch mit Mühe möglich ist. Da die Gefährdungsanalyse jedoch als zentrale Informationsquelle die Grundlage für die tägliche Arbeit des Geldwäschebeauftragten bildet, müssen die dort niedergelegten Informationen auch jederzeit und ohne große Suche wieder zugänglich sein. Eine entsprechend detaillierte Gliederungsstruktur und die Zusammenfassung inhaltlich zusammengehörender Daten in Informationsblöcken ist daher für eine praxisorientierte Gefährdungsanalyse unverzichtbar.

1.2.2.4 Zuschnitt auf EDV-gestützte Analysetools

Wie in allen Lebensbereichen, so wird auch die Arbeit des Geldwäschebeauftragten zunehmend durch die Einführung neuer Techniken bestimmt. Waren vor nicht allzu langer Zeit EDV-gestützte Research-Programme noch Ausnahmefälle und auf die Anwendung in einigen wenigen großen Instituten beschränkt, so sind diese Systeme aus der heutigen Arbeit des Geldwäschebeauftragten nicht mehr wegzudenken. Durch immer ausgefeiltere Techniken, vor allem seit Entwicklung der programmgestützten Segmentierung in individuelle Risikoklassen, wird es heute möglich, einen großen Teil der Überwachung des Kundenbestandes der eingesetzten Software zu überlassen. Undifferenzierte Auffälligkeitsmeldungen der eingesetzten Software, die durch manuelle Überwachungsmaßnahmen aufwändig zu kontrollieren waren, gehören mit diesen Tools der Vergangenheit an. Auch die datenbankbasierte Unterstützung der Erstellung einer Gefährdungsanalyse ist in den vergangenen Jahren weiter optimiert worden und kann als ergänzende Software-Lösung zu dem bestehenden Research-Programm erworben werden.

Vor diesem Hintergrund stellt sich natürlich unmittelbar die Frage, ob die Erstellung einer Gefährdungsanalyse in papiergebundener Form überhaupt noch zeitgemäß und sinnvoll ist. Diese Frage lässt sich nicht eindeutig bejahen oder verneinen, sondern hängt letztlich von der Größe des Instituts, von der Bereitschaft des Instituts, entsprechende Investitionen vorzunehmen und nicht zuletzt von der individuellen Arbeitsweise des Geldwäschebeauftragten ab.

Als Faustformel kann gelten, dass die Anschaffung eines entsprechenden Programms zu erwägen ist, wenn die Größe des Kreditinstituts, insbesondere bei Verflechtung mit ausländischen Tochtergesellschaften oder Niederlassungen, eine papiergebundene Gefährdungsanalyse zu unübersichtlich werden lässt. Umgekehrt gilt: Je kleiner und damit überschaubarer die Verhältnisse und die Ausgestaltung des jeweiligen Kreditinstitutes ist, desto weniger ist die Anschaffung entsprechender Software angezeigt. **Eine Verpflichtung zur Anschaffung einer solchen Software besteht derzeit nicht und ist auch in absehbarer Zeit nicht zu erwarten. Im Gegenteil: Die Einführung entsprechender Segmentierungssoftware dürfte gerade bei den Analysen kleinerer und mittlerer Häuser zu einem deutlichen Gewinn an Übersichtlichkeit führen.** Das liegt daran, dass die nach dem alten typologiebasierten Ansatz zu beschreibende Beziehung zwischen Kundengruppen, Produkten und zugeordneten Präventionsmaßnahmen rasch unübersichtlich wurde. Je mehr Kundengruppen als risikobehaftet eingestuft wurden, umso umfangreicher und damit unübersichtlicher wurde die Darstellung. Durch Bildung von Vergleichsgruppen, wie sie heute möglich ist, relativiert sich dieses Problem in weiten Teilen.

Unabhängig davon, ob die Entscheidung für die papier- oder die datenbankgebundene Darstellungsform ausfällt, ist zu beachten, dass beide Varianten in jedem Fall einen arbeitsintensiven einmaligen Erhebungs- und Erfassungsaufwand verlangen, auf den jedoch in der Folgezeit im Rahmen von regelmäßigen Aktualisierungen aufgebaut werden kann. Vorbehalte gegen die papiergebundene Darstellung sind dabei nicht angebracht, denn für die Art und Weise der Datenerhebung dürfte es keinen Unterschied machen, ob die hieraus gewonnenen Erkenntnisse später im Rahmen eines Textdokuments oder im Rahmen einer Datenbank dargestellt werden. Der Aufwand dürfte in beiden Fällen mehr oder weniger identisch sein. Dies gilt auch für spätere Aktualisierungen der Analyse, da in beiden Varianten auf die bereits bestehenden Ausführungen aufgebaut werden kann.

Unterschiede ergeben sich lediglich hinsichtlich der **Zugriffsmöglichkeit** auf die gesammelten Daten und bei der Rückkopplung an das bestehende Research-System. Da die Unterschiede in der Zugriffsmöglichkeit nur bei großen und unübersichtlichen Organisationsstrukturen eine Rolle spielen dürften, so ist die automatisierte **Rückkopplung** das einzige Argument für die Anschaffung einer Analyse-Software, das unabhängig von der Größe des Institutes zu bedenken ist.

Die Rückkopplung in automatisierter Form ist nur im Rahmen einer Datenbanklösung darstellbar, wenn diese eine entsprechende Schnittstelle zu dem eingesetzten Research-Programm aufweist. Im Falle der papiergebundenen Fassung sind die gefundenen Ergebnisse und die daraus abgeleiteten Maßnahmen dagegen manuell in das eingesetzte Research-System zu übertragen. Ob dieser Unterschied aber tatsächlich die Investition in ein entsprechendes Programm rechtfertigt, kann nicht pauschal beantwortet werden, sondern unterliegt wiederum dem bereits oben beschriebenen Merkmal der **Angemessenheit** im Sinne des § 25c KWG. Werbliche Aussagen von Software-Häusern, die der Rückkopplung an das eingesetzte Research-System eine existentielle Bedeutung zumessen, verschweigen dabei, dass eine Reihe von Sicherungsmaßnahmen zu ergreifen sind, die eben nicht über ein Research-Programm abgebildet werden können. Bei diesen Sicherungsmaßnahmen kann ein Analyse-Programm den Vorteil der Rückkopplungsmöglichkeit nicht ausreizen.

Institute, die eine endgültige Entscheidung für die eine oder andere Variante noch nicht getroffen haben, greifen mit der Wahl des im folgenden näher beschriebenen papiergebundenen Gliederungskonzepts einer Gefährdungsanalyse einer späteren Umorientierung hinsichtlich der Anschaffung eines entsprechenden Analyse-Programms nicht vor. Im Gegenteil: Das hier vorgestellte Konzept ist nicht zuletzt aufgrund seiner Orientierung an Siron®Profile und Siron®AML bereits so angelegt, dass die dort zusammengetragenen Informationen, Daten und Maßnahmenkataloge nahtlos in eine spätere Datenbanklösung (im Fall der Siron®-Produktfamilie Siron®RAS) übernommen werden können. Institute, die vor einer Investition in ein entsprechendes Analyseprogramm zurückschrecken und zunächst die weitere Entwicklung abwarten möchten, finden mit dem hier beschriebenen Konzept eine Lösung, die einen späteren Wechsel der Darstellungsform insoweit erleichtert, als die Gliederungsstruktur unter der Prämisse entwickelt worden ist, auch im Falle eines späteren Systemwechsels als Grundlage dienen zu können. Vor diesem Hintergrund hat die Entscheidung für eine papiergebundene Gefährdungsanalyse auch in dem heutigen System der weitgehend automatisierten Geldwäschebekämpfung einen festen Platz.

1.2.2.5 Flexible Aktualisierungsmöglichkeit

Da die Gefährdungsanalyse nach dem Rundschreiben 8/2005 der BaFin regelmäßig, zumindest einmal im Jahr einer Überprüfung zu unterziehen und – soweit erforderlich – zu aktualisieren ist, ist eine schnelle und zugleich flexible, die Übersichtlichkeit wahrende Aktualisierungsmöglichkeit eine der zentralen Anforderungen an das Konzept einer papiergebundenen Gefährdungsanalyse. Um dieses Ziel zu erreichen, ist die Gestaltung der Gefährdungsanalyse als **Loseblattsammlung**, die in überschaubare, thematisch zusammengehörende Abschnitte unterteilt ist, die vorteilhafteste Lösung. Dabei sind die einzelnen Abschnitte so gestaltet, dass Einfügungen von Textpassagen jederzeit möglich sind, ohne die Gesamtformatierung des Textes zu gefährden. Nur so können später einzelne Seiten verändert und gegen die bereits bestehenden Seiten ausgetauscht werden, ohne das gesamte Dokument noch einmal vollständig ausdrucken zu müssen.

Die auf der beiliegenden CD-ROM enthaltenen Dokumentvorlagen von Microsoft® Word sind unter dieser Prämisse konzipiert; nähere Einzelheiten hierzu sind im Rahmen der Beschreibung der einzelnen Dateien in Kapitel 2.1 dargestellt.

Neben der praktischen Handhabbarkeit einer Loseblattsammlung ermöglicht dieses Prinzip je nach Bedarf und individueller Arbeitsweise des Geldwäschebeauftragten eine flexible Gestaltung der regelmäßig vorzunehmenden Aktualisierungen der Gefährdungsanalyse. Dabei ist zu berücksichtigen, dass die Prüfungsgesellschaften und Prüfungsstellen der Kreditwirtschaft neben der regelmäßigen Aktualisierung teilweise eine vollständige Überarbeitung der Analyse nach Ablauf eines bestimmten Zeitraums (in der Regel drei Jahre) verlangen. Mit Blick auf die üblicherweise jährlich vorzunehmenden Aktualisierungen und dem Erfordernis einer in größeren zeitlichen Abständen vorzunehmenden vollständigen Überarbeitung ermöglicht das Loseblatt-Prinzip z. B.

- eine jährliche Aktualisierung und eine vollständige Überarbeitung im dreijährigen Turnus oder
- eine jährliche Aktualisierung und die Überarbeitung von festgelegten Teilbereichen in dreijährigem Turnus, so dass die Gesamtanalyse nie älter als drei Jahre ist oder
- eine tagesaktuelle Aktualisierung.

Zu Dokumentationszwecken empfiehlt es sich in jedem Fall, zwei getrennte Ordner für die Gefährdungsanalyse anzulegen. Dabei sollte ein Ordner die Gefährdungsanalyse in der jeweils aktuellen Fassung enthalten, während der andere Ordner zur chronologischen Aufnahme der ausgetauschten Seiten dient.

HINWEIS

Zusammengefasst lassen sich folgende Anforderungen an die Erstellung einer Gefährdungsanalyse ableiten:

- Umsetzung der Anforderungen des **Rundschreibens 8/2005** der BaFin.
- Umsetzung der Ausweitung der **gesetzlichen Anforderungen** auf die Bekämpfung von Betrugsdelikten zulasten des Instituts und der Terrorismusfinanzierung.
- Vermeidung nicht aussagekräftiger Daten und Konzentration auf Informationen, die einer **Bewertung unter Risikogesichtspunkten** zugänglich sind.
- **Unmittelbare Zugriffsmöglichkeit** auf die Informationen durch eine klare Strukturierung.
- **Übertragung** der gewonnenen Erkenntnisse **auf das eingesetzte Research-System** und Zuschnitt der Gefährdungsanalyse auf die spätere Einführung einer **Analyse-Software**.
- Flexible Aktualisierungsmöglichkeit je nach Bedarf der Sparkasse.

2 Die Gefährdungsanalyse im Detail

Die einzelnen Abschnitte des vorliegenden Konzepts der Gefährdungsanalyse sind thematisch geordnet und – unter Berücksichtigung der praktischen Handhabung des Loseblatt-Prinzips – in einzelne, in sich abgeschlossene Word-Dokumente unterteilt. Wie bereits ausgeführt, erleichtert das Loseblatt-Prinzip die spätere Überarbeitung der einzelnen Abschnitte und den Austausch aktualisierter Seiten, da eine Änderung der Formatierung auf das gerade bearbeitete Dokument beschränkt bleibt.

2.1 Gliederungsstruktur und Dateiaufbau

Entsprechend den Vorgaben des Rundschreibens 8/2005 der BaFin sowie der im Übrigen an eine praxisgerechte Gefährdungsanalyse zu stellenden Anforderungen (vgl. die Ausführungen unter Kapitel A. 2.) ergibt sich folgende Gliederungsstruktur:

A. Allgemeiner Teil: Bestandsaufnahme der institutsspezifischen Situation
B. Besonderer Teil: Identifizierung und Klassifizierung der Risiken / Präventionsmaßnahmen
  I. Erkenntnisquellen
  II. Erkenntnisse aus Sicherungsmaßnahmen des vorausgegangenen Berichtszeitraums
  III. Kundensegmentierung und Klassifizierung des Geringen Risikos
  IV. Klassifizierung des Normalen Risikos
  V. Klassifizierung des Hohen Risikos
C. Anhang
  I. Übersicht der eingesetzten Indizien
  II. Organigramm

Auf die einzelnen Gliederungspunkte ist später noch genauer einzugehen sein.

Die auf der beiliegenden CD-ROM enthaltenen Word-Dokumentvorlagen (zu erkennen an der Endung ».*dot*«) zur Einbindung in die eigene Textverarbeitung sind auf die oben beschriebene Gliederungsstruktur ausgerichtet.

Bei den Dateien handelt es sich um die folgenden Vorlagen:

1. Gefährdungsanalyse Inhalt.dot,
2. Gefährdungsanalyse A Allgemeiner Teil.dot,
3. Gefährdungsanalyse B I Erkenntnisquellen.dot,
4. Gefährdungsanalyse B II Historische Erkenntnisse.dot,

5. Gefährdungsanalyse B III Geringes Risiko.dot,
6. Gefährdungsanalyse B IV Normales Risiko.dot,
7. Gefährdungsanalyse B V Hohes Risiko.dot und
   sowie den ergänzend im Rahmen der Risikoklassifizierung einsetzbaren
8. Erhebungsbogen Kundenbetreuer.dot, mit dem Risikobereiche des Institutes, die nicht unmittelbar aus Abfragen der Datenbestände und der eigenen Wahrnehmung des Geldwäschebeauftragten zu ermitteln sind, über die kundennahen Stellen des Instituts abgefragt werden können.

2.1.1 Die Installation der Formatvorlagen

Die Installation der Formatvorlagen in das Vorlagenverzeichnis von Microsoft® Office (Word) richtet sich nach dem Speicherort der Vorlagen. Je nach verwendeter Programmversion von Microsoft® Windows und Microsoft® Office sowie dem Netzwerkaufbau in den Instituten kann das Vorlagenverzeichnis an unterschiedlichen Orten in der Ordnerstruktur vorhanden sein (ggf. müssen Sie im Arbeitsplatz des Windows-Explorers unter »Extras/Ordneroptionen« in dem Register »Ansicht« zunächst die Option »Versteckte Dateien und Ordner/Alle Dateien und Ordner anzeigen« aktivieren, um den Ordner sichtbar zu machen), z. B.:

- C:\Dokumente und Einstellungen\All Users\Vorlagen oder
- C:\ Microsoft Office\Templates\1031

Die nachfolgenden Beschreibungen beziehen sich auf die Word-Version 2001, die in den meisten Häusern nach wie vor noch standardmäßig verwendet wird. Soweit Sie bereits eine neuere Version von Word benutzen, schlagen Sie die Arbeitsweise mit Dokumentvorlagen bitte unter der Hilfefunktion (Taste F1) von Word oder in den mitgelieferten Handbüchern nach.

Um den Speicherort des Verzeichnisses zu ermitteln, öffnen Sie in Microsoft® Word unter »Datei/Neu« den vorinstallierten Vorlagenkatalog »Allgemeine Vorlagen«. Klicken Sie mit der rechten Maustaste auf die Datei »Leeres Dokument« oder eine andere Datei in dem geöffneten Dialogfenster. In dem erscheinenden Menü wählen Sie den Eintrag »Eigenschaften«, aus dem sich der Speicherort des Vorlagenverzeichnisses entnehmen lässt.

Wenn ein direkter Zugriff auf das Vorlagenverzeichnis von Microsoft® Word auf Ihrem PC nicht möglich ist, wenden Sie sich zur Installation der Dateien bitte an Ihren Administrator.

Wechseln Sie nun in den Arbeitsplatz oder in den Windows-Explorer und navigieren Sie zu dem zuvor ermittelten Vorlagenverzeichnis. Dort angekommen legen Sie über »Datei/Neu/Ordner« einen neuen Ordner »Geldwäsche« an und kopieren

Sie die auf der CD-ROM befindlichen Dokumentenvorlagen in dieses Verzeichnis hinein.

Nach Aufruf von Microsoft® Word können die Vorlagen sodann unter »Datei/Neu« abgerufen werden:

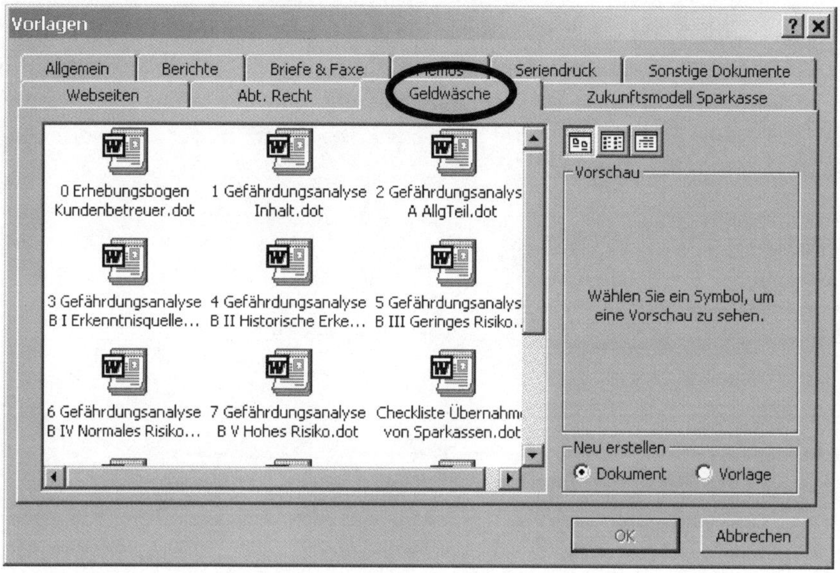

Abb. 1 Neuer Vorlagenordner »Geldwäsche« bei Aufruf über den Menüpunkt »Datei/Neu«

Die Installation der Vorlagen in Microsoft® Word ist natürlich nicht zwingend erforderlich. Den gleichen Effekt erzielen Sie (jedenfalls prinzipiell), wenn Sie die Vorlagen von der beiliegenden CD-ROM aus öffnen und das geöffnete Dokument unter neuem Namen in dem von Ihnen gewünschten Ordner speichern. In diesem Fall entsteht ein Word-Dokument (zu erkennen an der Endung ».*doc*«), bei dem jede gespeicherte Änderung wirksam bleibt. Dies ist dann unproblematisch, wenn Sie mit einer Kopie dieser Datei weiterarbeiten oder die gespeicherte Datei fortschreiben wollen und jeweils nur den letzten Stand abspeichern möchten. In diesem Zusammenhang ist insbesondere zu berücksichtigen, dass Sie auf die installierten Vorlagen, die ja noch keinen Text enthalten, in der Regel auch später nicht oder nur selten zurückgreifen müssen, da Sie spätere Aktualisierungen, die sich normalerweise nur auf einzelne Aspekte der Analyse beziehen, auf der Grundlage der von Ihnen erstellten Textdateien vornehmen werden.

Vorteil der Installation der Vorlagendateien ist allerdings, dass Sie jederzeit einen schnellen Zugriff auf die ursprünglichen Blankodateien haben und so etwa erforderlich werdende Ergänzungen der Gefährdungsanalyse problemlos vornehmen können. Dies gilt natürlich besonders für die Arbeit mit dem Erhebungsbogen für Kundenbetreuer, der auf eine fortlaufende Abfrage in regelmäßigen Abständen angelegt ist.

2.1.2 Der Aufbau der Formatvorlagen zur Gefährdungsanalyse

Die einzelnen Formatvorlagen sind so konzipiert, dass diese etwaige Änderungen und Ergänzungen im Rahmen späterer Revisionsprüfungen nachvollziehbar erkennen lassen. Mit Ausnahme des Erhebungsbogens für Kundenbetreuer sind sie daher so gestaltet, dass sie insbesondere mit Blick auf die Ablage der ausgetauschten Seiten die Bezeichnung der jeweiligen Abschnitte in der **Kopfzeile** der Dokumente kenntlich machen.

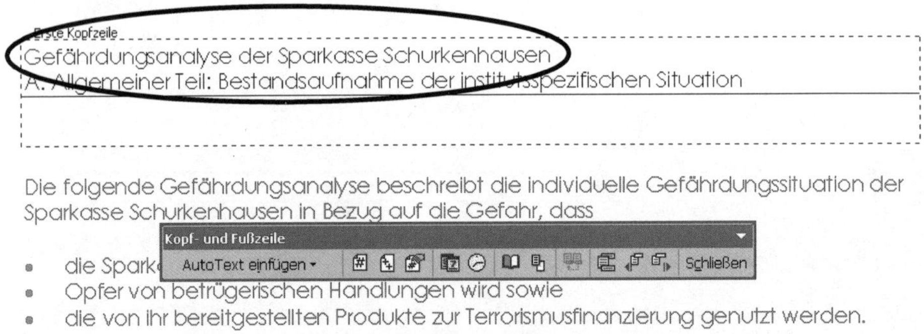

Abb. 2 Bezeichnung der jeweiligen Abschnitte in der Kopfzeile

Um Änderungen in der Kopfleiste der Dateien vornehmen zu können, z. B. um den Namen des Instituts in die Kopfzeile zu übernehmen, die Schriftart oder das Layout anzupassen, öffnen Sie die Vorlagen in Microsoft® Word, indem Sie unter »Datei/Öffnen« zum Vorlagenverzeichnis wechseln und auf die gewünschte Datei doppelklicken. Die sich öffnende Datei kann beliebig verändert und an Ihre Bedürfnisse angepasst werden. Die vorgenommenen Änderungen werden in der Dokumentenvorlage gespeichert und bleiben bei jedem erneuten Aufruf der Vorlage über »Datei/Neu« erhalten.

In der **Fußzeile** der einzelnen Abschnitte ist jeweils ein Datumsfeld vorgesehen, das beim Öffnen des Dokuments automatisch aktualisiert wird. Der jeweilige Stand der Änderungen wird so automatisch berücksichtigt; die Fortschreibung bereits bestehender Textdokumente erfolgt somit bei jedem Öffnen der Datei unter automatischer Berücksichtigung des aktuellen Datums.

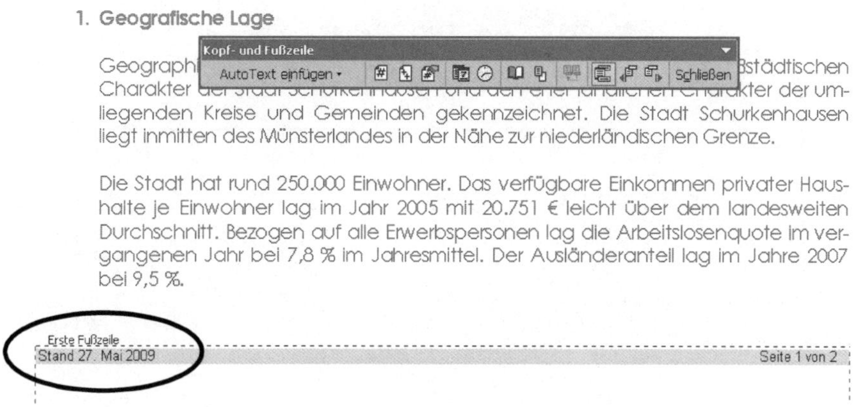

Abb. 3 Automatisch aktualisierendes Datumsfeld in der Fußzeile

Ist eine automatische Aktualisierung nicht gewünscht, kann die Feldfunktion jederzeit geändert oder abgeschaltet werden.

2.1.3 Der Aufbau der Formatvorlage zum Erhebungsbogen für Kundenbetreuer

Mit dem Erhebungsbogen für Kundenbetreuer sollen subjektive Eindrücke und Werturteile der Kundenbetreuer und -berater erhoben werden. Die abgefragten Daten sollen dem Geldwäschebeauftragten Hinweise auf lokale Besonderheiten des Geschäftsgebietes der Sparkasse geben, die insbesondere durch EDV-gestützte Abfragen nicht gewonnen werden können. Statistische Daten oder sonstige Zahlenangaben brauchen von den Betreuern nicht angegeben zu werden. Erhoben werden soll lediglich eine Einschätzung des Mitarbeiters hinsichtlich der Gefährdungslage seines unmittelbaren Arbeitsbereiches.

Der Erhebungsbogen basiert auf Microsoft® Word-Formularfeldern. Dies hat Vorteile bei der Weitergabe des Erhebungsbogens per E-Mail an die betreffenden Mitarbeiter, da sich hiermit der Bearbeitungsaufwand für den einzelnen Mitarbeiter durch schnelle und intuitiv zu bedienende Navigation in dem Dokument in Grenzen halten lässt. Für die Antworten auf die in dem Erhebungsbogen gestellten Fragen ist jeweils ein Ankreuzfeld und ein Textfeld vorgesehen. Um die Formatvorlage zu bearbeiten, wechseln Sie in Microsoft® Word zunächst über »Datei/Öffnen« in das Vorlagenverzeichnis (vgl. oben Kapitel 1.2). Öffnen Sie die Datei »Erhebungsbogen Kundenbetreuer.dot« und heben den Dokumentschutz auf. Dazu klicken Sie unter »Ansicht/Symbolleisten« auf den Eintrag »Formular«. In der sich öffnenden Symbolleiste klicken Sie auf das Schlosssymbol; Änderungen an dem Text können jetzt beliebig vorgenommen werden.

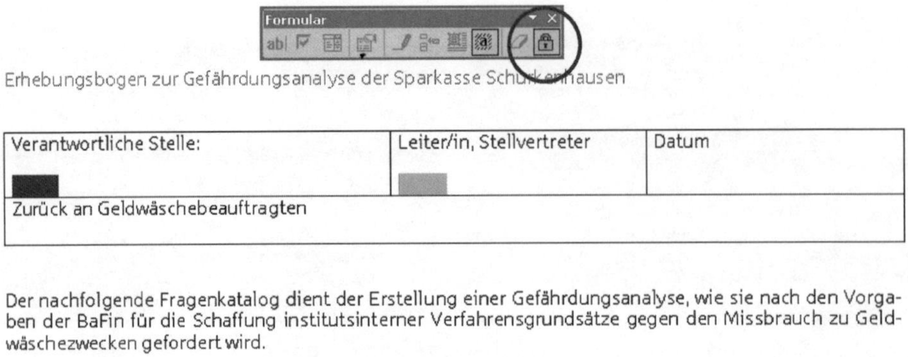
Formular

Erhebungsbogen zur Gefährdungsanalyse der Sparkasse Schurkenhausen

Verantwortliche Stelle:	Leiter/in, Stellvertreter	Datum
Zurück an Geldwäschebeauftragten		

Der nachfolgende Fragenkatalog dient der Erstellung einer Gefährdungsanalyse, wie sie nach den Vorgaben der BaFin für die Schaffung institutsinterner Verfahrensgrundsätze gegen den Missbrauch zu Geldwäschezwecken gefordert wird.

Abb. 4 Dokumentschutz über das Schlosssymbol in der Symbolleiste »Formular«

Die Formatvorlage enthält bereits einige vorformulierte Fragen, die Ihnen jedoch lediglich als Anhaltspunkt für die individuelle Gestaltung des Erhebungsbogens dienen sollen. Die einzelnen Fragen des Erhebungsbogens sind an die Erfordernisse und Gegebenheiten des jeweiligen Instituts anzupassen und um institutsspezifische Angaben zu ergänzen.

Nach erfolgter Änderung des Formulars sollte der Dokumentschutz über einen Klick auf das Schlosssymbol wieder aktiviert werden. Ohne Dokumentschutz ist eine komfortable Bearbeitung der Formularfelder nicht möglich. Bei Bedarf kann zusätzlich die Vergabe eines Kennwortes für die Aufhebung des Dokumentschutzes vergeben werden. Dies erfolgt bei aufgehobenem Dokumentschutz über »Extras/Dokument schützen«. Markieren Sie in dem Dialogfenster sodann den Punkt vor dem Eintrag »Formular« und vergeben Sie ein Kennwort, das zur Bestätigung noch einmal eingegeben werden muss.

Der Dokumentschutz hat zur Folge, dass der Text des Dokuments auch dann nicht mehr editiert werden kann, wenn die betreffende Vorlage über »Datei/Neu« geöffnet und als normales Word-Dokument weiterbearbeitet wird. Eingaben sind dann nur noch in den Formularfeldern möglich, so dass sich der bearbeitende Mitarbeiter an die vorgegebenen Fragen halten muss. Insbesondere bei einer Vielzahl von Mitarbeitern, die im Rahmen einer Fragebogenaktion befragt werden müssen, ist so eine schnelle und einheitliche Auswertung der gegebenen Antworten gewährleistet.

Erhebungsbogen zur Gefährdungsanalyse der Sparkasse Schurkenhausen

Verantwortliche Stelle:	Leiter/in, Stellvertreter	Datum
Zurück an Geldwäschebeauftragten		

Der nachfolgende Fragenkatalog dient der Erstellung einer Gefährdungsanalyse, wie sie nach den Vorgaben der BaFin für die Schaffung institutsinterner Verfahrensgrundsätze gegen den Missbrauch zu Geldwäschezwecken gefordert wird.

Der Erhebungsbogen gibt einen Überblick über geldwäscherelevante Informationen, die im Rahmen von Auswertungen und vorhandenen statistischen Daten nicht erlangt werden können. Besonderheiten und ergänzende Hinweise zu einzelnen Angaben können in der Rubrik „Bemerkungen" gesondert vermerkt werden.

Soweit Sie eine eigene Risikoeinschätzung zu einzelnen Angaben abgeben möchten, vermerken Sie diese bitte ebenfalls in der Spalte „Bemerkungen".

Der Fragebogen ist bis zum   an den Geldwäschebeauftragten zurückzuleiten.

1. Geographische Beschreibung des Einzugsgebietes der Filiale

Lage	Bemerkungen
☐ Stadtgebiet	
☐ Ländliche Region	
☐ Gewerbe- / Industriegebiet	
☐ Verkehrsknotenpunkt (z. B. Bahnhof, Autobahnraststätte, Flughafennähe)	
☐	
☐	

- Zutreffendes bitte ankreuzen, zusätzliche Angaben auf gesondertem Blatt -

2. Wirtschaftsschwerpunkte im Einzugsbereich der Filiale

Art	Bemerkungen
☐ Handel	
☐ Handwerk	
☐ Gewerbe	
☐ Landwirtschaft	
☐ Maschinenbau	
☐ Baugewerbe	
☐ Möbelindustrie	
☐ Dienstleistung	
☐ Transport	
☐	
☐	

- Zutreffendes bitte ankreuzen, zusätzliche Angaben auf gesondertem Blatt -

3. Kundenstruktur im Einzugsbereich der Filiale

Firmenkunden

Angabe insbesondere bei Häufung besonders geldwäscheempfindlicher Branchen im Einzugsbereich der Filiale (z. B. bei auffällig hohen Umsätzen, die nicht im Einklang stehen mit Kundenzahlen, Branchenvergleichswerten etc.).

Art	Angabe des / der Unternehmen
☐ Handel mit Im- und Exportware	
☐ Überwiegend ausländische Geschäftsbeziehungen	
☐ Internationaler Handel mit Großpositionen („Umsatzsteuerkarussell“)	
☐ Firmen in der Rechtsform der britischen Limited	
☐ Branchen mit besonders hohem Anteil von Bartransaktionen	
☐ Spielhallen / Wettbüros	
☐ Markenungebundene Kfz-Händler („Hinterhof-Betriebe“)	
☐ Internationaler Schrotthandel	
☐ Gastronomie, „Rotlichtmilieu“	
☐ Viele Neukunden über Vermittler	
☐	
☐	

- Zutreffendes bitte ankreuzen, zusätzliche Angaben auf gesondertem Blatt -

Privatkunden

Angabe insbesondere bei Häufungen von / Bezugspunkten zu Risiko-Kundengruppen im Einzugsbereich der Filiale

Privatkundenstruktur der Filiale	Bemerkungen
☐ Soziale Brennpunkte im Einzugsgebiet	
☐ Hoher Anteil von Gelegenheitskunden	
☐ Hoher Anteil einkommensschwacher Kunden	
☐ Hoher Anteil ausländischer Mitbürger	
☐	
☐	

- Zutreffendes bitte ankreuzen, zusätzliche Angaben auf gesondertem Blatt -

Seite 2

4. Besonderheiten in den Produktstrukturen, in denen Risikopotenziale zu erkennen sind:

Art	Bemerkungen
☐ Hoher Anteil Auslandsgeschäft	
☐ Hoher Anteil Online-Banking	
☐ Hoher Anteil Guthabenkonten	
☐ Hoher Kundenanteil mit sehr niedriger Cross-Selling-Quote (z.B. nur Girokonto)	
☐	
☐	

- Zutreffendes bitte ankreuzen, zusätzliche Angaben auf gesondertem Blatt -

5. Besonderheiten / Ergänzungen zu Bereichen, in denen weitere Risikopotenziale zu erkennen sind:

Seite 3

Abb. 5 Erhebungsbogen für Kundenbetreuer

2.2 Die einzelnen Abschnitte der Gefährdungsanalyse

Die einzelnen Abschnitte der Gefährdungsanalyse erschließen sich am besten anhand eines praktischen Beispiels. Daher ist das hier vorgeschlagene Konzept in den folgenden Kapiteln als Musteranalyse mit ergänzenden Hinweisen und Beispielen dargestellt. Dem jeweiligen Abschnitt der Analyse vorangestellt ist dabei zunächst die Gliederung des betreffenden Abschnitts mit einigen allgemeinen Hinweisen zur inhaltlichen Ausgestaltung.

Wie bereits oben ausgeführt, verstehen sich die Bearbeitungshinweise und Beispielstexte, insbesondere zur inhaltlichen Ausgestaltung, als Arbeitshilfen zur Erstellung einer Gefährdungsanalyse. Sie sind keinesfalls abschließend und sind an die individuelle Situation des Instituts anzupassen. Dabei ist die Struktur der Gliederung natürlich nicht zwingend – Abweichungen nach den individuellen Erfordernissen und Gegebenheiten des Instituts sind jederzeit möglich.

Institute, die eine abweichende Struktur für ihre Gefährdungsanalyse gefunden haben, müssen diese selbstverständlich **nicht** an das vorliegende Konzept anpassen. Darüber hinaus dürften sicherlich nicht alle hier vorgeschlagenen Einzelaspekte auf jedes Institut gleichermaßen zutreffen. Vielmehr können Aspekte, die nicht auf die Situation des jeweiligen Hauses anwendbar sind, im Rahmen der Erstellung der eigenen Analyse weggelassen werden. Andere Aspekte, die im Rahmen der hier vorgestellten Analyse keine Berücksichtigung finden, für die institutsindividuelle Situation aber gleichwohl bedeutsam sind, sind dagegen zu ergänzen.

2.2.1 Inhaltsverzeichnis

Um einen Überblick über die dem hier vorgestellten Analysekonzept zugrunde liegende Gliederung zu erhalten, sei zunächst das hieran ausgerichtete beispielhafte Inhaltsverzeichnis der Gefährdungsanalyse der Sparkasse Schurkenhausen dargestellt, dessen Ausgestaltung in den nachfolgenden Kapiteln näher beschrieben wird.

GEFÄHRDUNGSANALYSE DER SPARKASSE SCHURKENHAUSEN

Verfasser: Siegfried Schnüffel, Geldwäschebeauftragter

Inhaltsverzeichnis

III. Kundensegmentierung und Klassifizierung des Geringen Risikos

1. Kundenannahmeprozess
2. Klassifizierung des Geringen Risikos
    a) Kundenbezogene Risiken
    b) Produkt- und Transaktionsbezogene Risiken
    c) Risiken der Vertriebswege und Organisationseinheiten
    d) ggf. Länderrisiken
    e) ggf. Sonstige Risiken (Statistik, Verhalten)

IV. Klassifizierung des Normalen Risikos

1. Kundenbezogene Risiken
2. Produkt- und Transaktionsbezogene Risiken
3. Risiken der Vertriebswege und Organisationseinheiten
4. ggf. Länderrisiken
5. ggf. Sonstige Risiken (Statistik, Verhalten)

V. Klassifizierung des Hohen Risikos

1. Kundenbezogene Risiken
2. Produkt- und Transaktionsbezogene Risiken
3. Risiken der Vertriebswege und Organisationseinheiten
4. Länderrisiken
5. Sonstige Risiken (Statistik, Verhalten)

C. Anhang

I. Übersicht der eingesetzten Verdachtsparameter (Indizien)

II. Organigramm

Zum Inhaltsverzeichnis bleibt zu erwähnen, dass die Beifügung eines Organigramms des Instituts empfehlenswert ist, um einem Leser, der mit dem Institut nicht oder nur in seinen groben Zügen vertraut ist (z. B. externe Revision oder Mitarbeiter der BaFin, die die Gefährdungsanalyse im Rahmen einer stichprobenartigen Überprüfung auswerten), einen schnellen Überblick über die einzelnen Geschäftsbereiche zu vermitteln.

Daneben kann die Beifügung einer Übersicht über die eingesetzten Verdachtsparameter und -kriterien (im Folgenden kurz »Indizien« genannt) des von dem Institut eingesetzten Research-Programms empfehlenswert sein (vgl. Anhang C. I.). Ein entsprechender Indizienkatalog hat den Vorteil, dass der Geldwäschebeauftragte in seiner Abhandlung lediglich auf die laufende Nummer der einzelnen Indizien verweisen kann, ohne diese immer wieder namentlich nennen und beschreiben zu müssen. Dies ist vor allem bei der Darstellung der ergriffenen Research-Maßnahmen hilfreich. Ferner verlangen einige Prüfungsgesellschaften und Prüfungsstellen von den Instituten die tabellarische Aufbereitung der Indizien für die Jahresabschlussprüfung, so dass diese Zusammenstellung von den betroffenen Instituten ohnehin einmal im Jahr überarbeitet werden muss und in aktueller Fassung verfügbar ist. In diesen Fällen sollte die von der externen Revision vorgegebene Struktur des für die Jahresabschlussprüfung erarbeiteten Indizienkataloges auch im Rahmen der Gefährdungsanalyse verwendet werden, um unnötige Doppelarbeiten zu vermeiden.

2.2.2 Allgemeiner Teil: Bestandsaufnahme der institutsspezifischen Situation

Im Allgemeinen Teil der Gefährdungsanalyse finden sich zunächst allgemeine Angaben zum Kreditinstitut, die dem Leser ein überschlägiges Bild über Größe und Struktur des jeweiligen Hauses sowie seines Geschäftsgebietes vermitteln sollen.

2.2.2.1 Bearbeitungshinweise zur Bestandsaufnahme

Bei der Erstellung der Bestandsaufnahme bietet sich die Heranziehung des Geschäftsberichts des Instituts, des Prüfungsberichts der externen Revision mit seinen Anlagen sowie ggf. die Einbeziehung des Vorstandssekretariats, der Abteilung Organisation sowie der Innenrevision an. Weitere Informationen können unter Umständen den Fragebögen für die Kundenbetreuer des Instituts entnommen werden, soweit eine entsprechende Befragung durchgeführt worden ist.

A. Allgemeiner Teil: Bestandsaufnahme der institutsspezifischen Situation

I. Beschreibung des Instituts

1. Kennzahlen

Vorab sollten an dieser Stelle Angaben zur Rechtsform des Instituts, zur Bilanzsumme, zum Kreditvolumen, zu Kundeneinlagen sowie zur Mitarbeiterzahl gemacht werden. Die Angaben können aus dem Geschäftsbericht entnommen werden.

2. Ziele der Geschäftspolitik

Ferner empfiehlt sich eine zusammenfassende Darstellung der Ziele der Geschäftspolitik, die regelmäßig der Satzung und dem Geschäftsbericht entnommen werden können. Die Darstellung der geschäftspolitischen Ausrichtung gibt eine gute Möglichkeit, die Ausrichtung des Instituts im Markt herauszustellen, um den Leser bereits gedanklich auf die folgenden Erwägungen zum Gefährdungspotential vorzubereiten. Dabei liegt es auf der Hand, dass ein vertriebsorientiertes, vorwiegend im Privat- und mittelständischen Firmenkundengeschäft engagiertes Institut einen anderen Ansatz im Bereich der Geldwäscheprävention verfolgen muss als beispielsweise ein Bankhaus, das überwiegend im Corporate Finance-Geschäft und im Investmentbanking tätig ist.

Soweit die erforderlichen Angaben nicht bereits der Satzung und dem Geschäftsbericht zu entnehmen sind, so dürften entsprechende Informationen – je nach Zuständigkeit und organisatorischer Struktur des Hauses – unter Einbeziehung des Vorstandssekretariats ohne weiteres zu gewinnen sein.

3. Geschäftsentwicklung in den letzten Jahren

Auch die kurze Zusammenfassung der Geschäftsentwicklung des Instituts in den vergangenen Jahren liefert einen guten Einstieg in die Gesamtsituation des Hauses. Erfolgt ein entsprechender Überblick erstmalig im Rahmen der Gefährdungsanalyse, so reicht es aus, die Geschäftsentwicklung der letzten zwei bis drei Jahre überschlägig darzustellen. In den Folgejahren braucht nur noch die Geschäftsentwicklung des vergangenen Berichtszeitraums beschrieben werden. Dabei ist ein Vergleich mit den vorausgegangenen Berichtszeiträumen allenfalls dann erforderlich, wenn sich signifikante Änderungen ergeben haben. Die notwendigen Angaben lassen sich aus dem Geschäftsbericht, ggf. unter Einbeziehung der Abteilung Controlling und/oder des Vorstandssekretariates, entnehmen.

Ausführungen zur Geschäftsentwicklung sollten grundsätzlich im Rahmen der jährlichen Aktualisierung der Gefährdungsanalyse auf den neuesten Stand gebracht werden, da signifikante Änderungen in der Geschäftsentwicklung unter Umständen zur Anpassung der ergriffenen Sicherungsmaßnahmen im Bereich der Geldwäschebekämpfung führen. Ändert sich dagegen nichts oder ergeben sich nur geringe Änderungen in der Geschäftsentwicklung im Vergleich zum vorausgegangenen Berichtszeitraum, so sind auch Änderungen der ergriffenen Sicherungsmaßnahmen nicht zu erwarten. In diesem Fall reicht ein knapper Hinweis auf die wesentlichen Kernpunkte der aktuellen Geschäftsentwicklung aus.

II. Beschreibung des Geschäftsgebietes

1. Geografische Lage

Einer der zentralen Gliederungspunkte der Gefährdungsanalyse ist die Beschreibung der geografischen Lage des Geschäftsgebietes. Eine zusammenfassende Darstellung anhand statistischer Daten, z. B. Bevölkerungsstruktur, Einkommensstruktur, Erwerbslosenquote, Grenz- oder Flughafennähe, die aus allgemein zugänglichen Quellen entnommen werden können, (z. B. Informationen der Kommune bzw. des Landkreises, der IHK, des Statistischen Bundesamtes und sonstiger öffentlicher Stellen, die von den öffentlichen Einrichtungen in der Regel über das Internet zur Verfügung gestellt werden) gibt einen Überblick über das örtliche Umfeld des Instituts und lässt bereits erste Schlüsse auf den Umfang der zu ergreifenden Sicherungsmaßnahmen zu. Die Beschreibung eines eher ländlich strukturierten Geschäftsgebietes führt dabei naturgemäß zu einer völlig anderen Erwartungshaltung des Lesers hinsichtlich der kommenden Ausführungen zur Gefährdungssituation als eine Beschreibung eines eher städtisch oder großstädtisch strukturierten Geschäftsgebietes. Etwaige Hinweise zur örtlichen Situation aus den Angaben der Mitarbeiter in den Erhebungsbögen für Kundenbetreuer sind an dieser Stelle ebenfalls anzuführen.

2. Wirtschaftsschwerpunkte

Schließlich sollte auch eine zusammenfassende Darstellung der wirtschaftlichen Schwerpunkte der Region anhand statistischer Daten (insbesondere Wirtschaftsstruktur und -entwicklung, die ebenfalls über die oben genannten Quellen bezogen werden können) in der allgemeinen Beschreibung des Umfelds des Institutes nicht fehlen. Auch hier kann ggf. auf Erkenntnisse der Abteilung Controlling und/oder des Vorstandssekretariats sowie auf die Umfrageergebnisse aus den Erhebungsbögen für Kundenbetreuer zurückgegriffen werden.

III. Beschreibung der Geschäftsbereiche und Organisationseinheiten

Ebenso wie die vorausgegangenen Gliederungspunkte soll auch die in diesem Abschnitt darzustellende Beschreibung der Geschäftsbereiche und Organisationseinheiten zunächst nur einen allgemeinen Überblick über die Aufbauorganisation des Kreditinstituts geben. Hierzu sollten kurze Ausführungen zu Anzahl und Art der Geschäftsbereiche und Filialen, Vertriebswege, Beteiligungen sowie sonstige Besonderheiten (ggf. unter Verweis auf das Organigramm des Instituts) gemacht werden.

In diesem Zusammenhang sind insbesondere auch Hinweise auf nennenswerte Kooperationen und Auslagerungslösungen aufzunehmen. Angaben zu Auslagerungen wesentlicher Bereiche im Sinne des § 25a Abs. 2 Kreditwesengesetz finden sich in der Regel in der Anlage zum Prüfungsbericht des Instituts. Unter Geldwäschegesichtspunkten von Interesse sind in diesem Zusammenhang aber nicht nur die Auslagerungen wesentlicher Bereiche, sondern vor allem auch Auslagerungen im unwesentlichen Bereich, die jedoch in der Regel nicht an einer zentralen Stelle wie in der Anlage zum Prüfungsbericht beschrieben werden. Gleichwohl lohnt hier die Nachfrage in der zuständigen Fachabteilung, da unwesentliche Auslagerungen wie z. B. die Einschaltung eines Geldtransportunternehmens zur Versorgung der Filialen und Geschäftsstellen mit Bargeld oder die Übertragung der Abwicklung notleidender Forderungen auf ein Inkassounternehmen Auswirkungen auf die zu ergreifenden Sicherungsmaßnahmen zur Geldwäscheprävention haben können. Über weiter gehende Informationen zu wesentlichen und unwesentlichen Auslagerungstatbeständen dürfte insoweit auch die Organisationsabteilung oder die Innenrevision verfügen.

Auf die Darstellung der Aufbauorganisation im Allgemeinen Teil der Gefährdungsanalyse kann auch verzichtet werden, da die eigentliche Identifizierung und Bewertung der kundenbezogenen Geschäftsbereiche, die ein Gefährdungspotential aufweisen, im Besonderen Teil der Gefährdungsanalyse unter B. III. (Kundensegmentierung und Klassifizierung des Geringen Risikos, vgl. unten Kapitel 2.2.3.6.) erfolgt und die Aufbauorganisation ebenso gut dort dargestellt werden kann.

Die Darstellung bereits an dieser Stelle hat allerdings den Vorteil, dass hier auch diejenigen Geschäftsbereiche beschrieben werden können, die zwar Rückschlüsse auf regionale Besonderheiten, Struktur und Größe des Hauses zulassen und so für das Verständnis eines außenstehenden Lesers (z. B. der externen Revision oder der BaFin) hilfreich sein können, die aber im Übrigen unter Gefährdungsgesichtspunkten keine Rolle spielen und die Darstellung im Besonderen Teil der Analyse damit nur unnötig belasten würden (sog. »vor die Klammer ziehen«). Im folgenden Besonderen Teil der Analyse können die Ausführungen sodann auf diejenigen Geschäftsbereiche konzentriert werden, die unter Geldwäschegesichtspunkten bewertet werden müssen. Ferner können an dieser Stelle Geschäftsbereiche nur kurz genannt werden, die zwar bei der Geldwäscheprävention zu berücksichtigen sind, aber bei denen eine nähere Beschreibung im Besonderen Teil der Analyse verzichtbar ist. Diese Vorgehensweise trägt zu einer größeren Übersichtlichkeit im Rahmen der Risikoklassifizierung der Organisationsstruktur bei.

Wie bei allen Abschnitten der Gefährdungsanalyse ist der Umfang der Angaben und die Detailtiefe der Darstellung allein in das Ermessen des Geldwäschebeauftragten gestellt. Da der Gefährdungsanalyse jedoch einerseits ein Organigramm des Institutes beigefügt wird und andererseits eine ausführliche Beschreibung der kundenbezogenen Geschäftsbereiche bei deren Risikoeinstufung im Besonderen Teil der Analyse nachfolgt, empfiehlt es sich in jedem Fall, der Darstellung an dieser Stelle nur einen knappen Raum zuzumessen.

IV. Ggf. Beschreibung der Kunden- und Produktstruktur, Mengengerüste

Im Vorfeld der Konzeption der hier vorgestellten Gefährdungsanalyse ist aus der Praxis verschiedentlich der Wunsch nach Aufnahme eines separaten Gliederungspunktes gekommen, unter dem eine allgemeine Beschreibung der Kunden- und Produktstruktur vorangestellt werden kann, die einen allgemeinen Überblick über die grundlegende Struktur und das Mengengerüst des Kunden- und Produktbestandes des Instituts gibt. In diesem Zusammenhang solle insbesondere auf Kunden- und Produktstückanzahl in den jeweiligen Kategorien sowie auf besondere Entwicklungen in den letzten Jahren eingegangen werden können.

Die Einfügung eines derartigen Gliederungspunktes steht dem Geldwäschebeauftragten frei und ist in erster Linie Geschmacksache; notwendig ist er meines Erachtens nicht. Das hier vorgestellte Gliederungskonzept ist aber insoweit flexibel gestaltet und kann um entsprechende Ausführungen jederzeit erweitert werden. Die Darstellung von Mengengerüsten in der Kunden- und Produktstruktur bereits im einführenden Teil führt jedoch nach meinen Erfahrungen zu einer unnötigen Überfrachtung der Analyse, da die hier darzustellenden Angaben – soweit sie unter Geldwäschegesichtspunkten zu beurteilen sind – im Zusammenhang mit der Risikoklassifizierung der Kunden und Produkte im Besonderen Teil unter B. III. bis B. V. (vgl. unten Kapitel 2.2.3.5 ff.) noch einmal wiederholt werden müssen. Darüber hinaus ist der Erkenntniswert einer entsprechenden Darstellung sowohl für den Geldwäschebeauftragten als auch für einen externen Leser außerordentlich gering, da die Darstellung – will man spätere Wiederholungen vermeiden – auf die reine Wiedergabe von statistischen Daten zu beschränken ist, die nur wenig zum Verständnis über Größe und Struktur des Institutes beitragen können.

Dem fehlenden Erkenntniswert steht ein erheblicher Aufwand für die Erhebung der erforderlichen Daten und die Formulierung dieses Gliederungspunktes gegenüber, der mit Blick auf das fragwürdige Ergebnis vermieden werden sollte. Denn für das hierin liegende Gefährdungspotential macht es keinen Unterschied, ob ein Institut 100 000 Girokonten führt oder nur 10 000. Bei der Einstufung des Gefährdungspotentials eines Produktes oder einer Produktgruppe kommt es auf Mengenangaben im Grundsatz nicht an, da von dem einzelnen Produkt keine Gefährdung ausgeht, sondern von demjenigen, der das Produkt für kriminelle Zwecke verwendet.

Dies gilt auch für die Kundenstruktur, da – wie in Kapitel 1.2.1 bereits ausgeführt – es die Kundengruppe, die besonders »geldwäscheanfällig« ist, eben gerade nicht gibt. Bei der verschwindend geringen Anzahl von Kunden, die tatsächlich einen kriminellen Hintergrund aufweisen und die ihre zu einem Kreditinstitut unterhaltene Geschäftsbeziehung für diesen Hintergrund missbrauchen, handelt es sich in der Regel um Einzeltäter, die nur zufällig einer bestimmten Kundengruppe angehören. Dabei mag es sein, dass einzelne Branchen tendenziell eher für Geldwäschezwecke geeignet sind als andere. Gleichwohl sagt die Anzahl der Geschäftsbeziehungen zu einer bestimmten Kundengruppe nichts darüber aus, ob diese Branche in dem konkreten Geschäftsumfeld des Instituts tatsächlich ein erhöhtes Geldwäscherisiko aufweist. Bei den Ermittlungsbemühungen des Geldwäschebeauftragten kommt es vielmehr darauf an, denjenigen Einzelfall zu identifizieren, bei dem tatsächlich ein krimineller Missbrauch der Geschäftsbeziehung vorliegt.

Nun mag eingewendet werden, dass die Wahrscheinlichkeit, bei einer geringen Anzahl von Produkten oder Kunden einer bestimmten Kategorie auf einen kriminellen Hintergrund zu stoßen, geringer ist, als bei einer vergleichsweise großen Anzahl von Produkten oder Kunden einer Kategorie. Diese Aussage soll hier nicht in Abrede gestellt werden. Dennoch hilft der Verweis auf die Wahrscheinlichkeit dann nicht weiter, wenn sich in einem kaum besetzten Marktsegment des Instituts eine geldwäscherelevante Auffälligkeit zeigt. Dem Geldwäschebeauftragten bleibt daher trotz der entgegenstehenden Wahrscheinlichkeit nichts anderes übrig, als auch diejenigen Geschäftsbereiche, die nur unterdurchschnittlich repräsentiert sind, mit der gleichen Sorgfalt zu behandeln, wie alle anderen Geschäftsbereiche auch. Die notwendige Einschränkung der untersuchten Geschäftsbeziehungen sollte daher nicht über Mengengerüste begründet werden, sondern erst im Rahmen der eigentlichen Risikoklassifizierung bei der individuellen Untersuchung der im Institut vertretenen Produktgruppen und Kundenkategorien. Im Übrigen relativiert sich die Aussagekraft von Mengengerüsten vor dem Hintergrund der Einführung eines Programms wie Siron®Profile, da durch die dynamische Segmentierung sämtlicher Kundenbeziehungen eine globalere Sicht auf die Risikosituation des Instituts ermöglicht wird. Mengenangaben spielen hierfür keine Rolle.

2.2.2.2 Die Bestandsaufnahme im Detail

Die Gefährdungsanalyse der Sparkasse Schurkenhausen soll die vorstehenden allgemeinen Ausführungen durch konkrete Mustertexte verdeutlichen. Die vollständige Gefährdungsanalyse der Sparkasse Schurkenhausen ist auf der beigefügten CD-ROM als Word-Dokument verfügbar. Beachten Sie bitte, dass die dort enthaltenen Textpassagen nur als beispielhafte Formulierungshilfen gedacht sind und zwingend an die individuelle Situation des jeweiligen Hauses anzupassen sind.

Dabei dürfen Formulierungen, die lediglich den Rahmen der Analyse darstellen, selbstverständlich wörtlich übernommen werden – schließlich muss man hinsichtlich Gliederung und Formulierungen das Rad nicht neu erfinden. Beachten Sie aber bitte, dass die wörtliche Übernahme zu einer unmittelbaren Vergleichbarkeit der Analysen führt, bei der im Rahmen von externen Prüfungen – insbesondere auch durch die BaFin – inhaltliche Angleichungen sofort auffallen. Ich kann daher nur davor warnen, entsprechende Textpassagen ohne individuelle Anpassung in die eigene Gefährdungsanalyse zu übernehmen. Mit entsprechenden Anpassungen spricht aber nichts dagegen – wichtig ist nur, dass erkennbar wird, dass sich das Institut bei der Erstellung der Analyse seine eigenen Gedanken gemacht und diese nachvollziehbar dokumentiert hat.

GEFÄHRDUNGSANALYSE DER SPARKASSE SCHURKENHAUSEN

A. Allgemeiner Teil: Bestandsaufnahme der institutsspezifischen Situation

Die folgende Gefährdungsanalyse beschreibt die individuelle Gefährdungssituation der Sparkasse Schurkenhausen in Bezug auf die Gefahr, dass

- die Sparkasse zu Geldwäschezwecken missbraucht oder
- Opfer von betrügerischen Handlungen wird sowie
- die von ihr bereitgestellten Produkte zur Terrorismusfinanzierung genutzt werden.

I. Beschreibung der Sparkasse

1. Kennzahlen der Sparkasse

Die Sparkasse ist eine Anstalt des öffentlichen Rechts. Die Bilanzsumme erreichte im Jahr 2008 die Marke von 9,78 Mrd. € und erhöhte sich im Vergleich zum Vorjahr aufgrund der allgemeinen Finanzkrise insbesondere im Einlagengeschäft signifikant. Trotz der anhaltenden Rezession blieb ein deutlicher Rückgang im Kreditgeschäft aus; dieses entwickelte sich trotz des zu verzeichnenden leichten Rückgangs im Branchenvergleich insgesamt noch zufrieden stellend. Die Forderungen gegenüber Kunden beliefen sich auf 5,57 Mrd. € während im Einlagengeschäft 4,99 Mrd. € zu verzeichnen waren.

Im Jahresdurchschnitt beschäftigte die Sparkasse 1152 Mitarbeiter (davon 67 Mitarbeiter in sparkassenfremden Geschäftsbereichen, wie beispielsweise Betriebsrestaurant, Hausmeisterei und Verwaltungsabteilung). Daneben bildete die Sparkasse im Jahresmittel 110 Auszubildende aus, von denen 31 ihre Abschlussprüfung im vergangenen Jahr mit Erfolg bestanden haben. Weiterhin wurden 39 Aushilfskräfte zum Teil in kundenbezogenen Geschäftsbereichen eingesetzt. Dabei handelte es sich in erster Linie um ehemalige Auszubildende der Sparkasse, die gegenwärtig ein Studium absolvieren.

2. Ziele der Geschäftspolitik

Die Sparkasse ist ein regionales Wirtschaftsunternehmen mit der im Sparkassengesetz verankerten Aufgabe, die geld- und kreditwirtschaftliche Versorgung der Bevölkerung und der Wirtschaft insbesondere ihres Geschäftsgebietes zu gewährleisten. Die Sparkasse ist auf die Geschäftsfelder des klassischen Einlagen- und Kreditgeschäfts ausgerichtet und bietet die gesamte Palette der üblichen Bankdienstleistungen an. Im Rahmen des Verbundsystems der Sparkassen-Finanzgruppe bietet die Sparkasse ihren Kunden darüber hinaus die Produktpalette der Verbundpartner ... an.

3. Geschäftsentwicklung in den letzten Jahren

Entsprechend der gesamtwirtschaftlichen Entwicklung des Geschäftsjahres 2008 gestaltete sich das geschäftliche Umfeld der Sparkasse insgesamt schwierig.
Im Vergleich zum Vorjahr fiel der Rückgang im Kreditgeschäft mit - 0,3 % leichter aus als im Vorjahr mit - 1,1 %. Bei Privatpersonen stiegen aufgrund der erhöhten Nachfrage im Wohnungsbau die Kredite um 62,3 Mio. € und die Kredite an öffentliche Haushalte um 17,2 Mio. €. Im Firmenkundenkreditgeschäft ist hingegen ein Rückgang von 92,6 Mio. € zu

verzeichnen. Insgesamt wurden im Jahr 2008 mittel- und langfristige Darlehen in Höhe von 839,6 Mio. € bewilligt.

Auf der Einlagenseite (inklusive Schuldverschreibungen) war in 2008 ein deutlicher Zuwachs von 289,5 Mio. € (+ 5,4 %) gegenüber dem Vorjahr zu verzeichnen. Der Zuwachs erfolgte sowohl bei Privat- als auch bei Firmenkunden. Der Bestand an Spareinlagen wies bedingt durch die Finanzkrise einen deutlichen Zuwachs von + 119,5 Mio. € aus. Dieser Trend war auch bei kurzfristigen Geldanlagen (Tagesgeld- und Termingeldkonten) festzustellen, bei denen sich ein Zuwachs von + 103,5 Mio. € ergab. Bedingt durch das geringe langfristige Zinsniveau waren dagegen die Bestände der Sparkassenbriefe und Inhaberschuldverschreibungen mit - 19,8 Mio. € insgesamt rückläufig.

II. Beschreibung des Geschäftsgebietes

1. Geografische Lage

Geographisch ist das Geschäftsgebiet der Sparkasse durch den großstädtischen Charakter der Stadt Schurkenhausen und den eher ländlichen Charakter der umliegenden Kreise und Gemeinden gekennzeichnet. Die Stadt Schurkenhausen liegt inmitten des Münsterlandes in der Nähe zur niederländischen Grenze.

Die Stadt hat rund 250 000 Einwohner. Das verfügbare Einkommen privater Haushalte je Einwohner lag im Jahr 2005 mit 20 751 € leicht über dem landesweiten Durchschnitt. Bezogen auf alle Erwerbspersonen lag die Arbeitslosenquote im vergangenen Jahr bei 7,8 % im Jahresmittel. Der Ausländeranteil lag im Jahre 2007 bei 9,5 %.
Die Stadt hat eine Universität, die über die Landesgrenzen hinweg einen guten Ruf genießt. Im Jahr 2008 waren rund 18 000 Studenten eingeschrieben.

Schurkenhausen verfügt über einen Bahnhof mit einem als Verkehrsknotenpunkt zwischen West- und Ostdeutschland bedeutsamen Güterverkehrsaufkommen sowie über die Anbindung an den Flughafen Münster-Osnabrück. Aus den Angaben des Fragebogens für Kundenbetreuer ergab sich für den Stadtteil Wenigmoos eine Konzentration von einkommensschwachen Haushalten, der insbesondere im Bereich der Hasse-Malnemark-Straße in den vergangenen Jahren zum Entstehen eines sozialen Brennpunktes geführt hat.

2. Wirtschaftsschwerpunkte

Die Wirtschaftsstruktur des Geschäftsgebietes ist in erster Linie durch ein breit gefächertes Dienstleistungsangebot sowie Hochtechnologieunternehmen (insbesondere Computersysteme, Softwarehäuser) gekennzeichnet. Bei dem überwiegenden Anteil der in der Region ansässigen privatwirtschaftlichen Unternehmen handelt es sich um mittelständische Betriebe. Mit rund 70 % der weitaus größte Arbeitgeber der Stadt Schurkenhausen ist der Dienstleistungssektor (insbesondere Kredit- und Versicherungsgewerbe, Öffentliche Verwaltung, Transport und Verkehr, Tourismus sowie Hotel- und Gaststättenbetriebe).

Größere Industriebetriebe, insbesondere aus der Holzverarbeitung und Möbelherstellung, finden sich im Gewerbepark I im Norden der Stadt. Die Gewerbeparks II im Süden und III in der Nähe der Stadtmitte sind dagegen durch Betriebe der Dienstleistungs- sowie der Groß- und Einzelhandelsbranche und durch verschiedene Handwerksbetriebe gekennzeichnet. Im Gewerbepark II finden sich ferner zwei größere metallverarbeitende Betriebe sowie ein insbesondere im osteuropäischen Raum tätiges Holzimportunternehmen.

Rund 32,5 % der bei der Sparkasse geführten Geschäftsgirokonten entfallen auf vorwiegend mittelständische Handwerksbetriebe. Der Großteil dieser Konten entfällt auf Betriebe der Baubranche sowie auf metall- und holzverarbeitende Handwerksbetriebe (Stahl und Metallbau, Zimmereien, Tischlereien). Von den Geschäftsgirokonten der Sparkasse entfallen ferner rund 12 % auf Betriebe der Landwirtschaft, Fischereiwirtschaft und Forstwirtschaft.

III. Beschreibung der Geschäftsbereiche und Organisationseinheiten

Das Filialnetz der Sparkasse umfasst 52 Filialen, die auf drei Bezirksdirektionen aufgeteilt sind (FD Nord, Mitte und Süd). Von den 52 Filialen sind 11 Filialen reine Servicestellen, die jeweils mit Geldein- und -auszahlungsautomaten (teilweise mit Cash-Recycling-Funktion) und Kontoauszugsdruckern bestückt sind. Ferner finden sich dort Annahmepunkte für beleghafte Zahlungen und Einzüge (insbesondere Scheckeinzüge) sowie je ein Überweisungsterminal. Die Geldeinzahlungsautomaten übernehmen in diesen Filialen zugleich die Funktion des Nachttresors. Die Servicefiliale am Freiweg stellt insoweit eine Besonderheit dar, als dass sie in Kooperation mit der Volksbank Schurkenhausen betrieben wird. Besonderheiten ergeben sich aus dieser Kooperation unter Geldwäschegesichtspunkten nicht, sodass diese Filiale im Folgenden nicht gesondert behandelt wird.

Die Hauptstelle befindet sich im Gebäude der Filialdirektion Mitte am Rathausplatz und beinhaltet neben einem Service Point, an dem ausschließlich Serviceleistungen erbracht werden, das Beratungscenter für Privatkunden. Daneben besteht das Finanzcenter Firmenkunden für die Betreuung der selbständigen Kunden, Unternehmen und freien Berufe sowie das Finanzcenter Immobilien, das den Kunden die gesamte Palette der Baufinanzierungen anbietet. Die Kundenberater des Finanzcenters Immobilien sind nicht nur für die Kunden der Hauptstelle zuständig, sondern können auch von den übrigen Filialen im Rahmen der Baufinanzierungsberatung hinzugezogen werden. Der Hauptstelle ist ferner die Vermögensberatung angegliedert, die ausschließlich für die Beratung vermögender Privatkunden zuständig ist.

Die Sparkasse bietet über ihre Tochtergesellschaft SID Sparkassen Immobilien- und Dienstleistungsgesellschaft mbH Grundstückserschließungen, Vermittlungen von Immobilien sowie die Abwicklung von Hausverwaltungen an. Daneben bietet die SV Sparkassen Versicherungsagentur GmbH, an der die Sparkasse ebenso wie an der SID GmbH zu 100 % beteiligt ist, die Vermittlung von Versicherungsverträgen der verbundenen Versicherungsgesellschaft an. Auch bei diesen beiden Tochtergesellschaften ergeben sich unter Geldwäschegesichtspunkten keine Besonderheiten, sodass diese im Folgenden im Rahmen der allgemeinen Ausführungen zum Gesamthaus mit behandelt werden.

Neben diesen vertriebsorientierten Kooperationen hat die Sparkasse den gesamten IT-Bereich einschließlich ihres Serverbetriebs auf das Rechenzentrum Nullenburg sowie die Abwicklung des Auslandszahlungsverkehrs und des Wertpapier- und Depotgeschäfts (Back-Office) auf die Landesbank Reichenhausen übertragen. Vor Ort ist die Versorgung der Geldautomaten und Filialen mit Bargeld auf das örtliche Geldtransportunternehmen Z. Aster Werttransporte GmbH & Co. KG übertragen worden. Darüber hinaus werden notleidende Forderungen der Sparkasse bis zu einem Gegenwert von 25 000 € an das Inkassounternehmen Holsrein & Söhne GmbH verkauft.

Die Organisationsstruktur der Sparkasse ergibt sich im Übrigen aus dem Organigramm (vgl. Anhang C. II.).

2.2.3 Besonderer Teil: Identifizierung und Klassifizierung der Risiken/Präventionsmaßnahmen

Der Besondere Teil der Gefährdungsanalyse enthält die eigentlichen Kernaussagen zur Gefährdungssituation des Instituts. Er teilt sich in die Teilabschnitte

I. Erkenntnisquellen,
II. Erkenntnisse aus Sicherungsmaßnahmen des vorausgegangenen Berichtszeitraums,
III. Kundensegmentierung und Klassifizierung des Geringen Risikos,
IV. Klassifizierung des Normalen Risikos sowie
V. Klassifizierung des Hohen Risikos.

Während der Allgemeine Teil der Gefährdungsanalyse von der Einführung des risikobasierten Ansatzes vollkommen unberührt bleibt, ändert sich die Darstellung im Besonderen Teil umso dramatischer. Bislang bestand die kreative Hauptarbeit des Geldwäschebeauftragten bei der Erstellung der Analyse in der Bestimmung einzelner Kundengruppen, denen nach seiner Auffassung ein latentes Geldwäscherisiko innewohnt. Die Bestimmung derartiger Kundengruppen ist damit geprägt von einer Vorverurteilung bestimmter Kundengruppen und Branchen, obwohl gar nicht sicher ist, dass die auf diese Weise identifizierten Gruppen überhaupt ein entsprechendes Risiko beinhalten.

Um bei den Klischeefällen zu bleiben, ist in den meisten Gefährdungsanalysen beispielsweise zu lesen, dass die italienische Pizzeria aufgrund eines nicht belegten Vorurteils per se anfällig für den Umschlag von Mafiageldern ist. Daher wird diese Kundengruppe mit dem Stempel »Hohes Risiko« versehen und in die passende Schublade gesteckt. Dass das neben der Pizzeria liegende, auf Wochen im Voraus ausgebuchte Gourmetrestaurant oder die gut gehende Würstchenbude um die Ecke genauso gut oder sogar besser geeignet sind, inkriminierte Gelder in den Wirtschaftskreislauf zurückzuführen, bleibt dabei unbeachtet. Anderes Beispiel: Ein Bordellbetrieb muss nicht in kriminelle Machenschaften verstrickt sein, nur weil das älteste Gewerbe der Welt mit den überkommenen Moralvorstellungen nicht in Einklang zu bringen ist.

Dieses Manko, das auf den bisherigen typologiebasierten Ansatz in der Geldwäscheprävention zurückzuführen ist, ist auch dem europäischen Gesetzgeber bewusst gewesen, als er den risikobasierten Ansatz in die 3. EU-Geldwäscherichtlinie eingeführt hat. Um diesen Ansatz in der Geldwäschebekämpfung umzusetzen, ist es dabei zunächst erforderlich, sich von der Vorverurteilung bestimmter Kundengruppen zu verabschieden. Aber auch die im Einsatz befindlichen, auf Typologien beruhenden Research-Programme bleiben von einer risikobasierten Frischzellenkur nicht verschont, wenn dieser Ansatz sinnvoll implementiert werden soll.

2.2.3.1 Exkurs: Die Funktionsweise von Siron®Profile

Vor diesem Hintergrund wird das von vielen Instituten verwendete Siron®AML durch das Plug-In Siron®Profile erweitert. Der risikobasierte Ansatz und die damit verbundene Einführung neuer Techniken hat dabei naturgemäß auch Konsequenzen für die Darstellung der Gefährdungsanalyse. Konkret ändern sich in erster Linie die in der Vorauflage dieses Buches auf Typologien beruhenden Abschnitte II. bis V. der Analyse grundlegend. Bevor wir uns diese Änderungen näher anschauen, ist es aber an der Zeit, sich mit der Funktionsweise von Siron®Profile näher vertraut zu machen, um die daraus folgenden Änderungen in der Gefährdungsanalyse besser nachvollziehen zu können.

In Schulungsveranstaltungen zu Siron®Profile ist immer wieder der Vorwurf zu hören, dass dieses Programm nichts wesentlich Neues bringt – jedenfalls nichts, was mit geschickt programmierten Indizkombinationen unter Siron®AML nicht genauso gut umgesetzt werden könnte. Bis zu einem gewissen Grad ist die in diesem Vorwurf zum Ausdruck kommende Sorge vieler Geldwäschebeauftragter nachvollziehbar, da Profile tatsächlich keinen grundlegend neuen Ansatz in der Filterung von Daten beinhaltet. Trotzdem ist er nicht haltbar, da dieses Programm etwas ermöglicht, was zumindest bei Retail-Banken mit ihren abertausend Kundenbeziehungen ohne technische Unterstützung nicht geleistet werden könnte: die Bildung von Risikosegmenten und damit die Bildung eines Kundenprofils im Sinne des § 3 Abs. 1 Nr. 4 GwG. Daneben führt ein gut austariertes Siron®Profile zu einer Vorselektion und damit zu einer Verminderung des Datenbestandes, auf das die Verdachtsindizien von Siron®AML angewendet werden müssen. Hierdurch beschleunigen sich die Prüfläufe unter Siron®AML deutlich.

Während Siron®AML, und mit ihm viele weitere Research-Programme, den Gesamtkundenbestand und vordefinierte, statische Kundengruppen überwachen, bildet Siron®Profile automatisch Kunden- oder Risikosegmente, in die Kunden mit einem vergleichbaren Nutzungsverhalten bestimmter Produkte, vergleichbarer Nationalität, vergleichbaren Verhaltens etc. einsortiert werden können. Neben der Pizzeria findet sich in einem entsprechenden Risikosegment nunmehr auch das besagte Gourmetrestaurant und die Würstchenbude, wenn diese die vorher festgelegten Kriterien erfüllen. Ändern sich die Verhaltensweisen der entsprechend einsortierten Kunden, so vollzieht Profile diese Veränderungen nach und nimmt zu den jeweiligen Segmentläufen automatisch und ohne weiteres Zutun eine Neueinstufung des betreffenden Kunden vor.

Mit dieser dynamischen Vorselektion des Gesamtkundenbestandes erfüllt Siron®Profile bereits zwanglos die Vorgabe des § 3 Abs. 1 Nr. 4 GwG, nach dem Institute den laufenden Abgleich der Geschäftsbeziehung unter anderem mit dem vorhandenen Kundenprofil zu gewährleisten haben. Dabei entsprechen die von Siron®Profile geschaffenen Risikosegmente dem gesetzlich geforderten Profil, da die Zuordnung der Kunden zu den einzelnen Segmenten anhand der vom Geldwäschebeauftragten voreingestellten Profilierungskriterien (= Segmentindizien) erfolgt. Die Summe der von dem einzelnen Kunden erfüllten Segmentindizien ist sein individuelles Profil, die so genannte »Profilleiste« oder sein »Risikofingerabdruck«.

Ohne Siron®Profile müsste das Institut die Segmentierung seiner Kunden manuell vornehmen – eine Aufgabe, die bei Retail-Banken praktisch ausgeschlossen ist. Während bei Banken, die ausschließlich Private-Banking-Geschäfte betreiben, eine entsprechend manuelle Einstufung zumindest noch denkbar ist (insbesondere bei individuellen Vermögensverwaltungen, bei denen individuelle Kenntnisse über den Kunden unabdingbar und in der Regel auch dokumentiert sind), besteht diese Möglichkeit bei einem umfangreichen Kundenbestand nicht mehr. Noch viel weniger ist es möglich, bei einem großen Kundenbestand eine fortlaufende Anpassung des einmal gebildeten Kundenprofils vorzunehmen. Ohne technische Unterstützung ist ein entsprechendes Unterfangen von vornherein zum Scheitern verurteilt.

Mit den Überwachungsläufen unter Siron®AML, das nach wie vor zur Auswertung der verschiedenen Risikosegmente benötigt wird, nimmt das Institut im Anschluss an die Profilierung den geforderten Abgleich der Geschäftsbeziehung mit dem gebildeten Profil vor. Weist ein Kunde dabei ein abweichendes Verhalten im Vergleich zu den anderen in dem jeweiligen Risikosegment gespeicherten Kunden auf, so wird er je nach Voreinstellung auffällig oder wechselt in eine andere Risikokategorie oder beides.

Der Vorteil dieser Vorgehensweise ist, dass die eigentlichen Verdachtsindizien nicht mehr auf den gesamten Kundenbestand angewendet werden müssen. Denn auch bei Bildung einer Kundengruppe (z. B. Pizzerien) muss der Gesamtkundenbestand zunächst über den vordefinierten Kundensystematikschlüssel gefiltert werden und kann erst anschließend entsprechend der Vorgaben ausgewertet werden. Anders Siron®Profile: Hier wird zunächst eine Vorselektion der auszuwertenden Risikosegmente durchgeführt, auf die die Verdachtsindizien unter Siron®AML erst in einem zweiten Schritt angewendet werden. Durch die Trennung von Segment- und eigentlichem Auswertungslauf brauchen die Verdachtsindizien daher nur noch auf den vorselektierten Datenbestand angewandt zu werden – eine deutliche Beschleunigung der Prüfläufe unter Siron®AML ist damit gewährleistet.

Daneben hat die Trennung der beiden Läufe einen weiteren Vorteil. Unter alleiniger Anwendung von Siron®AML kommt es immer wieder zu Auffälligkeiten, die in Wahrheit keine sind. Wird beispielsweise eine Sparbuchauflösung mit einem entsprechend hohem Gegenwert an der Kasse als Barposten gebucht, so wird diese Zahlung je nach Voreinstellung von AML in jedem Fall auffällig, obwohl hiermit überhaupt kein Risiko verbunden ist. Bei richtiger Voreinstellung von Profile wird dieses Verhalten zwar ebenfalls auffällig, führt aber zunächst nicht zu einer Anzeige des betreffenden Kunden. Möglicherweise wird dieser – je nach individueller Voreinstellung der Segmentindizien – aufgrund der Transaktion in eine andere Risikostufe einsortiert (wechselt also z. B. von Risikostufe »Normal« zu »Hoch«). Bleibt es bei dieser einmaligen Transaktion, wird er aber nach Ablauf einer entsprechenden Karenzzeit wieder in sein bisheriges Risikosegment zurückgestuft, ohne dass der Geldwäschebeauftragte sich mit diesem Vorgang im Einzelnen beschäftigen müsste.

Um den vorstehenden theoretischen Ausführungen etwas mehr Leben einzuhauchen, sei nachfolgend das Ineinandergreifen der verschiedenen Medien Gefährdungsanalyse, Siron®Profile und Siron®AML dargestellt.

Am Anfang steht naturgemäß die Gefährdungsanalyse des Instituts, in der Risiken für die verschiedenen Gefährdungsbereiche des Instituts dargestellt sind. Diese Risiken werden zur besseren Übersicht in bestimmte Risikokategorien eingeteilt (z. B. niedriges, normales und hohes Risiko, das von Kunden ausgeht; niedriges, normales und hohes Risiko, das von Produkten ausgeht etc.). Den aus den verschiedenen Risikokategorien abgeleiteten Einzelrisiken werden nun Sicherungsmaßnahmen in Form von individuell definierten Segmentindizien entgegengesetzt. Dabei reicht es aus, wenn Segmentindizien nur für das normale und das hohe Risiko formuliert werden. Für das geringe Risiko ist dies nicht erforderlich, da in das Risikosegment »Niedrig« alle Kunden eingestuft werden, die ihrerseits die Kriterien für das normale oder hohe Risiko nicht erfüllen.

Neben diesen individuell zu definierenden Segmentindizien kennt Siron®Profile noch so genannte »Dominanzkriterien«, mittels derer Kunden selektiert werden, die nach § 5 GwG nur ein geringes Risiko darstellen (z. B. Kreditinstitute und Behörden) oder nach § 6 GwG generell als Hochrisikokunden einzustufen sind.

Die erstgenannte Kundengruppe kann alle möglichen normal und hoch risikobehafteten Produkte des Instituts nutzen, ohne jemals aus dem niedrigen Risikosegment in ein anderes Risikosegment hochgestuft zu werden – was aber nicht heißt, dass sie damit nicht mehr auffällig werden können, denn unter Siron®AML werden nach wie vor Verdachtsindizien benötigt, die auf den Gesamtkundenbestand angewandt werden. Außerdem ist nach § 5 Abs. 3 GwG ohnehin Schluss mit der niedrigen Risikoklassifizierung, wenn sich Anhaltspunkte dafür ergeben, dass das Risiko der Geldwäsche oder Terrorismusfinanzierung nicht gering ist. Solange dies aber nicht der Fall ist, werden Kunden dieses Typs in ein eigenes Risikosegment eingeordnet (»Gesetzlich Niedrig«).

In die letztgenannte Gruppe fallen dagegen ausschließlich politisch exponierte Personen, da das GwG nur dieser einen Kundengruppe ausdrücklich ein hohes Risiko zuweist (unter Siron®Profile »Gesetzlich Hoch« genannt). Kundenbeziehungen, die nach § 6 Abs. 2 Nr. 2 GwG unter Abwesenheit des Kunden eingegangen worden sind, stellen dagegen keine eigene Risikogruppe dar. Vielmehr sind bei der in dieser Vorschrift geregelten Durchbrechung des Grundsatzes der formalen Legitimationsprüfung lediglich besondere Sorgfaltsanforderungen zu beachten, nach deren Erfüllung kein gesetzlich definiertes Restrisiko verbleibt. Daher werden Kundenbeziehungen dieser Art nach den mitgelieferten Basissegmentindizien von Siron®Profile nur in das individuelle Risikosegment »Hoch« eingruppiert. Zeigen sich keine weiteren Auffälligkeiten bei diesen Kunden, so werden diese nach Ablauf eines individuell zu definierenden Zeitraums automatisch dem normalen und schließlich dem niedrigen Risiko zugeordnet.

Für die Gefährdungsanalyse spielen diese beiden gesetzlich vorgegebenen Risikotöpfe keine weitere Rolle, da es völlig unerheblich ist, ob der Kunde aus gesetzlichen oder aus individuell definierten Gründen als niedriges oder hohes Risiko eingestuft wird. In der folgenden Darstellung werden diese beiden Segmente daher nicht gesondert betrachtet, sondern bei der Klassifizierung des niedrigen beziehungsweise des hohen Risikos mitbehandelt.

Aus den Segmentindizien werden nunmehr Segmentkennzeichen generiert, wenn ein entsprechender Segmentierungslauf angestoßen wird. Hat ein Institut beispielsweise ein Segmentindiz »Prepaid-Kreditkarte« als hohes Risiko im Bereich der Produkte definiert (vgl. Indiz Nr. 27 im Anhang C. I. der Gefährdungsanalyse der Sparkasse Schurkenhausen), so wird bei allen Kunden, die eine entsprechende Karte besitzen, ein entsprechendes Merkmal bei einem Segmentierungslauf gesetzt. Aus den verschiedenen Segmentkennzeichen bildet Siron®Profile für jeden Kunden die bereits oben genannte Profilleiste, also das individuelle Kundenprofil im Sinne des § 3 Abs. 1 Nr. 4 GwG. Kunden, die eine weitgehend deckungsgleiche Profilleiste aufweisen und damit innerhalb eines Risikosegments eingeordnet sind (»Niedrig«, »Normal« oder »Hoch«), bewegen sich damit in einer Vergleichsgruppe, aus der sie bei Erfüllung höherwertiger Segmentkennzeichen wieder herausgenommen und automatisch und ohne weiteres Zutun in eine andere, nunmehr zutreffende Vergleichsgruppe einsortiert werden.

Sind in einer Profilleiste ein oder mehrere Segmentkennzeichen für das normale Risiko vorhanden, so wird der Kunde automatisch dem Risikosegment »Normales Risiko« zugeordnet. Enthält die Profilleiste ein oder mehrere Segmentkennzeichen aus dem Bereich des hohen Risikos, so wird der Kunde automatisch dem Risikosegment »Hohes Risiko« zugeordnet. Höherwertige Einzelrisiken können durch diese Vorgehensweise des »Ober« sticht »Unter« nicht übersehen werden. Erfüllt die Profilleiste des Kunden dagegen keine normalen oder hohen Risiken, so wird er in das Risikosegment »Niedrig« eingestuft. Wohlgemerkt: Auffälligkeiten werden durch diese Einstufungen nicht erzeugt – der Geldwäschebeauftragte muss also keine manuelle Bearbeitung dieser Kunden vornehmen, sondern kann diese Arbeit getrost dem System überlassen.

Erst nachdem die verschiedenen Risikosegmente gebildet sind, kommt Siron®AML ins Spiel und übernimmt entsprechend der individuell zu bildenden Verdachtsindizien die Überwachung der verschiedenen Risikosegmente auf entsprechende Auffälligkeiten. Dabei sind die gebildeten Risikosegmente unter Siron®Profile letztlich nichts anderes, als eigenständige der unter Siron®AML bereits hinlänglich bekannten Kundenkategorien.

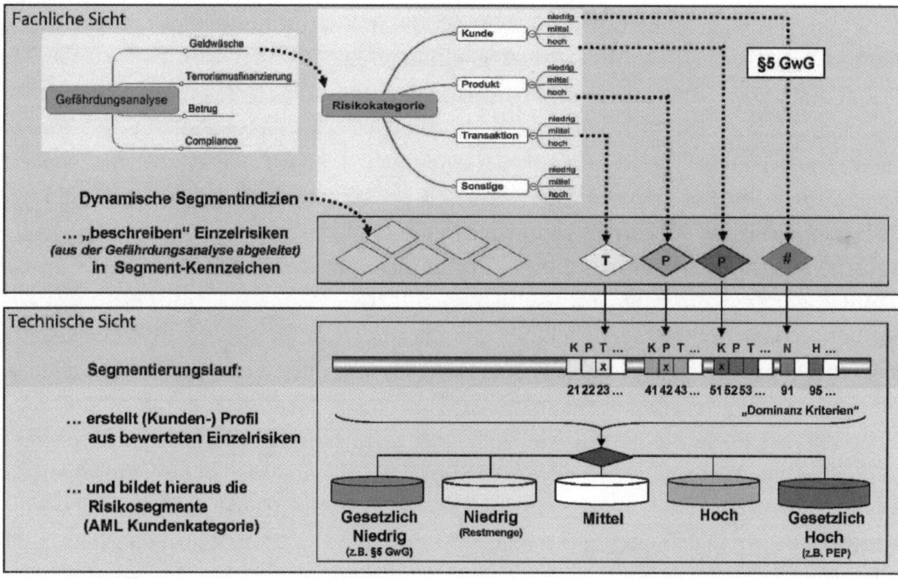

Abb. 6 Schematische Darstellung des Zusammenspiels von Gefährdungsanalyse, Siron®Profile und Siron®AML (Quelle: Tonbeller AG)

Nachdem wir uns nun intensiv mit der Funktionsweise von Siron®Profile auseinandergesetzt haben, wird klar, dass die neue Technik auch Auswirkungen auf die Einstellung der Verdachtsindizien unter Siron®AML hat. Zwar läuft Siron®Profile selbständig neben Siron®AML, sodass bei Einführung des Systems keine unmittelbaren Veränderungen an Siron®AML vorgenommen werden müssten. Da die Risikosegmente jedoch nichts anderes sind, als Kundenkategorien unter AML, können diese nur mit entsprechenden Verdachtsindizien auf Auffälligkeiten hin überprüft werden.

Anders als noch unter dem typologiebasierten Ansatz ist es bei der Anpassung der Verdachtsindizien nicht mehr erforderlich, die Bandbreite der nutzbaren Score-Werte (in der Regel 1 bis 10) auszuschöpfen. Je nach Risikosegment und Segmentkennzeichen dürften im Regelfall Score-Werte von 4 oder 5 (= Auffälligkeit nur anzeigen, wenn Kombination aus mehreren Verdachtsindizien) und 10 (= Auffälligkeit immer anzeigen) ausreichen. Denn durch die Vorselektion in bestimmte Risikosegmente ist bereits eine Wertung für die besondere Gefährlichkeit eines Kundenverhaltens gegeben, sodass es – je nach Risiko – für das Auffälligwerden nur noch eines kleinen Schrittes bedarf.

2.2.3.2 Bearbeitungshinweise zum Teilabschnitt I. Erkenntnisquellen

Bei der Erstellung der Gefährdungsanalyse empfiehlt es sich, kurz und in beispielhafter Form auf die von dem Institut zu beachtenden Vorschriften und Regelungen sowie auf sonstige Informationsquellen, wie etwa bestehende Arbeitskreise zwischen Geldwäschebeauftragten befreundeter Institute oder Gesprächsrunden mit den örtlichen Ermittlungsbehörden, einzugehen.

Bei der Darstellung sollte dabei darauf geachtet werden, dass die für das Institut belanglosen Erkenntnisquellen, aus denen sich konkrete Fallkonstellationen für die individuelle Geldwäscheprävention nicht ergeben haben, für die weitere Darstellung der Gefährdungslage bereits von vornherein als irrelevant ausgeschlossen werden. Aus dem weiter unten folgenden Mustertext der Sparkasse Schurkenhausen (vgl. Kapitel 2.2.3.3) ergibt sich beispielsweise, dass aus dem Lagebild Finanzermittlungen und dem Lagebild Organisierte Kriminalität im Wesentlichen keine geldwäscherelevanten Konstellationen für die Sparkasse entnommen werden können. In den weiteren Ausführungen zur Gefährdungssituation der Sparkasse Schurkenhausen spielen diese beiden Berichte somit auch keine weitere Rolle mehr und werden auch nicht mehr erwähnt. Anders ist dies z. B. bei der im Mustertext kurz dargestellten Verfahrensweise bei der Auswertung von Auskunftsersuchen der Ermittlungsbehörden. Die sich hieraus ergebenden Hinweise werden in den weiteren Ausführungen der Sparkasse noch näher auszuführen sein.

B. I. Identifizierung und Klassifizierung der Risiken/Präventionsmaßnahmen: Erkenntnisquellen

1. Gesetzliche Grundlagen, Verlautbarungen, Typologien

Zunächst sollte eine einleitende Aufzählung der von der Sparkasse zu beachtenden wesentlichen Vorschriften und Regelungswerke vorangestellt werden. Ein zu großer Detaillierungsgrad bei der Beschreibung der einzelnen Regelungswerke sollte jedoch in jedem Fall vermieden werden, da die Benennung sämtlicher Vorschriften und Regularien, die aufsichtsrechtlich zu beachten sind, keinen eigenständigen Erkenntniswert besitzt und daher nur unnötig Kapazitäten bindet. Daher reicht eine Darstellung, die der nachfolgend in Kapitel 2.2.3.3 aufgeführten Aufzählung entspricht, an dieser Stelle aus.

2. Relevante Konstellationen im Hinblick auf Geldwäsche, Terrorismusfinanzierung sowie Betrug zulasten des Instituts

Unter diesem Gliederungspunkt erfolgt eine erste Bewertung der von dem Geldwäschebeauftragten herangezogenen Veröffentlichungen auf ein sich hieraus möglicherweise ergebendes Gefährdungspotential für das jeweilige Institut. Hierbei reicht es an dieser Stelle aus, die herangezogenen Erkenntnisquellen zunächst zu benennen und eine allgemeine Wertung abzugeben. Sollten sich aus den Quellen konkrete Anhaltspunkte für geldwäscherelevante Konstellationen für das jeweilige Institut ergeben, so sind detaillierte Angaben hierzu im folgenden Teil B. II. unter den Erkenntnissen aus Sicherungsmaßnahmen des vorausgegangenen Berichtszeitraums zu ergänzen.

Bei der Auswertung der Informationen ist zunächst auf offizielle Quellen abzustellen (z. B. Lagebilder des LKA, FIU-Jahresbericht etc.). Dabei kann je nach dem individuellen Erfordernis noch einmal eine Unterscheidung zwischen den von der BaFin und den von Ermittlungsbehörden mitgeteilten Konstellationen getroffen werden. Neben diesen unmittelbar dem Bereich der Geldwächeprävention zuzuordnenden Quellen sind auch sonstige Erkenntnisquellen zu berücksichtigen, aus denen sich Konstellationen mit institutsindividueller Relevanz ergeben können (z. B. lokale und überregionale Medienberichte, Warnmitteilungen von Verbänden und Behörden, Austausch mit anderen Geldwäschebeauftragten etc.).

Besonderheit: Auskunftsersuchen der Ermittlungsbehörden

An dieser Stelle empfiehlt es sich ferner, auf die Verfahrensweise des Instituts bei der Beantwortung von staatsanwaltlichen Auskunftsersuchen und Auskunftsersuchen der Steuerfahndung einzugehen. Auch diese Ersuchen sind – soweit sie eine bestimmte Qualität erreichen – ein wesentliches Informationsmedium für den Geldwäschebeauftragten. In der Praxis werden entsprechende Ersuchen in den wohl überwiegenden Fällen durch die Innenrevision beantwortet. Gleichwohl sollte der Geldwäschebeauftragte von der bearbeitenden Stelle jedenfalls über diejenigen Ermittlungsersuche informiert werden, bei denen ein größerer strafrechtlicher Bezug nicht ausgeschlossen werden kann. Die Differenzierung, welche Auskunftsersuche auch für den Geldwäschebeauftragten von Interesse sind, lässt sich am besten anhand des Vortatenkataloges nach § 261 StGB sowie der Vorschriften des § 129a StGB (Bildung terroristischer Vereinigungen) und der §§ 263 ff. StGB (Betrugsdelikte) ableiten.

2.2.3.3 Die Aufstellung der Erkenntnisquellen im Detail

Auch hier soll die folgende Musteranalyse die vorstehenden Ausführungen verdeutlichen. Beachten Sie bitte, dass es sich bei allen nachfolgenden Formulierungen um beispielhafte Darstellungen handelt. Die Hinweise sind **keinesfalls** als Verpflichtung zu sehen, entsprechende Erkenntnisquellen zu benennen oder vergleichbare Verfahrensweisen im eigenen Institut zu schaffen.

Besteht beispielsweise ein Gesprächskreis unter Geldwäschebeauftragten oder den örtlichen Ermittlungsbehörden nicht, so ist dies als Faktum hinzunehmen. Verbindliche Vorgaben zum Informationsaustausch bestehen insoweit nicht. Im Übrigen werden Gesprächsrunden mit Geldwäschebeauftragten von vielen Polizeidienststellen aus vielfach nicht nachvollziehbaren Gründen abgelehnt, sodass bereits aus diesem Grund häufig keine Möglichkeit besteht, einen entsprechenden Gesprächskreis zu implementieren.

B. I. Identifizierung und Klassifizierung der Risiken/Präventionsmaßnahmen: Erkenntnisquellen

Im Rahmen seiner Tätigkeit zieht der Geldwäschebeauftragte insbesondere die nachfolgend aufgeführten Erkenntnisquellen heran.

1. Gesetzliche Grundlagen, Verlautbarungen, Typologien

Bei der Ergreifung von Geldwäschepräventionsmaßnahmen werden insbesondere die folgenden Vorschriften und Regelungswerke von der Sparkasse berücksichtigt:

- § 25a Abs. 1 Satz 1 Nr. 6, §§ 25c bis 25h Kreditwesengesetz
- Geldwäschegesetz, § 154 Abgabenordnung einschließlich des Anwendungserlasses zur Abgabenordnung in der Fassung vom 8. Oktober 1991
- FATF-Leitfaden zum risikoorientierten Ansatz zur Bekämpfung von Geldwäsche und Terrorismusfinanzierung von Juni 2007
- Auslegungs- und Anwendungshinweise des Zentralen Kreditausschusses zum Geldwäschebekämpfungsergänzungsgesetz vom 17. Dezember 2008
- Anhaltspunktepapier Geldwäsche und Terrorismusfinanzierung der Financial Intelligence Unit (FIU) des Bundeskriminalamtes aus Juli 2006
- FATF/GAFI: Bericht über Typologien der Geldwäsche und Terrorismus-Finanzierung
- Rundschreiben 13/2008 der Bundesanstalt für Finanzdienstleistungsaufsicht betreffend Iran und Usbekistan sowie ergänzendes Rundschreiben 6/2009 betreffend u. a. Aserbeidschan

2. Relevante Konstellationen im Hinblick auf Geldwäsche, Terrorismusfinanzierung sowie Betrug zulasten des Instituts

a) Von der BaFin mitgeteilte Konstellationen

Im Nachgang zur Warnung der Bundesanstalt für Finanzdienstleistungsaufsicht vor Aufnahme einer Tätigkeit als Finanzagent vom 10. Juni 2005 sind weitere geldwäscherelevante Konstellationen von der BaFin nicht mitgeteilt worden. Hinsichtlich der Tätigkeit als Finanzagent sind die Mitarbeiter der Sparkasse durch Schreiben des Geldwäschebeauftragten vom 11. Juni 2005 sensibilisiert worden. In den Jahren 2006 und 2007 konnten insgesamt drei Finanzagenten durch Hinweise des Rechenzentrums und anderer Institute identifiziert werden. Sämtlichen Kunden ist nach erfolgter Verdachtsanzeige an das LKA die Geschäftsverbindung gekündigt worden. Ergänzende Research-Maßnahmen haben keine weiteren Erkenntnisse ergeben.

b) Von Ermittlungsbehörden mitgeteilte Konstellationen

Das Geschäftsgebiet ist nach dem Lagebild Finanzermittlungen des LKA NRW für das Jahr 2008 – abgesehen von den Tätigkeiten einer Jugendbande, die in den vergangenen Monaten für einige Einbrüche in Spielhallen verantwortlich gemacht wird (vgl. hierzu nachfolgend unter B. II. 4. a) – kein Schwerpunkt der organisierten oder sonstigen Kriminalität. Laut Lagebild Finanzermittlungen NRW waren im Jahr 2007 im weiteren Umkreis 12 Verfahren anhängig; 15 strafprozessuale Maßnahmen wurden verhängt. Die Verfahren bezogen sich auf eine Gesamtsumme von 23 000,00 €.

Auch nach dem Lagebild Organisierte Kriminalität (OK) für das Jahr 2007 ergeben sich in der Region um Schurkenhausen keine auffällig gewordenen OK-Komplexe.

Ebenso wenig ergeben sich aus den FIU-Jahresberichten des BKA für das Jahr 2008 mit Blick auf die Sparkasse Schurkenhausen Anhaltspunkte für geldwäscherelevante Konstellationen. Allerdings ist die Prepaid-Kreditkarte als neues Produkt in das Angebot der Sparkasse übernommen worden. Dieser Kartentyp ist nach dem FIU-Newsletter, Ausgabe 5 von Juli 2007 als geldwäscherelevant einzustufen. Die Einführung dieses neuen Produktes führte zur Bildung eines eigenen Segmentindiz unter Siron®Profile.

c) Sonstige Konstellationen

Ferner zieht der Geldwäschebeauftragte insbesondere die folgenden Erkenntnisquellen und Informationen, aus denen sich Konstellationen mit institutsindividueller Relevanz ergeben können, heran:

- Lokale und überregionale Medienberichte, insbesondere in Form des Schurkenhausener Stadtanzeigers sowie des Handelsblatts,
- Warnmitteilungen des regionalen Sparkassenverbandes und der Ermittlungsbehörden sowie
- Internetangebote der FATF, der BaFin, der FIU und des LKA.

Neben diesen Quellen werden vornehmlich die folgenden weiteren Erkenntnisquellen von dem Geldwäschebeauftragten herangezogen:

- Informationen der örtlichen Staatsanwaltschaften und Kontakte mit Polizeidienststellen,
- Gespräche und Informationsaustausch mit dem Geldwäschebeauftragten der benachbarten Sparkassen Reichenhausen, Armenland, Moosbach und Stillensee,
- Erkenntnisse aus Veröffentlichungen des ZKA,
- von der Bundesbank mitgeteilte außenwirtschaftsbezogene Konstellationen,
- Seminare der Sparkassenakademie des zuständigen Regionalverbands und
- Seminare bei externen Veranstaltern.

Ferner ist im Jahr 2005 mit der Innenrevision, der u. a. auch die Beantwortung von Auskunftsersuchen der Ermittlungsbehörden obliegt, vereinbart worden, dass der Geldwäschebeauftragte in besonderen Fällen über entsprechende Auskunftsersuchen informiert wird. Als Richtschnur für die Identifizierung relevanter Auskunftsersuchen ist der Vortatenkatalog des § 261 StGB (Geldwäsche) sowie die Vorschriften des § 129a StGB (Bildung terroristischer Vereinigungen) und der §§ 263 ff. StGB (Betrugsdelikte) zugrunde gelegt worden. Auskunftsersuchen, die sich auf eine der in diesen Vorschriften genannten Straftaten beziehen, sind in Kopie unmittelbar an den Geldwäschebeauftragten weiterzuleiten. Die Beantwortung verbleibt bei der Innenrevision. Der Geldwäschebeauftragte ist angewiesen, die sich aus dem Auskunftsersuchen ergebende Geschäftsbeziehung zu untersuchen und ggf. entsprechende Sicherungsmaßnahmen zu ergreifen. Eine entsprechende Anpassung des Organisationshandbuches ist noch im Jahr 2005 hausintern in Kraft getreten.

Im Jahr 2008 ergab sich aus einem Auskunftsersuchen der Staatsanwaltschaft Fiesenburg eine auffällige Geschäftsverbindung, die in die Sicherungsmaßnahmen des Geldwäschebeauftragten einzubeziehen war (vgl. hierzu nachfolgend unter B. II. 6.).

2.2.3.4 Bearbeitungshinweise zum Teilabschnitt II. Historische Erkenntnisse

Mit der Darstellung der Erkenntnisse aus Sicherungsmaßnahmen des vorausgegangenen Berichtszeitraums wird eine der zentralen Anforderungen des Rundschreibens 8/2005 der BaFin an die Überprüfung und Weiterentwicklung der bisher getroffenen Präventionsmaßnahmen unter Berücksichtigung der gewonnenen Ergebnisse der Gefährdungsanalyse und sonstiger externer Faktoren erfüllt. Der dabei zu betrachtende Berichtszeitraum kann vom Geldwäschebeauftragten nach pflichtgemäßem Ermessen frei festgelegt werden. Er kann mit dem abgelaufenen Geschäftsjahr übereinstimmen, kann aber je nach Bedarf auch einen größeren Zeitraum umfassen oder von einem beliebig festzulegenden Datum innerhalb des Jahres ausgehen.

Da die Gefährdungsanalyse ein fortlaufender Prozess ist, der an den sich ändernden Gegebenheiten auszurichten ist, sind auch die getroffenen Sicherungsmaßnahmen einer fortlaufenden Überprüfung zu unterziehen, ob diese noch in das Gesamtgefüge der Risikoeinschätzung und der Präventionsmaßnahmen passen und mit der institutsindividuellen Gefährdungssituation übereinstimmen. Die Darstellung dieser aufsichtsrechtlichen Anforderung ist eine Herausforderung an den Geldwäschebeauftragten, da hier ein Mittelweg in der Darstellung gefunden werden muss, der sich einerseits nicht zu sehr in Einzelheiten verliert, aber andererseits einen umfassenden Überblick über die Bewertung der in der Vergangenheit getroffenen Sicherungsmaßnahmen gibt.

Für die Bewertung der Sicherungsmaßnahmen greifen in erster Linie die nachfolgend genannten vier Teilabschnitte der Gefährdungsanalyse ineinander:

II. Erkenntnisse aus Sicherungsmaßnahmen des vorausgegangenen Berichtzeitraums,
III. Kundensegmentierung und Klassifizierung des Geringen Risikos,
IV. Klassifizierung des Normalen Risikos sowie
V. Klassifizierung des Hohen Risikos.

Die in einem Berichtszeitraum festgelegten und dort im Rahmen der Klassifizierung der verschiedenen Einzelrisiken in den Teilabschnitten III. bis V. beschriebenen Sicherungsmaßnahmen (z. B. für das Geschäftsjahr 2008) sind – soweit sich hier ein entsprechender Anpassungsbedarf ergeben hat oder einzelne Sicherungsmaßnahmen aus sonstigen Gründen näher dargestellt werden sollen – für den nachfolgenden Berichtszeitraum in Teilabschnitt II. (im Beispiel also im folgenden Geschäftsjahr 2009) erneut zu bewerten. Die Teilabschnitte II. bis V. sind damit inhaltlich eng verzahnt und bilden im Idealfall einen Kreislauf, in dem die getroffenen Sicherungsmaßnahmen in den aufeinander folgenden Berichtszeiträumen immer wieder neu bewertet werden können.

Typischerweise dürfte sich bei den einmal getroffenen Sicherungsmaßnahmen allerdings über die Jahre hinweg nur wenig Änderungsbedarf ergeben. Wie bereits mehrfach ausgeführt, liegt dies daran, dass es in der Praxis keine bestimmte oder bestimmbare Kundengruppe gibt, die in ihrer Anfälligkeit für deliktische Handlungen ein gleich bleibend hohes Risiko darstellt. Daher können die getroffenen Sicherungsmaßnahmen in der Regel nur nach allgemeinen Kriterien ausgerichtet werden, die von Zeit zu Zeit lediglich in einigen Details (z. B. den eingesetzten Betragsgrenzen und Schwellwerten) angepasst werden müssen.

Größere Änderungen in den getroffenen Sicherungsmaßnahmen, insbesondere in den eingesetzten Indizien der EDV-Überwachung der operativen Datenbanken, ergeben sich häufig eher aus externen Faktoren, die unter Umständen eine neue Risikoeinstufung und die Änderung der hiervon betroffenen Maßnahme erforderlich machen (z. B. die Veröffentlichung besonderer Sorgfaltsanforderungen an Geschäftsbeziehungen zu Personen aus bestimmten Staaten, die gegebenenfalls eine Änderung der etwa bestehenden Risikoeinstufungen von Risikoländern nach sich ziehen, vgl. hierzu beispielsweise das Rundschreiben 13/2008 der BaFin betreffend Iran und Usbekistan). In die Überprüfung der getroffenen Sicherungsmaßnahmen sind daher auch die Änderungen externer Faktoren und deren Auswirkungen auf die jeweilige Sicherungsmaßnahme einzubeziehen. Hierzu gehören auch etwaige Änderungen der aufsichtsrechtlichen Verwaltungspraxis und der gesetzlichen Grundlagen.

HINWEIS

In Teilabschnitt II der Gefährdungsanalyse ist die jeweilige **Risikoeinstufung**, die sich aus der Überprüfung einer Sicherungsmaßnahme oder der Änderung externer Faktoren ergibt, nicht näher zu behandeln, sondern allenfalls kurz anzureißen. Die Beschreibung einer etwaigen Änderung oder Neubewertung des **Risikos** erfolgt **dagegen überwiegend** in den Teilabschnitten III bis V der Analyse, da ansonsten ein unnötiger Doppelaufwand bei der Darstellung entstehen würde. Denn eine ausführliche Darstellung der veränderten Risikoeinstufung in Teilabschnitt II müsste unmittelbar in dem jeweils einschlägigen Teilabschnitt III, IV oder V wiederholt werden, weil dort die jeweils aktuelle (und damit naturgemäß auch die veränderte) Risikoeinstufung beschrieben wird. In Teilabschnitt II sind somit nur die EDV-gestützten Sicherungsmaßnahmen, also die im Einsatz befindlichen Segment- und Verdachtsindizien (vgl. Indizkatalog in Anhang C. I. der Gefährdungsanalyse der Sparkasse Schurkenhausen) sowie die Sicherungsmaßnahmen, die nicht auf EDV-gestützten Maßnahmen beruhen, neu zu bewerten. Im vorherigen Beispielsfall wäre damit die neue Risikoeinstufung des Länderrisikos der Staaten Iran und Usbekistan hier nicht zu behandeln, sondern lediglich die aus dem Rundschreiben abzuleitenden Maßnahmen. Die Risikoeinstufung selbst ist nur noch bloße Folge aus dem insoweit zwingenden Rundschreiben der BaFin.

Die Darstellung sollte sich in Teilabschnitt II zudem lediglich auf signifikante Änderungen der bestehenden Sicherungsmaßnahmen beschränken. Es empfiehlt sich, grundsätzlich nur diejenigen Sicherungsmaßnahmen herauszugreifen, bei denen das Vorliegen konkreter Erkenntnisse oder Ereignisse zu einer Neubewertung der jeweiligen Maßnahme geführt hat. Als Faustregel lässt sich festhalten, dass nur diejenigen Maßnahmen darzustellen sind, bei denen Ereignisse zu der Überlegung geführt haben, ob die getroffene Maßnahme unverändert beibehalten, angepasst oder eingestellt werden soll.

Dies bedeutet zugleich, dass die Darstellung der historischen Erkenntnisse und deren Auswirkungen auf die Einstufung der getroffenen Sicherungsmaßnahmen im Rahmen der jährlichen Aktualisierung der Gefährdungsanalyse nur dann angepasst werden muss, wenn sich durch konkrete Erkenntnisse oder Ereignisse tatsächlich ein entsprechender Änderungsbedarf ergeben hat.

Um Missverständnissen vorzubeugen, sei an dieser Stelle ferner angemerkt, dass eine vollständige Sammlung aller erdenklichen Sicherungsmaßnahmen des Instituts nicht Sinn und Zweck der Gefährdungsanalyse ist und auch nicht sein kann. Eine Gesamtübersicht der institutsindividuellen Sicherungsmaßnahmen findet sich in der Gefährdungsanalyse nicht und gehört systematisch auch nicht hierher. Tatsächlich werden in jedem Institut eine ganze Reihe von Maßnahmen vorhanden sein, die im Rahmen der Gefährdungsanalyse nicht zur Sprache (zu) kommen (brauchen). Hierzu gehören insbesondere Sicherungsmaßnahmen, die nicht einem bestimmten Risiko zugeordnet werden können, sondern als generelle Sicherungsvorkehrungen des Instituts auch ohne konkrete Gefährdungslage aufrechterhalten bleiben (z. B. Sicherungsvorkehrungen gegen unbefugtes Eindringen, Videoüberwachungssysteme, Tresoranlagen, aber auch allgemeinen Anforderungen folgende routinemäßige Geldwäschepräventionsmaßnahmen wie Stichprobenkontrollen der Geschäftsvorfälle etc.). Die Beschreibung sämtlicher dieser Sicherungsvorkehrungen würde den Rahmen der Gefährdungsanalyse sprengen und den Blick auf die wesentlichen Aspekte verstellen.

B. II. Identifizierung und Klassifizierung der Risiken/Präventionsmaßnahmen: Erkenntnisse aus Sicherungsmaßnahmen des vorausgegangenen Berichtszeitraums

Selbst bei Konzentration auf die wesentlichen Erkenntnisse und Ereignisse, die zu Anpassungen der Sicherungsmaßnahmen geführt haben, bleibt die Filterung der relevanten Änderungen eine der schwierigsten Aufgaben im Zusammenhang mit der Erstellung einer Gefährdungsanalyse. Durch die tägliche Arbeit mit der Vielzahl von Maßnahmen, die in einem Kreditinstitut zur Prävention von Geldwäsche, Terrorismusfinanzierung und Betrug zulasten des Instituts ergriffen worden sind, ergeben sich im Laufe eines Berichtszeitraums eine unüberschaubare Fülle von Einzelerkenntnissen, die zum Teil Anlass für entsprechende Anpassungen der eingesetzten Präventionsmaßnahmen gegeben haben.

Die wenigen Beispiele, die in der Musteranalyse der Sparkasse Schurkenhausen in Kapitel 2.2.3.5 angeführt sind, lassen bereits erahnen, welchen Umfang eine zu fein detaillierte Darstellung der historischen Erkenntnisse annehmen kann. Um der Vielzahl von relevanten und irrelevanten Einzelinformationen Herr zu werden, bietet es sich vor diesem Hintergrund an, die einzelnen Informationen nach ihrer Herkunft zu sortieren und nach internen und externen Erkenntnisquellen geordnet darzustellen. Aus dieser Vorgehensweise ergibt sich eine Struktur, die nicht nur eine nachvollziehbare Gliederung der verschiedenen Einzelinformationen liefert, sondern zugleich auch eine Bewertung der einzelnen Sicherungsmaßnahmen ermöglicht, aus denen die betreffende Erkenntnis herrührt.

Noch einmal sei darauf hingewiesen, dass an dieser Stelle keine Ausführungen zur Risikoeinstufung vorzunehmen sind. Diese sind vielmehr erst in den Teilabschnitten III bis V näher darzustellen, um Wiederholungen zu vermeiden. In Teilabschnitt II geht es ausschließlich um die Überprüfung des vom Institut eingesetzten Indizienkataloges und der sonstigen Sicherungsmaßnahmen, die nicht technisch unterstützt werden.

1. Research-Erkenntnisse

Den größten Raum dürfte etwaiger Anpassungsbedarf bei den getroffenen Research-Maßnahmen, insbesondere die Überprüfung der im Rahmen des eingesetzten Research-Systems verwendeten Indizien einnehmen. Um die Zugehörigkeit der einzelnen Research-Maßnahmen zu den einzelnen Gefährdungsbereichen herauszustellen, empfiehlt es sich, die Beschreibung und Bewertung der gewonnenen Erkenntnisse mit Blick auf die künftig zu treffenden Research-Maßnahmen (z. B. Maßnahmen beibehalten, anpassen oder einstellen) getrennt nach den Bereichen

- übergreifende Maßnahmen und Indizien sowie
- spezifische Maßnahmen und Indizien getrennt nach den Gefährdungsbereichen Geldwäsche, Terrorismusfinanzierung und Betrug zulasten des Instituts

zu unterteilen. Übergreifende Research-Maßnahmen sind dabei solche, die keinem der genannten Gefährdungsbereiche zugeordnet werden können, sondern die die (systematische) Überwachung und Prävention von sonstigen Delikten und Deliktsgruppen zum Gegenstand haben und die in der Regel vom Geldwäschebeauftragten durchgeführt werden. Eine zwingende Ansiedlung dieser übergreifenden Research-Maßnahmen im Zuständigkeitsbereich des Geldwäschebeauftragten ist aber nicht zwingend. Diese können selbstverständlich auch von anderen Organisationseinheiten des Hauses durchgeführt werden. Anknüpfungspunkt für entsprechende Maßnahmen ist jedoch die Gefährdungsanalyse, sodass bei Verlagerung der übergreifenden Maßnahmen an andere Organisationseinheiten sichergestellt sein muss, dass die in diesem Zusammenhang anfallenden Erkenntnisse in die Analyse zurückfließen.

Bei der Darstellung der rein EDV-gestützten Research-Maßnahmen bietet es sich ferner an, die einzelnen Maßnahmen (in der Regel sind dies die eingestellten Segmentindizien, Indizien und Indizkombinationen) in einer tabellarischen Übersicht zu behandeln und vorgenommene Änderungen an den Parametern und Einstellungen bei dem jeweiligen Eintrag näher zu begründen. Bei Ersteinführung einer vollständig neuen Research-Software, die die bisherige Software ablöst oder ergänzt (wie dies bei Einführung von Siron®Profile der Fall ist), macht es allerdings wenig Sinn, sämtliche der neu eingeführten Indizien und Parameter bereits an dieser Stelle zu beschreiben und die Überlegungen zur Risikoeinstufung erst in den folgenden Teilabschnitten darzustellen. Beides gehört bei der Neueinführung eines Systems untrennbar zusammen. Vor diesem Hintergrund ist es in diesem Fall aus pragmatischen Gründen besser, in der Beschreibung der Erkenntnisse aus dem vorausgegangenen Berichtszeitraum nur einen kurzen Hinweis auf die Neueinführung des Systems zu geben und auf die späteren Ausführungen in den Teilabschnitten III bis V zu verweisen.

Eine Ausnahme von diesem Grundsatz gilt aber bei der Beschreibung der aus der Neueinführung einer entsprechenden Software etwa folgenden Auswirkungen auf bereits bestehende Parameter und Indizien. Diese sind bereits in diesem Teilabschnitt zu behandeln, da hierfür in der übrigen Gliederung der Gefährdungsanalyse schlichtweg kein besserer Ort zur Verfügung steht. So werden beispielsweise durch die Neueinführung von Siron®Profile eine Reihe bisheriger typologiebasierter Verdachtsindizien überflüssig. Die Abschaltung oder Veränderung dieser betroffenen Indizien sollte dabei in der Darstellung der Erkenntnisse aus dem vorausgegangenen Berichtszeitraum dokumentiert werden (vgl. hierzu die Beispiele im folgenden Mustertext der Sparkasse Schurkenhausen in Abschnitt 2.2.3.5).

2. Aufsichtsrechtliche Änderungen (nur soweit im vorausgegangenen Berichtszeitraum vorgekommen)

Sind im Berichtszeitraum Änderungen der gesetzlichen Grundlagen oder der aufsichtsrechtlichen Verwaltungspraxis erfolgt, die unmittelbare Auswirkungen auf die vom Institut getroffenen Sicherungsmaßnahmen haben, so können diese hier beschrieben werden. Gerade bei Änderung der gesetzlichen Grundlagen ergibt sich in der Regel ein erheblicher Anpassungsbedarf der getroffenen Sicherungsmaßnahmen, der zu einer umfangreichen Darstellung ausufern kann. Um die Gefährdungsanalyse nicht zu überfrachten, kann die Darstellung auf einige wenige Stichworte beschränkt werden, wenn die Änderungen der Sicherungsmaßnahmen an anderer Stelle (beispielsweise im Organisationshandbuch) beschrieben werden. In diesen Fällen sollte dann aber ausdrücklich auf die entsprechenden Fundstellen verwiesen werden, die im Einzelnen zu belegen sind. Beachten Sie bitte, dass natürlich nur diejenigen Änderungen der rechtlichen Grundlagen zu beschreiben sind, aus denen auch unmittelbare Sicherungsmaßnahmen abgeleitet werden können.

Im folgenden Beispiel der Sparkasse Schurkenhausen sind einige Beispiele für die Änderung bestehender und die Einführung neuer Sicherungsmaßnahmen im Zusammenhang mit der Einführung des GwBekErgG ausführlich dargestellt worden. Diese ausführliche Darstellung dient nur zur Veranschaulichung. In der von Ihnen zu erstellenden Analyse kann diese Darstellung deutlich kürzer ausfallen und statt dessen mit Verweisen auf entsprechende Fundstellen (z. B. die betreffende Seitenzahl in der Dienstanweisung) versehen werden.

3. Erkenntnisse aus Verdachtsanzeigen und Monitoring

Erkenntnisse, die sich aus Verdachtsanzeigen und Monitoring-Fällen ergeben und die Auswirkungen auf bestehende Sicherungsmaßnahmen gehabt haben, können unter diesem Gliederungspunkt dargestellt werden.

In der Regel werden sich aus Verdachtsanzeigen und dem Monitoring jedoch keine allgemeingültigen Erkenntnisse ableiten lassen, da es sich bei den zugrunde liegenden Fällen grundsätzlich um Einzelfälle handelt, die einer Verallgemeinerung in der Regel nicht zugänglich sind und sich damit in der überwiegenden Zahl der Fälle auch nicht in einer bestimmten Sicherungsmaßnahme niederschlagen werden. Gleichwohl ist nicht auszuschließen, dass eine Auffälligkeit, die z. B. zu einer Verdachtsanzeige geführt hat, die Anpassung einer Sicherungsmaßnahme nach sich zieht, um vergleichbare Risiken in Zukunft besser erkennen zu können.

4. Erkenntnisse aus Gesprächskreisen (nur soweit vorhanden)

Unter diesem Gliederungspunkt sind die aus etwa vorhandenen Gesprächskreisen mit den örtlichen Ermittlungsbehörden (Polizei, StA) und/oder Geldwäschebeauftragten befreundeter Institute gewonnenen Erkenntnisse zu beschreiben und mit Blick auf die getroffenen Sicherungsmaßnahmen zu bewerten.

5. Erkenntnisse aus Schulungsmaßnahmen und Zuverlässigkeitsprüfungen

Auch bei Schulungsmaßnahmen oder Zuverlässigkeitsprüfungen dürften verallgemeinerungsfähige Erkenntnisse eher die Ausnahme darstellen. Nicht auszuschließen ist aber, dass insbesondere im Rahmen von Schulungsveranstaltungen Erkenntnisse aus den Erfahrungen der Mitarbeiter gewonnen werden können, die zu einer Änderung oder Einstellung bestehender Präventionsmaßnahmen führen.

6. Sonstige Erkenntnisse

Unter dem Gliederungspunkt »Sonstige Erkenntnisse« können die gewonnenen Erkenntnisse (z. B. aus Auskunftsersuchen der Staatsanwaltschaft, lokaler und überregionaler Medienberichterstattung etc.) beschrieben und bewertet werden. Insbesondere bei allgemeinen Quellen wie der Tagespresse sollte aber in jedem Fall die institutsinterne Geschäfts- und

Kundenstruktur bei der Bewertung der getroffenen Präventionsmaßnahmen berücksichtigt werden, um nicht für das eigene Institut gänzlich fern liegende Informationen in letztlich leer laufende Maßnahmen umzusetzen.

2.2.3.5 Die Darstellung der historischen Erkenntnisse im Detail

Am Beispiel der Sparkasse Schurkenhausen sollen die vorstehenden Erläuterungen veranschaulicht werden. Beachten Sie bitte, dass sich die Darstellung auf ausgewählte Beispielstexte beschränkt, um den Rahmen dieses Werkes nicht zu sprengen. Im Vergleich zur Vorauflage hat die Darstellung jedoch deutlich zugenommen, da nachfolgend eine Reihe von Sicherungsmaßnahmen beschrieben werden, die sich aus der Umsetzung des GwBekErgG ergeben haben. Entsprechend der umfassenden Novellierung des Geldwäscherechts nehmen die zu beschreibenden Anpassungen der eingesetzten Sicherungsmaßnahmen einen deutlichen Umfang ein, der in den Folgejahren wieder auf ein normales Maß zurückgeführt werden kann, wenn keine weiteren Änderungen des Aufsichtsrechts (insbesondere durch Veränderung der Verwaltungspraxis der BaFin) zu verzeichnen sind.

Beachten Sie bitte auch, dass Sie diese Darstellung in Ihrer eigenen Analyse deutlich kürzer fassen können, da Sie auf entsprechende Fundstellen, insbesondere die Organisationsanweisungen Ihres Hauses verweisen können. Die ausführliche Darstellung auf den nachfolgenden Seiten ist lediglich der Verständlichkeit der beispielhaft aufgeführten Maßnahmen der Sparkasse Schurkenhausen geschuldet.

Da das GwBekErgG nach einer Absprache zwischen dem Zentralen Kreditausschuss und der BaFin bis zum 21. Mai 2009 umzusetzen war, ist in der Darstellung der Sparkasse der normalerweise jährliche Berichtszeitraum vom 1. Januar bis 31. Dezember 2008 bis zum 31. Mai 2009 ausgedehnt worden. Hierdurch konnten die erst Anfang des Jahres 2009 erarbeiteten Umsetzungsempfehlungen zusammenhängend in der Analyse dargestellt werden. Eine Aufteilung auf mehrere Geschäftsjahre entfällt damit.

Unabhängig hiervon sollten Sicherungsmaßnahmen, bei denen Anpassungen trotz Vorliegen eines Ereignisses nicht vorgenommen worden sind, nur dann dargestellt werden, wenn hierfür ein besonderer Grund gegeben ist (vgl. hierzu die beispielhaften Ausführungen zur Beibehaltung der Maßnahmen bei Sondertilgungen unter B. II. 1. b) aa). Zugegebenermaßen ist es in der Praxis aber nicht immer ganz einfach, hierbei die Grenze zwischen relevanten und irrelevanten Informationen zu ziehen. Als Faustregel kann aber gelten, dass die unveränderte Beibehaltung einer Sicherungsmaßnahme nur dann eine Erwähnung wert ist, wenn – wie im Fall der beschriebenen Kontrolle von Sondertilgungen – ein Ereignis eingetreten ist, das isoliert betrachtet eine Anpassung der Maßnahme rechtfertigen würde, diese aber aus begründeten Erwägungen heraus unterbleibt.

B. II. Identifizierung und Klassifizierung der Risiken/Präventionsmaßnahmen:

Erkenntnisse aus Sicherungsmaßnahmen für den Zeitraum vom 1.1.2008 bis 31.5.2009

Im vorausgegangenen Berichtszeitraum vom 1.1.2008 bis 31.5.2009 sind aus den nachfolgend dargestellten Ereignissen und den Ergebnissen der vom Geldwäschebeauftragten getroffenen Sicherungsmaßnahmen folgende Erkenntnisse gewonnen und Maßnahmen umgesetzt oder angepasst worden:

1. Research-Erkenntnisse

Einschneidende Folgen für die bisher eingesetzten Research-Maßnahmen hat die Einführung von Siron®Profile, das die bislang eingesetzte Research-Software Siron®AML ergänzt. Mit diesem System wurde der Einsatz von Segmentindizien erforderlich, die eine automatische Kundensegmentierung nach entsprechenden Vorgaben des Geldwäschebeauftragten vornehmen und den Gesamtkundenbestand je nach finanziellen Verhältnissen, den vorliegenden Hintergrundinformationen sowie des individuellen Nutzungsverhaltens in die Risikosegmente »Gering«, »Normal« und »Hoch« eingruppieren.

Die zur Eingruppierung der Kunden in die jeweiligen Risikosegmente definierten kunden-, produkt-, transaktions- und sonstigen Risikokategorien sowie die dynamischen Segmentindizien werden zusammenhängend bei der Beschreibung der Risikosegmente in den anschließenden Abschnitten III. bis V. behandelt. Nachfolgend werden neben den anzupassenden Sicherungsmaßnahmen, die keiner technischen Unterstützung unterliegen, lediglich die sich aus der Neueinführung von Siron®Profile ergebenden Auswirkungen auf die unter Siron®AML gebildeten Verdachtsindizien und -indizkombinationen näher dargestellt.

Die Nummerierung der in der folgenden Darstellung in Bezug genommenen Segment- und Verdachtsindizien bezieht sich auf die Aufstellung in Anhang C. I., in der die einzelnen Indizien mit ergänzenden Erläuterungen zusammengefasst worden sind.

a) Übergreifende Maßnahmen und Indizien

Im Berichtszeitraum hat sich im Bereich der übergreifenden EDV-gestützten Research-Maßnahmen folgender Anpassungsbedarf ergeben.

Sicherungs-maßnahme	Änderung	Begründung
Verdachtsindizien		
Indiz Nr. 17 **»Überdurchschnittlich hoher Anteil an Kreditkartenzahlungen (Eingänge)«**	Neueinführung	Anlässlich des im vergangenen Jahr auf einer Zahlungsverkehrstagung des regionalen Sparkassenverbandes näher erörterten Themas »Skimming« wurde diesem Missbrauchstatbestand gesteigerte Aufmerksamkeit gewidmet. Hierzu wurde das Indiz Nr. 17 unter Siron®AML zur Aufdeckung entsprechender Delikte geschaffen. Beim Skimming werden durch entsprechend präparierte Lesegeräte an den Kassen der häufig nur zu diesem Zweck unterhaltenen Ladengeschäfte die Magnetstreifen der zur Bezahlung vorgelegten Kreditkarten ausgelesen. Die gewonnenen Daten werden später unmittelbar für die Auslösung weiterer Zahlungen missbraucht oder zur Anfertigung von Dubletten verwendet.
Indiz …	…	…
Überwachung besonderer Kundengruppen		
Girokonten Minderjähriger	Neueinführung	Insbesondere bei Girokonten, die für Minderjährige zur frühzeitigen Kundenbindung eingerichtet werden, besteht eine latente Anfälligkeit für einen Missbrauch der Geschäftsbeziehung durch Eltern, für die mangels Bonität entweder keine Konten mehr eröffnet werden oder deren Kontobeziehung von Pfändungen betroffen sind, und die deshalb die Konten ihrer Kinder zur Abwicklung ihres eigenen Zahlungsverkehrs verwenden. Eine zunehmende Häufung dieser Fälle ist im Zusammenhang mit gezielten Auswertungen im vergangenen Berichtszeitraum festgestellt worden. Um dieser Entwicklung gezielter begegnen zu können, ist ein neues Verdachtsindiz geschaffen worden, das eine permanente Überwachung des betroffenen Personenkreises ermöglicht. Zwar begründet eine entsprechend missbräuchliche Nutzung in der Regel kein strafrechtlich relevantes Verhalten; gleichwohl läuft die Sparkasse Gefahr, von Pfändungsgläubigern auf Ersatz eines etwa entstandenen Schadens in Anspruch genommen zu

		werden. Daher werden Konten dieser Kundengruppe vorsorglich über das Verdachtsindiz Nr. 14 gesondert überwacht. Bei den auffällig gewordenen Fällen wurden zum Teil auch Sparkonten der Minderjährigen von den Eltern für eigene Zahlungsvorgänge missbraucht. Entsprechende Missbrauchsfälle können bereits seit dem Jahr 2006 mit dem Verdachtsindiz Nr. 16 erkannt werden.
...	...	...

b) Spezifische Maßnahmen und Indizien

aa) Geldwäsche

Sondertilgungen
Die Innenrevision regte anlässlich ihrer letzten Geldwäscheprüfung an, Sondertilgungen für Darlehen über das eingesetzte Research-Programm abzudecken und einen entsprechenden Auftrag an das Rechenzentrum zu erteilen. Derzeit werden entsprechende Zahlungen durch die Darlehensbuchhaltung manuell überprüft und nur im Falle von Auffälligkeiten an den Geldwäschebeauftragten gemeldet (vgl. hierzu die Ausführungen zur Festlegung des normalen Risikos unter B. IV. 2. Darlehen).

Nach Rücksprache mit dem Rechenzentrum Nullenburg und dem zuständigen Regionalverband setzt die Einbeziehung von Sondertilgungen in das Research-System voraus, dass sämtliche Umsätze des Kreditgeschäfts aus dem operativen System in das Research-System überspielt werden. Die Überleitung dieser Umsatzdaten erfolgt gegenwärtig nicht. Hintergrund für die bislang fehlende Berücksichtigung der Umsatzdaten ist, dass diese zu mehr als 98 % die vertraglich vereinbarten Zins- und Tilgungsraten umfassen und damit unter Geldwäschegesichtspunkten irrelevant sind. Weniger als 2 % der Zahlungen betreffen dagegen Sondertilgungen.

Da eine Auftrennung der Umsatzdaten technisch nicht möglich ist, würde eine Überleitung der gesamten Darlehensumsätze zu einer erheblichen Verlangsamung der arbeitstäglichen Scoring-Läufe führen, obwohl dem Großteil der Umsätze kein Aussagewert zukommt. Das Rechenzentrum hat jedoch angekündigt, dass es aufgrund eines anstehenden Wechsels der eingesetzten Hardware künftig zu einer deutlichen Leistungssteigerung im Bereich der Rechenzeiten kommen wird. In diesem Zusammenhang wird darüber nachgedacht, ab diesem Zeitpunkt auch die Darlehensumsätze in die Schnittstelle zu überführen. Vor diesem Hintergrund hat der Geldwäschebeauftragte in Abstimmung mit der Innenrevision die beabsichtigte Beauftragung des Rechenzentrums bis auf Weiteres zurückgestellt. Es bleibt daher zunächst bei den bereits angeordneten Überprüfungen durch die Darlehensbuchhaltung.

Geschäftsbeziehungen zu Kunden aus Iran, Usbekistan und Aserbeidschan
Basierend auf den Beschlüssen der FATF hatte die BaFin bereits in ihren Rundschreiben 8/2007 und 4/2008 besondere Sorgfalt bei Geschäftsbeziehungen mit Personen, die im Iran und in Usbekistan ansässig sind, gefordert. Diese allgemein gehaltenen Anforderungen hat die BaFin nunmehr in ihrem Rundschreiben 13/2008 konkretisiert. Darüber hinaus hat sie diese Anforderungen in ihrem Rundschreiben 6/2009 weiter verschärft und das Erfordernis erhöhter Sorgfaltspflichten auch bei Geschäften mit Aserbeidschan angeordnet.

(a) Geschäftsbeziehungen zu Personen mit Sitz im Iran oder in Usbekistan
Bei Geschäften mit natürlichen oder juristischen Personen mit Sitz in Iran und Usbekistan sind nach Auffassung der BaFin erhöhte Sorgfaltspflichten geboten. Die Sparkasse hat daher folgende Sicherungsmaßnahmen definiert:

(aa) Bestandskunden
Die bestehenden Kontobeziehungen sind einer erneuten Überprüfung unterzogen worden. Im Rahmen dieser Überprüfung hatte die kontoführende Stelle durch den zuständigen Kundenberater und seines unmittelbaren Vorgesetzten auch über eine etwaige Kündigung der Geschäftsbeziehung zu befinden. Dabei hatte die kontoführende Stelle einen kurzen Vermerk zur Geschäftsverbindung auf der zu diesem Zweck erstellten Auswertungsliste der betreffenden Kontobeziehungen anzubringen. In diesem Zusammenhang waren folgende Vorgaben zu berücksichtigen:

Bei umsatzlosen Kontoverbindungen mit einem geringen Guthaben (bis höchstens 2000 €) wird bis auf weiteres von einer geringen Risikosituation ausgegangen.

Bei Geschäftsbeziehungen mit höheren Anlagesummen ist von einem geringen Risiko auszugehen, wenn die Kontobeziehung durchweg positive Merkmale aufweist (langjährige Kontobeziehung, persönlich bekannte Kunden, bekannter und nachvollziehbarer Geschäftshintergrund).

Eine Kündigung ist in beiden Fällen grundsätzlich nicht erforderlich. Bei Geschäftsbeziehungen mit hohen Guthaben und/oder zahlreichen Transaktionen, bei denen der Kontoinhaber oder der Geschäftshintergrund nicht bekannt oder nachvollziehbar ist und/oder bei denen das Konto, das ersichtlich für einen Dritten mit Sitz in den genannten Ländern geführt und von einer in Deutschland ansässigen Person verwaltet wird, ist dagegen von einem hohen Risiko auszugehen. In diesen Fällen ist eine Kündigung zu erwägen. Soweit die Geschäftsbeziehung beibehalten werden sollte, waren dem Geldwäschebeauftragten die Gründe für die Aufrechterhaltung vorzulegen.

Aus den Beurteilungen der kontoführenden Stellen ergaben sich weitestgehend keine Auffälligkeiten hinsichtlich der für den genannten Personenkreis geführten Konten. Lediglich bei der bereits seit vielen Jahren bestehenden Kontoverbindung zur Fa. Fal Afel Im- und Export GmbH wurde auffällig, dass der geschäftsführende Gesellschafter Mahmut Fal Afel erhebliche Vermögenswerte seiner im Iran lebenden Familie bei der Sparkasse angelegt hat.

Immerhin handelt es sich dabei um einen Betrag von rund 650 000 €, die in diversen Sparzertifikaten, Sparbriefen und in festverzinslichen Wertpapieren angelegt sind. Da Herr Fal Afel jedoch seit langen Jahren bekannt ist, seine geschäftlichen Aktivitäten (Großhandel mit Obst und Gemüse) keine besonderen Auffälligkeiten zeigen und seine finanziellen Verhältnisse im Übrigen dem Durchschnitt der im Haus der Sparkasse für diese Branche geführten Konten entsprechen, besteht aus Sicht des Geldwäschebeauftragten keine Veranlassung zu einer Kündigung der Geschäftsverbindung.

(bb) Neukunden

Die Entscheidung über das Eingehen einer neuen Geschäftsverbindung mit Personen aus den genannten Ländern ist nach den vorgenannten Grundsätzen zu treffen. Insgesamt konnte aufgrund der von verschiedenen Institutsgruppen vor Ort geübten Verweigerung der Eröffnung oder Fortführung einer Geschäftsverbindung für den betroffenen Personenkreis eine gewisse Zunahme von Neukontoeröffnungen bei der Sparkasse festgestellt werden. Von ähnlichen Zuläufen hat auch der Geldwäschebeauftragte der Volksbank Schurkenhausen berichtet.

In beiden Häusern konnten jedoch in keinem Fall der angetragenen Kontoeröffnungen geldwäsche- oder terrorismusrelevante Hintergründe festgestellt werden. Vornehmlich handelte es sich bei dem bisherigen Neugeschäft um Geschäftsbeziehungen zu Familien, die seit Jahren in Deutschland ansässig sind und in geregelten Verhältnissen leben, oder Studenten, die an der Schurkenhausener Universität studieren. Ferner konnten auch keine unüblichen oder verdächtig hohen Guthaben im Neugeschäft festgestellt werden. Vor diesem Hintergrund sind Anträge auf Begründung einer Geschäftsverbindung zu diesem Personenkreis nicht abgelehnt worden.

(cc) Herkunft der Vermögenswerte

Bei Geschäftsbeziehungen zu natürlichen und juristischen Personen mit Sitz in den genannten Ländern ist in allen Fällen zu klären, woher die jeweiligen Vermögenswerte stammen. Hierzu ist der Kunde zu befragen. Unter Umständen sind geeignete Nachweise vom Kunden anzufordern. Auch hier ergaben sich keine Auffälligkeiten. Einzelheiten zu den Vermögensverhältnissen sind bei den von den Kundenberatern auszufüllenden Auswertungslisten dokumentiert worden.

(dd) Feststellung des wirtschaftlich Berechtigten

Aufgrund des hohen Geldwäsche- bzw. Terrorismusfinanzierungsrisikos bei Geschäften mit den genannten Ländern sind die wirtschaftlich Berechtigten immer einer dokumentenmäßigen Identifizierung zu unterziehen. Bei der Geschäftsbeziehung zu Herrn Fal Afel (vgl. oben) ergab sich, dass die von ihm für seine Familie angelegten Gelder seinem Vater und seinem Bruder gehören, die beide im Iran leben. Zur Legitimation der wirtschaftlich Berechtigten hat Herr Fal Afel beglaubigte Kopien der Reisepässe beider Personen beigebracht. Im Übrigen sind wirtschaftlich Berechtigte bei den unterhaltenen Konten nicht bekannt geworden.

(ee) Überwachung der Kundenbeziehungen
Bei fortgeführten Geschäftsbeziehungen sind die Mitarbeiter der Auslandsabteilung angehalten worden, ausgehenden Zahlungen erhöhte Aufmerksamkeit zu schenken und dem Geldwäschebeauftragten bei Zahlungen, die über einen Betrag von 15 000 € hinausgehen, generell eine Kopie des Z1-Zahlungsauftrages zukommen zu lassen. Auch hierbei haben sich bislang keinerlei Auffälligkeiten gezeigt.

(ff) Korrespondenzbankbeziehungen
Die Sparkasse unterhält keinerlei Korrespondenzbankbeziehungen, sondern wickelt das gesamte Auslandsgeschäft über die Landesbank Reichenhausen ab. In diesem Verhältnis ist nach wie vor die Erleichterungsregelung anwendbar, die die BaFin im Jahr 2004 im Zusammenhang mit Korrespondenzbankbeziehungen zu Kreditinstituten mit Sitz in Myanmar zugestanden hat. Daher ist die Einführung gesonderter Sicherungsmaßnahmen nicht erforderlich.

(gg) Umsetzung der Geldtransferverordnung in Bezug auf Iran und Usbekistan
Nach den Anforderungen der BaFin muss zudem bei unvollständigen oder offensichtlich sinnlosen Auftraggeberangaben von Geldtransfers und bei Transaktionen über 15 000 € entschieden werden, ob eine Geldwäscheverdachtsanzeige nach § 11 GwG zu erstatten ist.
Nach dem Wortlaut des Rundschreibens 13/2008 soll die Entscheidung über die Erstattung der Geldwäscheverdachtsanzeige unter Einbeziehung der nächst höheren Führungsebene zu treffen sein. Dabei reicht es nach Ansicht des zuständigen Regionalverbandes aus, wenn die kontoführende Stelle diese Sachverhalte dem Geldwäschebeauftragten zur Prüfung weiterleitet. Dieser hat bei Vorliegen entsprechender Anhaltspunkte für Vortaten zur Geldwäsche oder Terrorismusfinanzierung in jedem Fall eine Geldwäscheverdachtsanzeige zu erstatten. Die Entscheidungen des Geldwäschebeauftragten werden von diesem in einer entsprechend aufbereiteten Aufstellung gesammelt und dem Vorstand einmal monatlich zur Kenntnisnahme zugeleitet. Die Empfehlungen des Regionalverbandes hat die Sparkasse vollumfänglich umgesetzt. Auffälligkeiten haben sich insoweit nicht ergeben; Verdachtsanzeigen mussten im vergangenen Berichtszeitraum daher nicht erstattet werden.

(b) Geschäftsbeziehungen zu Personen mit Sitz in Aserbeidschan
Mit Rundschreiben 6/2009 vom 25. März 2009 hat die BaFin zudem Geschäftsbeziehungen zu natürlichen und juristischen Personen mit Sitz in Aserbeidschan erhöhten Sorgfaltspflichten unterworfen. Nach einer Auswertung der bestehenden Kundenbeziehungen bestehen entsprechende Geschäftsverbindungen nur in wenigen Fällen.

Da das Rundschreiben 6/2009 im Hinblick auf entsprechende Geschäftsbeziehungen zu Aserbeidschan ferner nicht auf die Regelungen des Rundschreibens 13/2008 verweist, kann der Umfang der zu beachtenden Sorgfaltspflichten geringer sein, als bei Geschäftsbeziehungen zu im Iran oder in Usbekistan ansässigen Personen. Vor diesem Hintergrund sind die Mitarbeiter der Auslandsabteilung zunächst lediglich angewiesen worden, Kopien von Z1-Zahlungsaufträgen nach Aserbeidschan ab einem Betrag von 15 000 € an den Geldwäschebeauftragten zu leiten. Entsprechende Zahlungsvorgänge ergaben sich seit Veröffentlichung des Rundschreibens jedoch nicht.

(c) EDV-gestützte Sicherungsmaßnahmen
Zur zusätzlichen Überwachung entsprechender Geschäftsbeziehungen zu Personen mit der Nationalität Iran, Usbekistan und Aserbeidschan hat der Geldwäschebeauftragte das Segmentindiz Nr. 26 (Erhöhte Sorgfaltspflichten bei bestimmten Nationalitäten) eingeführt und dort die Abfrage der Nationalitäten Iran, Usbekistan und Aserbeidschan hinterlegt. Auf dieses Segment wird das Verdachtsindiz Nr. 20 angewandt. Soweit eine ausgehende Zahlung (In- und Ausland) mehr als 15 000 € aufweist, wird die Geschäftsverbindung durch den gesetzten Score-Wert von 10 unmittelbar auffällig.

Ergänzend sind neben den Verdachtsindizien, die auf den Gesamtkundenbestand wirken, insbesondere die Verdachtsindizien Nr. 3 und 6 für die Überwachung entsprechender Kundenbeziehungen besonders geeignet. Weiter gehende Sicherungsmaßnahmen erscheinen gegenwärtig verzichtbar.

Im Übrigen hat sich im Berichtszeitraum im Bereich der EDV-gestützten Research-Maßnahmen folgender Anpassungsbedarf ergeben:

Sicherungsmaßnahme	Änderung	Begründung
Verdachtsindizien		
Indiz Nr. 1 **»NCCT-Prüfung«**	Deaktiviert	Das bisherige Verdachtsindiz Nr. 1 ist nach Wegfall der letzten Eintragung auf der Liste der nicht-kooperierenden Länder und Territorien der FATF im vergangenen Berichtszeitraum deaktiviert worden.
Indiz Nr. 2 **»Prüfung des Kundennamens gegen zentrale EU-Sanktionsliste«**	Deaktiviert	Das Indiz lief seit jeher lediglich als ergänzende Sicherungsmaßnahme zu der laufenden Embargoüberwachung des Kundenbestandes im operativen System mit. Es ist seinerzeit zur Sicherheit konzipiert worden, um irrtümlich unterlassene Kontrollen durch Mitarbeiter zumindest im Nachhinein noch erkennen zu können. Das Indiz zeigte über die Jahre hinweg jedoch nur Auffälligkeiten, die auf zufälligen Namensübereinstimmungen beruhten. Daneben ist es aufgrund seiner nur nachgelagert wirkenden Kontrolle für die Embargoprüfung ohnehin nicht geeignet, da die zugrunde liegende Transaktion

		zum Zeitpunkt der Auffälligkeitsanzeige bereits ausgeführt war. Schließlich werden ausgehende Auslandszahlungen durch die Landesbank Reichenhausen vor ihrer Weiterleitung noch einmal überprüft und im Falle einer Auffälligkeit angehalten, sodass dieses Indiz überflüssig ist. Das Verdachtsindiz ist daher aufgrund seiner Wirkungslosigkeit anlässlich der Einführung von Siron®Profile deaktiviert worden
Indiz Nr. 4 **»Junges Konto«**	Ersetzt durch Segmentindiz Nr. 12	Das bisherige Verdachtsindiz Nr. 4 ist mit Einführung von Siron®Profile durch das Segmentindiz Nr. 12 ersetzt worden, das eine deutlich bessere Überwachung gewährleistet. Das bisherige Indiz hat bedingt durch seinen niedrigen Score-Wert zu keinerlei Auffälligkeiten geführt.
Indiz Nr. 5 **»Smurfing«**	Deaktiviert	Nach Wegfall der Identifizierungspflichten bei kontogebundenen Transaktionen von Bestandskunden jenseits 15 000 € besteht eine Pflicht zur Kontrolle verbundener Zahlungen (»Smurfing«) nicht mehr. Das hierfür vorgesehene Indiz Nr. 5 kann daher ersatzlos entfallen.
Indiz Nr. 6 **»Häufige Zahlungen ohne Verwendungszweck (Hawallah-Banking)«**	Änderung	Nachdem das Verdachtsindiz Nr. 6 in der Vergangenheit zu keinen Auffälligkeitsanzeigen geführt hat, wurde die bisherige Prüfung über den Gesamtkundenbestand eingestellt. Da aber entsprechende Zahlungen nie gänzlich ausgeschlossen werden können, ist das Indiz nicht abgeschaltet worden, sondern bleibt zumindest für die Auswertung der Risikosegmente »Normal« und »Hoch« weiterhin aktiv.
Indiz Nr. 7 **»Privatkunden mit hohem Zahlungsverkehrsaufkommen ins Ausland«**	Deaktiviert	Im Research-System ist seit seiner Einführung im Mai 2004 das Verdachtsindiz Nr. 7 voreingestellt gewesen, mit dem Geschäftsbeziehungen kenntlich gemacht werden können, bei denen der Anteil der Auslandstransaktionen mehr als 80 % der Gesamttransaktionen ausmacht. Nachdem dieses Indiz bis zum 30. November 2008 ununterbrochen aktiviert war, ohne jedoch im Ergebnis zu Auffälligkeiten zu führen, wurde es zum 1. Dezember 2008 ausgeschaltet.

		Da ein ungewöhnlich hohes Zahlungsverkehrsaufkommen ins Ausland im Übrigen auch über die Segmentindizien Nr. 13, 16, 17, 21 und 27 sichtbar gemacht werden kann, erscheint die Beibehaltung des bisherigen Indizes überflüssig.
Indiz Nr. 11 **»Kunden mit schlechter Bonität und unverhältnismäßig hohen Zahlungseingängen«**	Ersetzt durch Segmentindiz Nr. 28	Kunden mit einem schlechteren Bonitätsmerkmal als … wurden seit dem Jahr 2004 mit dem Verdachtsindiz Nr. 11 überwacht, da hier eine latente Anfälligkeit für die Aufnahme einer Tätigkeit als Finanzagent besteht. Nach Einführung von Siron®Profile ist dieses Verdachtsindiz in seiner grundlegenden Syntax in das Segmentindiz Nr. 28 und das hiermit korrespondierende Verdachtsindiz Nr. 11 aufgeteilt worden. Näher hierzu unten unter B. IV. 1.
Indiz Nr. 13 **»Umsatzvergleiche«**	Änderung	Das Verdachtsindiz Nr. 13 fand bislang nur auf bestimmte Risikogruppen Anwendung. Da diese Risikogruppen mit Einführung von Siron®Profile wegfielen, wurde das Indiz auf die Risikosegmente »Normal« und »Hoch« abgeändert .
Indiz …		
Überwachung besonderer Kundengruppen		
Markenungebundene Kfz-Händler Im Gewerbepark II sind eine Reihe freier Kfz-Händler tätig, die ihren Geschäftsschwerpunkt insbesondere auf den Export von Gebrauchtfahrzeugen nach Afrika (vor allem nach	Einstellung der Überwachung	Markenungebundene Kfz-Händler wurden durch den Geldwäschebeauftragten bereits seit einigen Jahren gesondert überwacht. Auffälligkeiten in den bestehenden Geschäftsbeziehungen konnten jedoch zu keinem Zeitpunkt festgestellt werden. Daher wird die besondere Beobachtung dieser Kundenkategorie eingestellt. Das Girogeschäft mit dieser Kundenkategorie wird künftig nur noch nach den allgemeinen Research-Kriterien (vgl. Anhang C. I.) überprüft.

Lomé, Togo) oder nach Osteuropa (insbesondere nach Kasachstan, Russland, Ukraine, Usbekistan und Weißrussland) gelegt haben.		
Werttransportunternehmen Die Sparkasse führt für das Werttransportunternehmen *Z. Aster Werttransporte GmbH & Co. KG* sowie für Angehörige der Geschäftsleitung und einige Mitarbeiter Konten im eigenen Haus. Geschäftsbeziehungen zu anderen Werttransportunternehmen bestehen nicht.	Einstellung der Überwachung	Bei dem Werttransportunternehmen *Z. Aster Werttransporte GmbH & Co. KG*, das auch die Bargeldversorgung der Filialen und Geldautomaten der Sparkasse übernimmt, sind die im Haus geführten Konten der Geschäftsführer und leitenden Angestellten anlässlich der in der Vergangenheit bei namhaften Geldtransportunternehmen bekannt gewordenen Betrugs- und Unterschlagungsfälle in eine besondere Überwachung genommen worden. Auffälligkeiten haben sich hier jedoch bislang nicht gezeigt. Nachdem sich auch im dritten Jahr nach Einführung der gesonderten Überwachung keine Auffälligkeiten ergeben haben, wird mit Einführung von Siron®Profile die separate Überwachung eingestellt. Das Girogeschäft mit dieser Kundenkategorie wird künftig nur noch nach den allgemeinen Research-Kriterien (vgl. Anhang C. I.) überprüft.
...	...	...

bb) Terrorismusfinanzierung

Nach Aussage eines zuständigen Beamten des LKA, der anlässlich der Fachtagung Geldwäschebekämpfung im Jahr 2008 über Terrorismusfinanzierung referiert hat, ist das Aufdecken von Finanztransaktionen und Geldströmen, die zur Finanzierung des internationalen Terrorismus dienen, außerordentlich schwierig und gleicht selbst für Spezialisten der Ermittlungsbehörden der sprichwörtlichen Suche nach der Stecknadel im Heuhaufen. In der Regel fließen entsprechende Gelder in geringen Größenordnungen, die für einen Außenstehenden völlig unverdächtig sind. Dies liegt daran, dass international operierende Terrorzellen nur einen relativ geringen Geldbedarf haben, der regelmäßig als Unterstützung zur Bestreitung des Lebensunterhalts zum Beispiel für Studenten getarnt werden kann.

Ferner fließen Unterstützungsleistungen häufig aus legalen Quellen, die keinerlei Verdacht erregen.

Der Geldwäschebeauftragte hat vor diesem Hintergrund die folgenden Sicherungsmaßnahmen in der Sparkasse implementiert, die jedoch bislang zu keinen Auffälligkeiten geführt haben.

Sicherungsmaßnahmen bei Prepaid-Kreditkarten
Die Sparkasse hat im Jahr 2008 erstmals Prepaid-Kreditkarten in ihr Produktportfolio aufgenommen. Diese Karten können bis maximal 6 000 € jährlich aufgeladen werden. Über das Guthaben kann an den entsprechenden Akzeptanzstellen sowie an Geldautomaten weltweit verfügt werden. Bareinzahlungen auf diese Karten sind nach den vertraglichen Bestimmungen, die mit dem Kunden vereinbart werden, nicht zulässig – gleichwohl kann nicht ausgeschlossen werden, dass Kunden über Zahlscheinüberweisungen entsprechende Einzahlungen vornehmen und damit die vertraglichen Bestimmungen umgehen. Da Prepaid-Kreditkarten aufgrund ihrer weltweiten Einsatzmöglichkeiten zur Finanzierung des internationalen Terrorismus geeignet sind, sind diese als hoch risikobehaftetes Produkt eingestuft worden (vgl. zur Risikoeinstufung unten unter B. V. 2.).

Die Überwachung der ausgegebenen Prepaid-Kreditkarten ist jedoch relativ einfach, da dieser Kartentyp nach einer Auswertung des bisherigen Kundenverhaltens überwiegend nur für zwei Verwendungsarten nachgefragt wird. Einerseits sind diese Karten bei Eltern beliebt, deren Kinder eine ausländische Schulausbildung erhalten oder ein Studium im Ausland durchführen. Andererseits sind Prepaid-Kreditkarten aufgrund der Beschränkung auf das eingezahlte Guthaben insbesondere als risikoarmes Zahlungsmittel bei Käufen im Internet geeignet. In diesem Zusammenhang sind diejenigen Kunden, die entsprechende Karten nachfragen, dem Berater in der Regel bekannt, sodass eine Sensibilisierung der Mitarbeiter in Kombination mit dem neu geschaffenen Segmentindiz Nr. 27 in Verbindung mit dem Verdachtsindiz Nr. 18 (Umsatzüberwachung von Prepaid-Kreditkarten) aus Sicht des Geldwäschebeauftragten derzeit ausreicht, um eine missbräuchliche Nutzung entsprechender Karten zu erkennen.

Im Übrigen hat sich im Berichtszeitraum im Bereich der EDV-gestützten Research-Maßnahmen folgender Anpassungsbedarf ergeben:

Sicherungs-maßnahme	Änderung	Begründung
Verdachtsindizien		
Indiz Nr. 8 **»Schlüssel-begriffe«**	Löschung der Schlüssel-begriffe: 1. Moschee 2. Spende 3. …	Mit Newsletter 3/2006 hat die FIU ein Typologienpapier zur Terrorismusfinanzierung mit Stand Juni 2006 veröffentlicht. Die dort aufgeführten Anhaltspunkte, die auf die Finanzierung des Terrorismus hindeuten können, sind seinerzeit ausgewertet worden und haben Eingang in die Indizien und Indizkombinationen gefunden. Die Schlüsselbegriffe: Moschee, Spende, … und … führten zu verhältnismäßig vielen unverdächtigen Treffern, so dass diese Begriffe aus der Syntax gelöscht worden sind.
Indiz Nr. 8 **»Schlüssel-begriffe«**	Einführung der Schlüssel-begriffe: 1. Dschihad 2. …	Hintergrund für die Ergänzung waren Auswertungen verschiedener Medienberichte und ein Vortrag auf der letztjährigen Fachtagung »Geldwäschebekämpfung« des Regionalverbandes, die sich inhaltlich mit den Ermittlungsbemühungen der Polizeibehörden zur Aufdeckung terroristischer Zellen und verbotener Gruppierungen beschäftigt hatten. Aus diesen Quellen ergaben sich einige Schlüsselbegriffe, die in dem Indiz Nr. 8 bislang nicht berücksichtigt waren.
Indiz …	…	…

cc) Betrug zulasten des Instituts

Im vergangenen Berichtszeitraum ist der Sparkasse ein erheblicher Schaden durch Einreichung von gefälschten Überweisungsaufträgen entstanden. Die Überweisungen sind in der überwiegenden Zahl der Fälle durch Hineingreifen in den Einwurfschlitz der Nachtbriefkästen erlangt worden.

Feststellungen der Innenrevision ergaben, dass mehr als 80 % der Überweisungsträger, die nicht persönlich an die Mitarbeiter der Sparkasse übergeben werden, nicht in die hierfür vorgesehenen, speziell gesicherten Wertbriefkästen, sondern in die weitgehend ungesicherten Nachtbriefkästen eingeworfen werden. Das Sicherungskonzept der Nachtbriefkästen ist daher Ende vergangenen Jahres noch einmal überarbeitet und angepasst worden.

Danach sind Nachtbriefkästen, bei denen die bauliche Situation der Filiale dies ohne übermäßig großen Aufwand zuließ, so angebracht worden, dass ein Hineingreifen durch Einbau einer Rampe und eines gesicherten Einwurfschlitzes nahezu ausgeschlossen wird.

Diejenigen Briefkästen, bei denen ein Umbau aus gebäudetechnischen Gründen nicht möglich war und bei denen die Kundschaft eine Nachbarfiliale mit einem gesicherten Briefkasten leicht erreichen kann, wurden zum Teil ersatzlos entfernt. Lediglich in den Filialen Postweg, Elsterweg und Kleptomanenplatz sowie in der Hauptstelle konnten die Briefkästen aufgrund des hohen Briefaufkommens der betreffenden Filiale und mangels zumutbarer Ausweichmöglichkeit auf andere Filialen nicht beseitigt werden. Ein entsprechender Umbau ist jedoch für die Zukunft vorgemerkt worden, wenn die Geschäftsräume grundlegend renoviert werden.

Im Übrigen sind betrugsspezifische Indizien unter dem eingesetzten Research-System derzeit nicht vorgesehen. In der Vergangenheit ergaben sich insoweit auch keine Hinweise, die in EDV-gestützte Research-Maßnahmen hätten umgesetzt werden können.

2. Aufsichtsrechtliche Änderungen

Einzahlungen von Bestandskunden auf eigene Konten

Nach Inkrafttreten des Geldwäschebekämpfungsergänzungsgesetzes (GwBekErgG) am 21. August 2008 besteht bei der Annahme und Abgabe von Bargeld ab einem Betrag von 15 000 € eine Verpflichtung zur Identifizierung von Bestandskunden der Sparkasse nicht mehr. Auch der wirtschaftlich Berechtigte ist in diesen Fällen nicht mehr zu erfragen. Ferner entfällt die Verpflichtung zur Identifizierung der auftretenden Person (z. B. eines Boten) ersatzlos. Entsprechend dieser neuen Regelungen sind die bislang bestehenden Organisationsanweisungen der Sparkasse, die eine Identifizierung bei entsprechenden Transaktionen der Kunden vorsah, gestrichen worden.

Geldeinzahlungsautomaten

Für Geldeinzahlungsautomaten galt nach alter Rechtslage eine spezifische Smurfing-Überwachungspflicht. Danach waren Einzahlungen nur bis zur Höhe von 14 995 € möglich, soweit eine Anbindung der Geldeinzahlungsautomaten an die allgemeine Smurfing-Kontrolle der Sparkasse erfolgte und sichergestellt war, dass zusammengehörige Einzahlungen, die innerhalb eines Zeitraums von 24 Stunden getrennt eingezahlt wurden, erkannt werden konnten. Dies war bei der Sparkasse gewährleistet.

Da bei Einzahlungen ab einem Betrag von 15 000 € oder mehr eine Identifizierungspflicht gemäß § 3 Abs. 2 Nr. 2 GwG nur noch außerhalb einer bestehenden Geschäftsbeziehung ausgelöst wird und die Geldeinzahlungsautomaten der Sparkasse nur für Einzahlungen von Bestandskunden auf ein eigenes Konto genutzt werden können, ist eine separate Überwachung der über diese Automaten eingezahlten Beträge nicht mehr erforderlich. Die spezifische Smurfing-Kontrolle hatte im Übrigen auch zu keinem Zeitpunkt in der Vergangenheit irgendwelche Auffälligkeiten gezeigt. In diesem Zusammenhang sind die bestehenden technischen Beschränkungen der Einzahlungshöhe aufgehoben worden.

Auch bei den Einzahlungsautomaten der Sparkasse, die zugleich die Funktion des Nachttresors übernehmen, ist die bestehende Einzahlungsbeschränkung aufgehoben worden. Hierbei wird jedoch nach wie vor sichergestellt, dass eine entsprechende Nachttresorvereinbarung mit dem Nutzer vereinbart wird, wenn dieser keine Kontobeziehung zur Sparkasse unterhält. Dies kommt insbesondere bei Einzahlungen der im Stadtgebiet verteilten Niederlassungen der Lebensmittelkette *Ede K. GmbH & Co. KG* sowie bei den Niederlassungen der Discounter *Worst & Case GmbH* sowie *Ramsch & Schund OHG* vor.

Zwar besteht für eigene Kunden die Verpflichtung zum Abschluss einer entsprechenden Vereinbarung aus geldwäscherechtlichen Gründen nicht mehr. Da bei der Nachttresornutzung über Einzahlungsautomaten jedoch eine spezielle Zugangskarte durch die Sparkasse vergeben wird, wird eine entsprechende Nachttresorvereinbarung wegen der einzuhaltenden Sorgfaltspflichten nach wie vor auch mit Bestandskunden abgeschlossen.

Wirtschaftlich Berechtigter bei juristischen Personen, Personengesellschaften und Stiftungen
Die Erhebung des nach § 1 Abs. 6 Nr. 1 und 2 GwG zu erhebenden wirtschaftlich Berechtigen bei juristischen Personen, Personengesellschaften und Stiftungen erfolgt über ein zentral vom Deutschen Sparkassen Verlag angebotenes Formular, auf dem die relevanten Daten des Kunden erhoben werden können. Für Kunden, die ihrerseits verpflichtet sind, Unterlagen nach § 18 KWG einzureichen, sind die Daten in jeweils aktueller Form im Haus vorhanden. Das Kreditsekretariat, das die Unterlagen unter anderem auch auf das Vorliegen einer Kreditnehmereinheit auswertet, wurde vom Geldwäschebeauftragten angewiesen, das Formular auszufüllen und an die zentrale Marktfolgeabteilung zur Erfassung der Daten weiterzuleiten.

Bei Unternehmenskunden, die Konten nur auf Guthabenbasis führen, ist das Formular vom Kunden auszufüllen und unterschrieben an die kontoführende Stelle zurückzugeben. Ergeben sich keine Zweifel an der Richtigkeit der vom Kunden gemachten Angaben, so ist das Formular zur Erfassung an die zentrale Marktfolgeabteilung weiterzuleiten. Ergeben sich dagegen Zweifel an den gemachten Angaben, ist der Geldwäschebeauftragte einzuschalten. In diesen Fällen ist eine Erfassung der Angaben erst nach Aufklärung der Zweifel vorzunehmen.

Politisch exponierte Personen
Zur Erkennung politisch exponierter Personen (PEPs) hat die Sparkasse kein EDV-gestütztes System angeschafft. Dies wäre für die wenigen Kunden der Sparkasse, die einen Wohnsitz im Ausland haben, unverhältnismäßig.

Der Alt-Kundenbestand der Sparkasse ist, soweit hier ein ausländischer Hauptwohnsitz angegeben worden ist, im Wege eines einmaligen, vom Rechenzentrum Nullenburg angebotenen Initiallaufes gegen eine PEP-Datenbank geprüft worden. Namensübereinstimmungen ergaben sich dabei lediglich in einem Fall, als die Bestandskundin Frau Erna Schmäh als Ehefrau des Wiener Bürgermeisters identifiziert wurde. Allerdings konnte anhand des Geburtsdatums und des abweichenden Wohnsitzes (die Kundin der Sparkasse wohnt derzeit in Brasilien) schnell festgestellt werden, dass es sich hierbei nur um eine zufällige Namensidentität gehandelt hat. Im Übrigen ergaben sich keine Namensübereinstimmungen.

Nach der einmaligen Überprüfung des Altbestandes hat sich die Sparkasse gegen die Anschaffung der PEP-Datenbank entschieden. Für die wenigen Fälle, in denen Kunden mit einem ausländischen Wohnsitz ein Konto bei der Sparkasse eröffnen oder Bestandskunden ins Ausland umziehen, sind die Mitarbeiter im Markt angewiesen, generell die Genehmigung des Geldwäschebeauftragten zur Eingehung oder Fortführung der Geschäftsbeziehung einzuholen. Da die Sparkasse dem Regionalprinzip verhaftet ist, ist in allen diesen Fällen ohnehin zu hinterfragen, warum entsprechende Kunden eine Geschäftsbeziehung zur Sparkasse eingehen möchten. Der Geldwäschebeauftragte ist darüber hinaus angewiesen, die Namen der betreffenden Kunden im Rahmen einer Internet-Recherche zu überprüfen, um einen etwaigen PEP-Status dieser Kunden abzuklären.

Soweit der PEP-Status festgestellt wird, werden die Kundennummern der betreffenden Kunden in das Segmentindiz Nr. 9 eingestellt. Die Überwachung der Mittelherkunft und -verwendung erfolgt über die verschiedenen Überwachungsindizien unter Siron®AML (vgl. hierzu auch unten unter B. V. 1, Kundenbezogene Risiken).

GeldtransferVO

Nach Umsetzung der GeldtransferVO im Bereich der Zahlscheinüberweisungen hat der Geldwäschebeauftragte folgende Regelungen angewiesen:

Bei Zahlscheinüberweisungen im In- und Auslandszahlungsverkehr sind ab einem Betrag von 0,01 € grundsätzlich der vollständige Auftraggeberdatensatz (Name und Anschrift oder ersatzweise Geburtsdatum und Geburtsort) an das Empfängerinstitut weiterzuleiten. Jedoch kann bei innereuropäischen Geldtransfers auf die Übermittlung der Auftraggeberdaten verzichtet und stattdessen eine kundenbezogene Identifikationsnummer weitergeleitet werden. Da Zahlscheinüberweisungen immer über ein Gegenkonto mit einer feststehenden Kontonummer abgewickelt und in Deutschland mit einem individuellen EZÜ-Referenzkennzeichen versehen werden, genügt es, das Referenzkennzeichen zusammen mit dem Namen des Auftraggebers und der Nummer des Gegenkontos an die Empfängerbank zu übermitteln. Dabei müssen die vollständigen Auftraggeberdaten auf der Vorder- oder Rückseite des Zahlscheines vermerkt werden, um auf Anfrage nachgereicht werden zu können. Soweit der Vermerk auf der Rückseite des Belegs angebracht wird (Regelfall bei Zahlungen von Nicht-Kunden), wird die Rückseite mitverfilmt. Die verfilmten Belege werden als Buchungsbelege standardmäßig sechs Jahre lang aufbewahrt und erst anschließend vernichtet. Die Anforderungen des Art. 5 Abs. 5 GeldtransferVO an die Aufbewahrungsfrist relevanter Aufzeichnungen (= fünf Jahre) sind damit gewahrt.

a) Inländische Zahlscheinüberweisungen

Für inländische Zahlscheinüberweisungen hat die Sparkasse die nachfolgenden Regelungen festgelegt, mit denen die vorstehenden Verpflichtungen erfüllt werden:

Bei Bestandskunden entfällt die Verpflichtung zur Identifizierung ab einem Betrag von 15 000 €. Zu Dokumentationszwecken ist lediglich die Kontonummer auf dem Zahlschein zu vermerken. Ein manueller Namensvergleich mit der EU-Liste sanktionierter Personen ist ebenfalls nicht erforderlich, da ein entsprechender Vergleich bei Bestandskunden systemseitig automatisch erfolgt.

Bei Nichtkunden sind die erforderlichen Angaben (Name und Anschrift des Auftraggebers) unabhängig vom Einzahlungsbetrag aus einem amtlichen Ausweisdokument zu entnehmen und auf dem Zahlscheinvordruck aufzuzeichnen. Ferner ist ein Namensvergleich mit der von der EU veröffentlichten Namensliste sanktionierter Personen durchzuführen. Art oder sonstige Angaben zum vorgelegten Ausweis werden nicht festgehalten. Mittels Stempelabdruck auf der Rückseite des Beleges wird bestätigt, dass ein Ausweis vorgelegen hat und ein Namensvergleich durchgeführt wurde.

Ist der Auftraggeber nicht persönlich anwesend, sondern veranlasst er die Zahlscheinüberweisung über einen Dritten, so ist es grundsätzlich ausreichend, wenn der amtliche Ausweis des Auftraggebers durch den Auftretenden überbracht wird. Die Angaben zum Auftraggeber sind aus diesem Dokument zu entnehmen. Der Auftretende selbst ist nicht zu legitimieren.

Ist der Auftraggeber eine juristische Person, genügt es, wenn die Angaben einmal aus dem amtlichen Register (Handels-, Vereins- oder Partnerschaftsregister) entnommen und entsprechend dokumentiert werden. Da die GeldtransferVO die Sparkasse nur verpflichtet, die Angaben anhand von »verlässlichen und unabhängigen« Quellen zu überprüfen, kann eine vorgelagerte Prüfung z. B. durch Abfrage des Unternehmensregisters durchgeführt werden (www.unternehmensregister.de). Da nur eine überschaubare Anzahl von Unternehmen ihre Tageseinnahmen per Zahlscheinüberweisung transferieren, hat der Geldwäschebeauftragte nach erfolgter Identifizierung der betreffenden Unternehmen eine Liste erstellt, die den Kassierern als Grundlage auch für künftige Transaktionen über das Intranet zugänglich gemacht wurde.

Ab einem Einzahlungsbetrag von 15 000 € ist zudem die Identifizierung des Kunden nach den geldwäscherechtlichen Bestimmungen durchzuführen. Dabei ist die Legitimationsprüfung auf den Auftraggeber zu beschränken. Ferner ist ein abweichend wirtschaftlich Berechtigter festzustellen.

Die Beachtung der nach altem Recht in der Sparkasse implementierten zusätzlichen Identifizierungsschwelle von 2 500 € bei Zahlscheingeschäften entfällt ersatzlos.

b) Ausländische Zahlscheinüberweisungen

Bei ausländischen Zahlscheinüberweisungen sind sowohl Bestandskunden als auch Nichtkunden gem. § 25f Abs. 3 KWG ab einem Betrag von 0,01 € anhand eines Legitimationsdokuments zu identifizieren. Ferner ist ein abweichend wirtschaftlich Berechtigter festzustellen. Die Angaben sind analog den einschlägigen Vorschriften des Geldwäschegesetzes zu dokumentieren.

Zuverlässigkeitsprüfung
Bei Einstellung von Sparkassenmitarbeitern, die befugt sind, Transaktionen auszuführen oder zumindest daran mitzuwirken (insbesondere eingesetzte Vermittler), werden folgende Dokumente verlangt:

- Schul-, Ausbildungs- und Arbeitszeugnisse,
- ... (z. B. *Polizeiliches Führungszeugnis, Schufaauskunft*),
- Personalfragebogen.

Damit ist die Zuverlässigkeit des betreffenden Mitarbeiterkreises zu Beginn der Beschäftigung gewährleistet.

Als allgemeine Dienstpflicht trifft jeden Vorgesetzten die Pflicht, Auffälligkeiten bezüglich seiner Mitarbeiter, die auf geldwäscherelevante Unzuverlässigkeiten schließen lassen, an die Personalabteilung zu melden. Auffälligkeiten mit unmittelbarem Bezug zur Geldwäsche und Terrorismusfinanzierung sind insbesondere

- der Verdacht auf Verwirklichung des Straftatbestandes des § 261 StGB,
- der Verdacht auf Beteiligung an oder Unterstützung von einschlägigen Vortaten nach § 261 StGB sowie
- die wiederholte Verletzung von angewiesenen Präventionsmaßnahmen, wie etwa die wiederholte Missachtung der Legitimationsverpflichtung.

Die Personalabteilung ist angewiesen, in diesen Fällen unverzüglich den Geldwäschebeauftragten zu informieren. Aufgrund der besonderen Brisanz entsprechender Verdachtsfälle für die Betroffenen und der arbeitsrechtlichen Auswirkungen ist eine ggf. erstellte Dokumentation des betreffenden Einzelfalls in jedem Fall vertraulich zu behandeln.

Dagegen ist der Geldwäschebeauftragte bei einem Verdacht auf Unzuverlässigkeiten, die keinen unmittelbaren Geldwäschebezug aufweisen (z. B. Verdacht auf Alkoholprobleme, Spielsucht oder Unregelmäßigkeiten im Kassenbereich) grundsätzlich nicht hinzuzuziehen.

Des weiteren werden die Vorgesetzten verpflichtet, etwa festgestellte Unzuverlässigkeiten von Mitarbeitern bezüglich betrügerischer Handlungen zulasten des Instituts an die Personalabteilung zu melden. Da entsprechende Vorwürfe schwerwiegenden Charakter haben und mit Rücksicht auf den Betroffenen einen besonders sensiblen Umgang erfordern, ist der Geldwäschebeauftragte nur dann hinzuzuziehen, wenn sich der Verdacht gegen den Mitarbeiter erhärtet.

Eine weitere regelmäßige Befragung der Vorgesetzten, wie sie in der Vergangenheit erfolgte, bringt keine zusätzliche Sicherheit bezüglich der Zuverlässigkeit der Mitarbeiter und kann daher entfallen (vgl. auch Begründung zum GwBekErgG, BT-Drucksache 16/9038 vom 5. Mai 2008, S. 43).

Schulungsmaßnahmen
Schulungsmaßnahmen für die Mitarbeiter sind entgegen der bisherigen Rechtslage nicht mehr schematisch innerhalb eines vorgegebenen Zeitraums durchzuführen. Bislang hat der

Geldwäschebeauftragte Schulungen mittels Lernprogramm der Fa. *Does & Paddel GmbH* in einem zweijährigen Turnus durchgeführt. Präsenzschulungen erfolgten dagegen nur für neu eingestellte Mitarbeiter und Auszubildende.

Künftig werden Schulungsmaßnahmen mittels Lernprogramm risikoorientiert nur noch dann durchgeführt, wenn im Bericht der Innenrevision oder der externen Revision eine Fehlerhäufigkeit von mehr als 10 % der gezogenen Stichproben festgestellt wird. Die Durchführung der Schulungsmaßnahme wird in diesen Fällen auf die Mitarbeiter der entsprechenden Geschäftsbereiche beschränkt, soweit eine derartige Einschränkung möglich oder sinnvoll ist.

Ferner haben neu eingestellte Mitarbeiter, die im Filialbereich eingesetzt werden, das EDV-Schulungsprogramm zu absolvieren. Präsenzschulungen für Auszubildende werden weiterhin angeboten. Für die Vermittlung der neuen geldwäscherechtlichen Anforderungen des GwBekErgG werden im Übrigen Präsenzschulungen, teilweise in Form von Multiplikatorenschulungen, für sämtliche Mitarbeiter im Markt durchgeführt.

Führung von Anderkonten für rechtsberatende Berufe
In Abkehr von der bisherigen Rechtslage hat der Geldwäschebeauftragte bei der Führung von Anderkonten für rechtsberatende Berufe folgende Anweisung erlassen:

Gemäß § 2 Abs. 1 Nr. 7 GwG sind Angehörige rechtsberatender Berufe (insbesondere Rechtsanwälte und Notare) im Rahmen der Durchführung bestimmter Geschäfte selbst Verpflichtete im Sinne des Gesetzes. Rechtsanwälte unterliegen gemäß § 16 Abs. 2 Nr. 4 GwG der Aufsicht der jeweils örtlich zuständigen Rechtsanwaltskammer; Notare unterliegen gemäß § 16 Abs. 2 Nr. 6 GwG der Aufsicht des jeweiligen Präsidenten des Landgerichts, in dessen Bezirk der Notar seinen Sitz hat. Als Verpflichtete müssen deshalb auch Rechtsanwälte und Notare die allgemeinen Sorgfaltspflichten des Geldwäschegesetzes für ihre eigenen Angelegenheiten und Geschäfte erfüllen.

Aufgrund der eigenen Verpflichtung von Rechtsanwälten und Notaren beinhalten Geschäftsbeziehungen zu diesem Personenkreis nach der gesetzgeberischen Intention grundsätzlich ein geringes Risiko. Gemäß § 5 Abs. 1 und 2 Nr. 3 GwG entfällt damit die Pflicht zur Abklärung des wirtschaftlich Berechtigten. Mit Einsatz der neu aufgelegten »Bedingungen zur Führung von Anderkonten rechtsberatender Berufe« wird der Notar oder Rechtsanwalt künftig verpflichtet, entsprechende Angaben zum wirtschaftlich Berechtigten auf Nachfrage einzureichen.

Die nach altem Recht erforderlichen Überwachungspflichten können nach dem neuen Verständnis des GwBekErgG somit entfallen. Dies gilt u. a. auch für die bei mehrfacher Verwendung eines Notaranderkontos bislang bestehende Pflicht, dass der Notar die Sparkasse von sich aus über den Wechsel des wirtschaftlich Berechtigten unterrichten musste.

Die vorgenannten Erleichterungen gelten allerdings dann nicht, wenn sich der Notar oder Rechtsanwalt entweder weigert, entsprechende Angaben auf Nachfrage zu machen, oder wenn der Sparkasse im Hinblick auf eine konkrete Transaktion oder Geschäftsbeziehung Informationen vorliegen, die darauf schließen lassen, dass das Risiko der Geldwäsche oder Terrorismusfinanzierung nicht gering ist (vgl. § 5 Abs. 3 GwG).

Führung von Konten für Wohnungseigentümer- und Erbengemeinschaft
Bei der Führung von Konten für Wohnungseigentümer- und Erbengemeinschaften gelten ab dem 22. Mai 2009 folgende Grundsätze:

(1) Wohnungseigentümergemeinschaft
(a) Führung des Kontos auf den Namen der WEG
Konten sollen grundsätzlich auf den Namen der WEG eröffnet werden (z. B. *WEG Bürgermeister-Schäbig-Straße 3, Schurkenhausen*).
Die verfügungsberechtigten Personen – im Regelfall ist dies der Verwalter der WEG – sind zu identifizieren.

Hinsichtlich der Feststellung des wirtschaftlich Berechtigten ist entsprechend der geringen Risikoeinstufung durch den Gesetzgeber (vgl. Begründung zum GwBekErgG, BT-Drucks. 16/9038, S. 30) die Erhebung der Namen der Wohnungseigentümer als wirtschaftlich Berechtigte regelmäßig nicht angezeigt.

Die WEG bzw. der Verwalter wird daher von der Sparkasse im Kontovertrag verpflichtet, eine Liste der Wohnungseigentümer oder ersatzweise einen Grundbuchauszug beizubringen und die Sparkasse über Veränderungen der Eigentümergemeinschaft auf Anforderung umgehend zu informieren. Im Falle von geldwäscherelevanten Auffälligkeiten kann es – abhängig von den Umständen des Einzelfalles – angezeigt sein, eine aktuelle Liste oder einen Grundbuchauszug anzufordern.

Verweigert der Verwalter die Einreichung einer entsprechenden Liste, so kann nach der insoweit neu gefassten Anweisung der Sparkasse das Konto gleichwohl eröffnet werden, soweit keine geldwäscherelevanten Anhaltspunkte gegen eine Eröffnung sprechen. Die Verweigerung der Einreichung einer entsprechenden Liste ist in den Kontounterlagen zu vermerken. Zeigen sich im Laufe der Kontoführung geldwäscherelevante Auffälligkeiten, so kann es je nach Lage des Einzelfalles erforderlich sein, die Eigentümer der WEG ggf. unter Androhung der Kontokündigung zu ermitteln, wenn keine plausiblen Gründe für die fortgesetzte Weigerung angeführt werden können.

(b) Führung eines offenen Treuhandkontos
Bei der alternativ ebenfalls möglichen Führung eines offenen Treuhandkontos auf den Namen des Verwalters wird aufgrund der unter a) beschriebenen gleichen Risikosituation das Konto auf den Namen des Verwalters der WEG eingerichtet und durch einen Zusatz als Treuhandkonto gekennzeichnet. Eine Identifizierungsprüfung ist lediglich beim Verwalter der WEG durchzuführen, soweit keine sonstigen Verfügungsberechtigten existieren. Eine Erfassung des wirtschaftlich Berechtigten erfolgt nicht.

(2) Erbengemeinschaft

(a) Führung des Kontos auf den Namen der Erbengemeinschaft

Das Konto wird auf den Namen der Erbengemeinschaft eröffnet oder die bestehenden Konten des Erblassers werden auf die Erbengemeinschaft umgeschrieben. Die Kontobezeichnung lautet in diesen Fällen z. B. *»Gustav Gierig Erbengemeinschaft»*.

Die Sparkasse kann sich darauf beschränken, sich Gewissheit über die Person des Verfügungsberechtigten zu verschaffen. Eine Legitimationsprüfung aller Miterben ist nicht erforderlich. Da die Erben dem Erbschein entnommen werden können und eine Verfügung über den Nachlass nur durch die Gemeinschaft insgesamt möglich ist, besteht für Erbengemeinschaften kein geldwäscherelevantes Risiko. Bereits nach altem Recht bestand daher eine entsprechende Verwaltungspraxis der BaFin.

Auch die Erfassung der (Mit-) Erben als wirtschaftlich Berechtigte ist vor diesem Hintergrund regelmäßig nicht angezeigt.

(b) Führung eines offenen Treuhandkontos

Ausnahmsweise kann auch ein offenes Treuhandkonto für Erbengemeinschaften geführt werden. Das Konto wird in diesen Fällen auf den Namen des Treuhänders eingerichtet und über einen Zusatz als Treuhandkonto (z. B. *»wg. Erbengemeinschaft Gustav Gierig«*) kenntlich gemacht. Eine Identifizierungsprüfung ist lediglich beim Treuhänder durchzuführen, soweit keine sonstigen Verfügungsberechtigten existieren. Die Erfassung eines wirtschaftlich Berechtigten erfolgt wegen des geringen Risikos nicht.

Identifizierung anhand weicher Legitimationsmerkmale

Nach § 4 Abs. 2 GwG kann von einer Identifizierung abgesehen werden, wenn der Verpflichtete den zu Identifizierenden bereits bei früherer Gelegenheit identifiziert und die dabei erhobenen Angaben aufgezeichnet hat, es sei denn, der Verpflichtete muss aufgrund der äußeren Umstände Zweifel hegen, dass die bei der früheren Identifizierung erhobenen Angaben weiterhin zutreffend sind. Entgegen der alten Rechtslage ist das Merkmal »persönlich bekannt« keine Voraussetzung mehr dafür, von einer Identifizierung absehen zu können. Bei Folgekontoeröffnungen ist es daher grundsätzlich ausreichend, wenn Gewissheit über die auftretende Person besteht – eine förmliche Legitimationsprüfung muss hierfür nicht mehr durchgeführt werden. Nach den nunmehr geltenden Grundsätzen der Sparkasse sind an die Verschaffung der Gewissheit in Fällen dieser Art folgende Anforderungen zu stellen:

Auch wenn es keine gesetzliche Voraussetzung mehr ist, so besteht Gewissheit über die Person des Kontoinhabers naturgemäß dann, wenn diese dem Marktmitarbeiter persönlich bekannt ist. Ausschlaggebend hierfür ist das zweifelsfreie Wiedererkennen des Kunden, nicht dagegen die Kenntnis bestimmter Fakten über den Kunden.

Kennt der tätig werdende oder ein hinzugezogener Mitarbeiter den Kunden nicht persönlich, so soll grundsätzlich ein Ausweisdokument verlangt werden. Dieses Dokument muss aber anders als bei einer Erstkontoeröffnung nicht geeignet sein, um eine Überprüfung der

Identität des Vertragspartners im Sinne des § 4 Abs. 1 Nr. 1 GwG zu erfüllen. Vielmehr ist es ausreichend, wenn das Papier geeignet ist, die Personenidentität eindeutig festzustellen (Übereinstimmung des Lichtbilds mit der Person, Übereinstimmung mit den gespeicherten Kundendaten). Als geeignete Papiere dieser Art kommen beispielsweise Dienstausweise staatlicher Einrichtungen und Behörden, EU-Führerscheine und Identity Cards der britischen Streitkräfte in Betracht.

Trägt der Kunde keinen Ausweis bei sich, kann sich der Mitarbeiter im Ausnahmefall auch anhand eines Unterschriftenabgleichs von dessen Identität überzeugen. In diesem Fall ist die Kundenunterschrift für die (Folge-) Kontoeröffnung heranzuziehen, um diese mit der bereits im System gespeicherten Unterschrift zu vergleichen.

Folgekontoeröffnungen sind im Wege des Online-Bankings unter Nutzung des vom Rechenzentrum zur Verfügung gestellten elektronischen Verfahrens zulässig.

Bei telefonischer Entgegennahme einer Folgekontoeröffnung kann Gewissheit über die Person des Kontoinhabers über die Abfrage einer Kombination von gespeicherten Daten wie der Kontonummer eines bereits bestehenden Kontos, des Geburtsdatums, der Anschrift etc. erreicht werden. Die Festlegung der abzufragenden Datenkombinationen erfolgt in der Dienstanweisung für die Mitarbeiter des hauseigenen Call-Centers. Die Kombinationen sind so zu wählen, dass ein Erraten der zutreffenden Antworten ausgeschlossen ist und Angaben abgefragt werden, die in der Kombination nur dem Kunden bekannt sein können. Bei zutreffender, spontaner Beantwortung der gestellten Fragen bestehen keine Bedenken gegen die Eröffnung des Folgekontos.

Zu berücksichtigen ist aber, dass eine telefonische Abfrage weicher Identifizierungsmerkmale nicht zur Einräumung einer Verfügungsberechtigung, insbesondere in Form einer Vollmacht führen darf, da hier ein erhöhtes Missbrauchspotential besteht. Der Anrufer könnte sich ansonsten als Kontoinhaber ausgeben und über diesen Weg sehr einfach eine Verfügungsberechtigung auf seinen wahren Namen über das Konto erlangen. Die anschließende dokumentenmäßige Legitimationsprüfung würde er in einem solchen Fall ohne Probleme bestehen und könnte das Konto für eigene Zwecke verwenden.

Konten für lose Personenzusammenschlüsse
Bei Gemeinschaftskonten ist grundsätzlich die vollständige Erfassung der Namen aller Kontoinhaber erforderlich. Ein Sonderproblem in diesem Zusammenhang ist die korrekte Datenerfassung für Konten und Depots, die auf den Namen von Personenzusammenschlüssen (z. B. Konten für Schulklassen, Kegelclubs, Spielgemeinschaften etc.) angelegt worden sind. Soweit die Gemeinschaft kontofähig ist (z. B. GbR oder nicht-rechtsfähiger Verein), so kann das Konto auf den Namen der Gesellschaft/des Vereins nach den dort geltenden Grundsätzen eröffnet werden.

Vielfach ist eine Kontoanlage auf den Namen der Gemeinschaft aber aus praktischen Erwägungen unter Berücksichtigung des mit dem konkreten Zusammenschluss verbundenen geringen Risikos heraus nicht gewünscht, da entweder die zugrunde liegende Rechtsform nicht eindeutig ermittelt werden kann oder diese zwar bekannt ist, die beständige Fluktuation ihrer Mitglieder aber einen unverhältnismäßig hohen Bearbeitungsaufwand bei der Feststellung der wirtschaftlich Berechtigten auslösen würde. Für die Führung entsprechender Konten gelten für die Sparkasse daher folgende Grundsätze:

Für lose Personenzusammenschlüsse sind grundsätzlich offene Treuhandkonten auf den Namen eines Mitglieds der Gemeinschaft (z. B. des Kassenwarts) oder eines Dritten anzulegen.

Als Kontoinhaber ist der Treuhänder zu erfassen. Das Konto ist ferner mit einem das Treuhandverhältnis kennzeichnenden Zusatz zu versehen (z. B. »*wegen Skatclub Drei Buben*«). Darüber hinaus ist nach Tz. 39 der Auslegungshinweise des ZKA zum GwBekErgG vom 17. Dezember 2008 bei Treuhandkonten für einzelne natürliche Personen der Treugeber als wirtschaftlich Berechtigter aufzuzeichnen. Sollte der Treugeber eine Gesellschaft sein, so muss die dahinter stehende natürliche Person als wirtschaftlich Berechtigter aufgezeichnet werden, die mehr als 25 % der Stimmrechte oder mehr als 25 % des Vermögens der Gesellschaft kontrolliert (vgl. § 1 Abs. 6 Nr. 1 GwG).

Bei losen Personenzusammenschlüssen (z. B. Schulklasse, Kegel- und sonstige Spielclubs, Spielgemeinschaften, Betriebsrat eines Unternehmens etc.), ist es – gemessen an dem geringen Risiko derartiger Zusammenschlüsse – unter Risikogesichtspunkten (vgl. zur Risikoeinstufung derartiger Zusammenschlüsse auch Ackmann/Reder, Wertpapiermitteilungen 2009, S. 158, 163) grundsätzlich vertretbar, wenn nur ein Mitglied des losen Personenzusammenschlusses als wirtschaftlich Berechtigter erhoben wird. Ist der Treuhänder (= Kontoinhaber) zugleich Mitglied des Personenzusammenschlusses (z. B. Kassenwart der Tippgemeinschaft oder Klassenlehrer bei Klassenkonten), so kann auf die zusätzliche Erfassung eines wirtschaftlich Berechtigten entsprechend der bisherigen Rechtslage (vgl. Schreiben des ZKA vom 25. November 2003 zu Erleichterungstatbeständen nach § 24c KWG, S. 3) generell verzichtet werden.

Ergeben sich allerdings Anhaltspunkte für geldwäscherelevante Auffälligkeiten, so können sich je nach Einzelfall ergänzende Nachforschungspflichten zu den weiteren wirtschaftlich Berechtigten ergeben.

Der Name des losen Personenzusammenschlusses ist in dem Feld »Namenszusatz« zu erfassen, um das Treuhandverhältnis zu der Personengemeinschaft kenntlich zu machen. Denn aus zivilrechtlichen Gründen ist eine Trennung des Vermögens der Gemeinschaft von dem Privatvermögen des Kontoinhabers erforderlich. Zudem ist es im Falle einer Insolvenz des Treuhänders hilfreich, wenn der wahre Eigentümer des Vermögens zumindest bestimmbar ist. Eine Korrektur der hierdurch entstehenden fehlerhaften Angabe des Kontoinhabers in der Datei nach § 24c KWG wird durch Berichtigung im Eingabefeld »24cKWG-Name[7]« durchgeführt.

3. Erkenntnisse aus Verdachtsanzeigen und Monitoring

Erkenntnisse aus Verdachtsanzeigen und Monitoring-Fällen ergaben sich im Rahmen des vergangenen Berichtszeitraums nicht. Auch ein Vergleich der verschiedenen Einzelfälle ließ keinen Rückschluss auf etwaige Parallelen zu.

4. Erkenntnisse aus Gesprächskreisen

a) Gesprächskreis beim Polizeipräsidenten Schurkenhausen

Der turnusmäßig am 12. Oktober 2008 durchgeführte Gesprächskreis beim Polizeipräsidenten Schurkenhausen hat folgende Erkenntnisse ergeben:

Örtliche Kriminalitätsschwerpunkte, insbesondere in den Einzugsgebieten der Filialen, sind auch nach Rücksprache mit dem Polizeipräsidium Schurkenhausen nicht bekannt geworden. In den vergangenen Monaten sind jedoch einige Einbrüche in Spielhallen vermutlich von jugendlichen Tätern verübt worden, bei denen jeweils mehrere hundert Euro Hartgeld erbeutet wurden. Die Polizei hat die Sparkasse für den Fall, dass Jugendliche größere Mengen Ein- und Zwei-Eurostücke zu tauschen versuchen, ersucht, bei der Abwicklung dieser Wechselgeschäfte an den Kassen nach Möglichkeit eine Identifizierung durchzuführen, zumindest aber ein Lichtbild mit der Überwachungskamera anzufertigen. Die Filialen sind mit Schreiben vom 13. Oktober 2008 hierüber informiert und um eine entsprechende Vorgehensweise gebeten worden.

Ferner hat die Polizei einen weiteren Einzelfall geschildert, der sich ebenfalls im vergangenen Jahr in Schurkenhausen ereignet hat. Festgenommen wurde eine 47-jährige Frau, die ehrenamtlich als gerichtlich bestellte Betreuerin für 23 Personen tätig war. Sie vereinnahmte auf unterschiedliche Weise Gelder und Gegenstände der Geschädigten für sich selbst (z. B. neu bestellte Möbel, Schmuck, Einkäufe etc.). Daneben besaß sie von fast allen Personen Kontovollmachten und überwies sich damit unter anderem Geldbeträge in namhafter Höhe. Ferner zahlte sie unter missbräuchlicher Verwendung der Kontokarten der Geschädigten die Tankrechnungen für ihr eigenes Fahrzeug. Eine Geschädigte hatte der Beschuldigten eine Generalvollmacht erteilt, sodass die Beschuldigte 35 000 € von deren Konto abbuchen und dieses Geld auf ein auf ihren Namen eingerichtetes Sparbuch bar einzahlen konnte.

Daneben bezahlte sie über das Konto der Geschädigten Einkäufe im Wert von rund 19 000 € für ihren eigenen Bedarf. Im Wege der polizeilichen Ermittlungen wurden Betrugshandlungen zum Nachteil von 15 betreuten Personen festgestellt. Gegen die Beschuldigte wurde ein dinglicher Arrest in Höhe von 117 082 € erlassen, aus dem durch Pfändung von Schmuck, einem neuwertigen Fahrzeug und anderer beweglicher Sachen insgesamt Werte in Höhe von 93 788 € gesichert werden konnten. Zudem wurden Schmuckstücke aufgefunden und beschlagnahmt, die die Betreuerin ihren Opfern gestohlen hatte. Den geschilderten Fall hat der Geldwäschebeauftragte zum Anlass genommen, ein Segmentindiz unter Siron®Profile zu generieren (vgl. hierzu Ausführungen zur Einstufung des normalen Risikos unter B. IV. 2.).

Wie bereits unter A. II. 1. ausgeführt, besitzt die Stadt Schurkenhausen einen Bahnhof von überregionaler Bedeutung und verfügt über die Anbindung an den Flughafen Münster-

Osnabrück. In Bahnhofsnähe befindet sich ein Rotlichtbezirk, in dem einschlägige Delikte (Ausbeutung von Prostituierten, Zuhälterei, Körperverletzungen, Diebstahl etc.) festzustellen sind. Darüber hinaus liegt um den Bahnhofsbereich herum der Schwerpunkt der im Stadtgebiet verübten Rauschgiftkriminalität. Abgesehen von diesen Straftaten sind sonstige Kriminalitätsschwerpunkte, insbesondere OK-Komplexe, nach Auskunft des Polizeipräsidiums nicht bekannt geworden. Anlass zur Ergreifung von besonderen Sicherungsmaßnahmen ergeben sich nach den Ausführungen des Polizeipräsidiums nicht.

Kriminalitätsschwerpunkte mit Blick auf den nahe gelegenen Flughafen bestehen nach Erkenntnissen der Polizei nach wie vor nicht.

b) Gesprächskreis der Geldwäschebeauftragten

Alljährlich findet ferner der Gesprächskreis der Geldwäschebeauftragten in der Region um Schurkenhausen statt. Im Berichtszeitraum fand das Treffen der Geldwäschebeauftragten am 15. Januar 2009 bei der Sparkasse Stillensee statt.

Der Geldwäschebeauftragte der Sparkasse Moosbach wies darauf hin, dass in der Sparkasse eine verhältnismäßig hohe Anzahl von täuschend echt wirkenden, gefälschten 20-Euroscheinen eingezahlt worden sind. Die gefälschten Banknoten wurden nach Feststellungen der Sparkasse ausnahmslos von Geschäftskunden vorgelegt, bei denen diese Scheine offenbar zur Barzahlung von Waren und Dienstleistungen verwendet worden sind.

Auf diese Warnung hin sind die Mitarbeiter der Sparkasse mit Schreiben vom 19. Januar 2009 zur besonderen Sorgfalt bei der Prüfung von 20-Euroscheinen angehalten worden. Werden gefälschte Banknoten vorgelegt, so sollen nach Möglichkeit Lichtbilder der auftretenden Personen angefertigt werden, soweit sich diese den Mitarbeitern nicht als Kunden der Sparkasse zu erkennen geben oder persönlich (namentlich) bekannt sind. Ein erhöhtes Maß an gefälschten Banknoten konnte jedoch seit Ausgabe der Warnung nicht festgestellt werden. Zwar tauchten vereinzelt gefälschte 50-Euroscheine auf, eine signifikante Abweichung zu den Vormonaten konnte jedoch nicht festgestellt werden. Weiter gehende Sicherungsmaßnahmen erscheinen vor diesem Hintergrund daher derzeit nicht angebracht.

5. Erkenntnisse aus Schulungsmaßnahmen und Zuverlässigkeitsprüfungen

Im vergangenen Berichtszeitraum wurden mehrere Schulungsveranstaltungen für die Mitarbeiter durchgeführt. Für die Geldwäscheprävention verwertbare Erkenntnisse konnten dabei jedoch im Wesentlichen nicht gewonnen werden.

Im Rahmen der Schulungsveranstaltungen werden zur Veranschaulichung grundsätzlich auch Fallbeispiele aus den Erkenntnissen der Ermittlungsbehörden verwendet (Quelle: überwiegend »Lagebericht Finanzermittlungen« des LKA NRW). Anlässlich der Besprechung eines Beispielsfalls erkannte einer der Teilnehmer eine Parallele zu dem von ihm beobachteten Verhalten eines Kunden. In dem Beispielsfall verfügte der inzwischen verurteilte Täter im Wesentlichen über keine eigenen Konten, sondern besaß auf einer Vielzahl von Konten naher Angehöriger jeweils eine Verfügungsberechtigung. Über diese Konten führte er von ihm veruntreute Gelder in den Finanzkreislauf zurück.

Parallelen zu der von der Sparkasse unterhaltenen Geschäftsbeziehung bestehen insoweit, als der Kunde ebenfalls über kein Konto bei der Sparkasse verfügt, jedoch bei insgesamt drei Girokonten als Verfügungsberechtigter vermerkt ist. Inhaber dieser Konten, die allesamt erst vor etwas mehr als einem Jahr eröffnet worden sind, sind bereits betagtere Personen; zwei davon sind offenbar Familienangehörige des Verfügungsberechtigten. Die Beziehung der dritten Person zu dem Verfügungsberechtigten ist nicht bekannt. In keinem der Fälle ist den Mitarbeitern der kontoführenden Filiale die Anordnung einer Betreuung für den jeweiligen Kontoinhaber zur Kenntnis gebracht worden. Dem Mitarbeiter ist die Geschäftsbeziehung deshalb aufgefallen, weil die Kontoführung nur durch den Verfügungsberechtigten vorgenommen wird. Kontakte zu den Kontoinhabern bestanden jeweils nur bei Eröffnung der Konten.

Nach anschließenden Feststellungen des Geldwäschebeauftragten ist auffällig, dass über die Konten jeweils Transaktionen (teilweise bar, überwiegend jedoch unbar) zwischen jeweils 500,00 und 2 500,00 € abgewickelt werden, bei denen in der Regel kein Verwendungszweck angegeben ist oder bei denen der Hintergrund der Zahlung auch über die Angabe des Auftraggebers nicht deutlich wird. Zahlungen an Versorgungsunternehmen (Stadtwerke, Telefon) oder Mietzahlungen erfolgen dagegen nur sporadisch. Da sich der Verdacht auf einen kriminellen Hintergrund bislang nicht erhärten ließ, bleiben die Kontobeziehungen bis auf Weiteres im Monitoring. Der zuständige Kundenbetreuer ist angewiesen worden, den Verfügungsberechtigten unter einem Vorwand auf die Hintergründe der Kontobeziehung anzusprechen. Ergebnisse aus dem Kundengespräch liegen jedoch bislang nicht vor.

6. Sonstige Erkenntnisse

Sicherung der EDV-Anlagen

Am 18.Mai 2008 begab sich ein als Telefontechniker verkleideter Mann in die Filiale im Ortsteil Ruhesanft und verschaffte sich unter dem Vorwand, die Telefonanlage der Filiale warten zu wollen, Zugang zu dem (im Übrigen ungesicherten) Kellerraum, in der auch der Domänencontroller der Filiale untergebracht ist. Wie sich später herausstellte, wurde an dem Switch des Domänencontrollers ein WLAN-Zugangspunkt eingerichtet, über den der Täter über mehrere Tage hinweg drahtlos Kundendaten ausspionieren konnte.

In der Folgezeit wurden Auszüge aus diesen Daten an die Sparkasse gesandt mit der Aufforderung, einen namhaften Betrag an den Täter zu übergeben. Anderenfalls sei mit der Veröffentlichung der Daten im Schurkenhausener Stadtanzeiger zu rechnen.

Im Ergebnis konnte der Erpressungsversuch vereitelt werden, da eine aufmerksame Mitarbeiterin eine Aufnahme von dem angeblichen Telefontechniker über die Überwachungskamera der Filiale gemacht hat, anhand derer der Täter schließlich ermittelt werden konnte.

Der Vorfall hat dazu geführt, dass das IT-Sicherheitskonzept der Sparkasse vollständig überarbeitet worden ist. Daneben sind sämtliche Mitarbeiter nachdrücklich sensibilisiert worden, um entsprechende Zutrittsversuche bereits im Vorfeld zu erkennen und abzuwehren. Entsprechende Schulungen hat ein externer Sicherheitsspezialist in den vergangenen Monaten durchgeführt.

Der Geldwäschebeauftragte wurde in diesen Fall über die Innenrevision einbezogen, obwohl die Angelegenheit nicht in seinem originären Zuständigkeitsbereich liegt. Gleichwohl hätte der Täter auch Umsatzdaten der Kunden für die Fälschung von Zahlungsverkehrsaufträgen erlangen können, sodass in einem solchen Fall ein Betrug zulasten der Sparkasse hätte verwirklicht werden können. Vor diesem Hintergrund wird sich der Geldwäschebeauftragte künftig bei den turnusmäßigen Vorort-Kontrollen über die angewiesene Absicherung der EDV-Anlagen durch mechanische Vorkehrungen überzeugen.

Auskunftsersuchen der Staatsanwaltschaft
Aufgrund eines am 18.Dezember 2008 eingegangenen Auskunftsersuchens der Staatsanwaltschaft Fiesenburg gegen den Inhaber eines Landmaschinenhandels wegen des Verdachts des gewerbsmäßigen Betruges wurden die Umsätze des bis dahin unauffälligen Kunden überprüft. Die Überprüfung ergab kontinuierlich hohe bare und unbare Haben-Umsätze auf dem Geschäftsgirokonto des Kunden. Da der Anteil der Bareinzahlungen an den Haben-Umsätzen nicht ungewöhnlich hoch war, fiel die Geschäftsbeziehung unter der allgemeinen Überwachung durch das eingesetzte Research-System nicht weiter auf; sonstige Auffälligkeiten in der Kontobeziehung zeigten sich nicht.

Im Rahmen der Überprüfung konnte festgestellt werden, dass der Kunde in unregelmäßigen Abständen einen Teil der eingezahlten Gelder auf das Konto eines anderen Kunden der Sparkasse überwiesen hat. Die transferierten Gelder wurden von dort insbesondere durch Barauszahlungen wieder verfügt. Da der Hintergrund dieser Transaktionen mangels weiterer Anhaltspunkte nicht plausibel geklärt werden kann und sich auch sonst keine gesicherten Erkenntnisse über die finanziellen Verhältnisse des begünstigten Kunden aus dessen sonstigen Umsatzdaten ableiten lassen (insbesondere kein feststellbarer Gehaltseingang sowie keine regelmäßigen Verfügungen, wie Miete, Strom- oder Telefonkosten), ist am 6. Januar 2009 eine Verdachtsanzeige gegen den Begünstigten erstattet worden. Das Verfahren ist noch nicht abgeschlossen; die Kontoverbindung wird auf Ersuchen des Landeskriminalamtes bis auf Weiteres nicht beendet. Für die Einleitung ergänzender Research-Maßnahmen besteht keine Veranlassung.

Weitere Hinweise aus sonstigen Erkenntnisquellen, insbesondere der lokalen Tagespresse, die in die getroffenen Sicherungsmaßnahmen hätten einbezogen werden können, haben sich in dem vorausgegangenen Berichtszeitraum nicht ergeben.

2.2.3.6 Bearbeitungshinweise zum Teilabschnitt III. Kundensegmentierung und Klassifizierung des Geringen Risikos

Der folgende Teilabschnitt der Gefährdungsanalyse dient dazu, die Grundlagen des institutseigenen Kundenannahmeprozesses und der daneben durchgeführten Kundensegmentierung sowie die als gering eingestuften Risiken des Instituts zu beschreiben.

Um dem unbefangenen Leser den Einstieg in die individuelle Ausrichtung der Risikoklassifizierung des Instituts zu erleichtern, ist es sinnvoll, zunächst den individuellen Kundenannahmeprozess, der in jedem Haus mehr oder weniger stark ausgeprägt vorhanden ist, kurz darzustellen. Bereits lange bevor die bankaufsichtsrechtliche Verwaltungspraxis die Einführung einer Gefährdungsanalyse verlangt und das »Know-Your-Customer-Prinzip« geprägt hat, haben sich in den Instituten Verfahren zur Kategorisierung ihrer Kunden vor allem unter wirtschaftlichen Gesichtspunkten herausgebildet. Die Kategorisierung erfolgte dabei letztlich aus der Verfolgung eigener Schutzinteressen im Zusammenhang mit der Eingehung von neuen Geschäftsbeziehungen, da der Kunde bei Begründung einer Geschäftsbeziehung in der Regel nicht bekannt ist und daher nicht vorauszusagen ist, ob er sich vertragsgemäß verhalten wird oder ob besondere Vorsicht bei der Abwicklung bestimmter Geschäfte an den Tag zu legen ist. Um die in neuen Geschäftsbeziehungen liegenden Risiken zu minimieren, haben die meisten Institute daher einen Kundenannahmeprozess erarbeitet, mittels dessen eine vorläufige Einordnung eines Kunden möglich ist und der die Grundsätze über die einem Neukunden zunächst zur Verfügung stehenden Produkte und Dienstleistungen des Instituts enthält. Häufig erhalten unbekannte Kunden beispielsweise einen Dispositionskredit nur in einer geringeren Höhe oder Kontokarten mit einem eingeschränkten Verfügungsumfang etc.

Aber auch bei bereits bestehenden Kundenbeziehungen können Änderungen in den finanziellen Verhältnissen des Kunden zu einer Neubewertung seiner bisherigen Einstufung führen. Dementsprechend gibt es in allen Häusern Mechanismen, um entsprechende Veränderungen anhand von zuvor definierten Kriterien erkennen und eine Neueinstufung des Kunden vornehmen zu können.

Diese bereits vorhandene Kundenkategorisierung ist ein zentraler Baustein für die Einstellung von Segmentindizien und Parametern in Siron®Profile, denn innerhalb dieses Prozesses werden bei der Eingehung einer neuen Geschäftsbeziehung bestimmte Vorgaben gemacht, die bei der Kundensegmentierung unter Siron®Profile zu berücksichtigen sind. So ist beispielsweise in dem Kundenannahmeprozess geregelt, wie lange eine Geschäftsbeziehung bestehen muss, bis der Kunde den Status »Neukunde« verliert und damit von der Risikoklasse »Hoch« in die Risikoklassen »Gering« oder »Normal« eingestuft werden kann. Ferner ist hier zu regeln, in welchen Fällen eine Genehmigung des Vorgesetzten zur Eingehung der angetragenen Geschäftsverbindung einzuholen ist (z. B. im Falle der Feststellung, dass der Kunde eine politisch exponierte Person im Sinne des § 6 Abs. 2 Nr. 1 GwG ist).

Vor diesem Hintergrund ist eine Beschreibung des Kundenannahmeprozesses zugleich ein elementarer Baustein der Gefährdungsanalyse. Daher empfiehlt es sich, diesen Prozess einleitend näher darzustellen.

Im Anschluss an die Ausführungen zum Kundenannahmeprozess bietet es sich an, die Überlegungen des Geldwäschebeauftragten zur Einstufung der geringen Risiken niederzulegen. Mit der Festlegung des geringen Risikos wird zunächst eine Art »Vertrauensraum« geschaffen, in den Kundengruppen, die ersichtlich kein relevantes Risiko aufweisen und die somit auch keiner besonderen Kontrolle durch das eingesetzte Research-System unterliegen müssen, eingestellt werden können. Kundenbeziehungen, die sich in diesem Vertrauensraum befinden, sind nicht geldwäscherelevant und werden nur durch allgemeine Verdachtsindizien überwacht, die entweder auf den gesamten Kundenbestand oder auf die im eingesetzten Research-System in der Regel seit jeher bestehenden Kundenkategorien »Privat-» und »Firmenkunden« anzuwenden sind (beispielsweise das Verdachtsindiz Nr. 9 »Hoher Anteil Bareinzahlungen«, das in keinem Zusammenhang mit einer bestimmten Kundenkategorie steht und theoretisch in jeder Kundenbeziehung verwirklicht werden kann).

Bei der Klassifizierung des geringen Risikos können zudem ganze (Geschäfts-) Bereiche, die kein besonderes Risiko beinhalten, im Vorfeld der Darstellung als solche identifiziert werden, um sie für die weiteren Ausführungen gleich von vornherein ausblenden zu können. Durch diese vorweggenommene Darstellung unkritischer und damit unter Risikogesichtspunkten irrelevanter Bereiche kann die Gefährdungsanalyse deutlich übersichtlicher gestaltet werden.

Im Beispiel der Sparkasse Schurkenhausen ist eine dreistufige Risikoklassifizierung gewählt worden (Hohes Risiko, Normales Risiko, Geringes Risiko). Diese Einstufung kann jedoch auch beliebig verändert werden. Denkbar und in der Praxis teilweise üblich ist auch eine Einstufung in fünf Risikoklassen (Hoch, Mittelhoch, Normal, Mittelniedrig, Niedrig).

Gerade in der papiergebundenen Darstellung ist aber eine mehr als drei Stufen umfassende Risikoklassifizierung nicht empfehlenswert. Einerseits dürfte schon eine zutreffende Einstufung in die jeweilige Risikoklasse problematisch werden, da ein Unterscheidungskriterium der beiden mittleren Risikostufen kaum gefunden werden kann. Andererseits müsste bei einer feineren Einteilung der Risikoklassen konsequenterweise auch eine feinere Unterscheidung in der jeweiligen Risikobeschreibung erfolgen, um die feinere Justierung der Risikoklassen nicht wieder durch eine gröbere Struktur in der Beschreibung der Einzelrisiken zunichte zu machen. Dies führt aber unweigerlich zu einer Ausweitung in der Darstellung der Einzelrisiken, was wiederum der Übersichtlichkeit abträglich ist.

Und schließlich führt die Bildung von fünf Risikoklassen zur Bildung von immerhin sieben Risikosegmenten, da die beiden Segmente »Gesetzlich Niedrig« und »Gesetzlich Hoch«, die wir in der Gefährdungsanalyse nicht weiter berücksichtigen müssen (vgl. oben Abschnitt 2.2.3.1) unter Siron®Profile noch hinzukommen. Da die Risikosegmente über die Verdachtsindizien unter Siron®AML ausgewertet werden müssen, erfordert jede weitere Unterteilung der Risikosegmente eine stärkere Differenzierung bei der Ausgestaltung der Verdachtsindizien. Insbesondere muss dabei sehr genau unterschieden werden, welches Verdachtsindiz bei welchem Risikosegment Anwendung finden soll und bei welchem nicht. Je ausgefeilter die Unterteilung, desto schwieriger wird aber diese Differenzierung. Denn wenn man mangels sinnvoller Unterscheidungskriterien erst einmal damit anfängt, die Indizien für das Segment »Mittelhoch« beispielsweise auch für das Segment »Normal« zu verwenden, dann stellt sich die Frage, warum man denn dann überhaupt eine Unterteilung zwischen »Mittelhoch« und »Normal« vorgenommen hat.

Bevor Sie eine feinere Unterteilung der Segmente wählen, sollten Sie sich daher zunächst überlegen, ob sich diese Risikoabstufung auch durch nachvollziehbare Auswertungskriterien rechtfertigen lässt. Ist dies eher zweifelhaft, sollten Sie hiervon Abstand nehmen. Letztlich bleibt die Wahl der Risikoeinstufung jedoch dem Ermessen des Geldwäschebeauftragten überlassen.

B. III. Identifizierung und Klassifizierung der Risiken/Präventionsmaßnahmen:

Kundensegmentierung und Klassifizierung des Geringen Risikos

1. Kundenannahmeprozess

In der Gefährdungsanalyse ist entsprechend der obigen Ausführungen zunächst eine einleitende Beschreibung der in der Sparkasse eingesetzten Kriterien für die Zuordnung von Kundengruppen zu den einzelnen Vertriebswegen und Geschäftsbereichen (Kundenkategorisierung) und zum Know-Your-Customer-Prinzip des Instituts voranzustellen:

Dabei können die Ausführungen zur Kundenkategorisierung entweder durch allgemeine Ausführungen zur Umsetzung des Know-Your-Customer-Prinzips ergänzt werden (z. B. mit Blick auf Beschreibungen des Verfahrens bei Aufnahme der Geschäftsbeziehung sowie die allgemeine Kundenbetreuungspolitik des Instituts).

Auf eine vorangestellte Darstellung des Know-Your-Customer-Prinzips kann aber auch zugunsten einer konkreten Darstellung bei der Beschreibung der einzelnen Vertriebswege und Geschäftsbereiche verzichtet werden.

Ferner ist auch eine Kombination aus einleitenden Beschreibungen der Know-Your-Customer-Politik des Instituts und konkreter Ausführungen im Rahmen der Darstellung der einzelnen Vertriebswege und Geschäftsbereiche denkbar.

Welche Darstellungsart für die jeweilige Situation des Instituts am sinnvollsten ist, lässt sich nicht pauschal beantworten. Dies hängt einerseits von der Größe und Struktur des Instituts und andererseits von dem Grad der Verallgemeinerungsfähigkeit der Know-Your-Customer-Politik ab. Bei Instituten, die den Schwerpunkt der Kundenbetreuung auf das Präsenzgeschäft legen und bei denen die Kunden den Mitarbeitern des Instituts bekannt sind, dürften einleitende Aussagen zum Know-Your-Customer-Prinzip ausreichend sein. Bei Instituten, die aufgrund ihrer Größe einen größeren Abstand zu ihren Kunden haben, sollten Ausführungen jeweils bei den einzelnen Vertriebswegen und Geschäftsbereichen gemacht werden, um auf strukturelle Unterschiede in der Kundenbetreuung näher eingehen zu können.

2. Klassifizierung des Geringen Risikos

Soweit kein Fließtext für die Beschreibung der Risiken und der zugehörigen Sicherungsmaßnahmen gewählt wird, bietet sich die Darstellung der identifizierten Risiken in Form einer tabellarischen Übersicht an. In der linken Spalte wird das jeweilige Risiko, ggf. in einzelnen Untergruppen und Einzelrisiken beschrieben. In der rechten Spalte erfolgt die Benennung der an die jeweilige Risikoeinstufung geknüpften Präventionsmaßnahmen.

Die hier gewählte zweispaltige Tabellenstruktur kann dabei selbstverständlich um weitere Spalten ergänzt werden (z. B. zur Aufnahme von Angaben zu Mengengerüsten etc.). Beachten Sie aber bitte, dass die Ergänzung weiterer Angaben das Auffinden der wesentlichen Informationen, nämlich die Risikoeinschätzung und die gegebenenfalls zu treffenden Sicherungsmaßnahmen, mit zunehmendem Umfang erschwert.

Die Einstufung der Einzelrisiken ist– unabhängig davon, ob es um die Einstufung in die Kategorien »Gering«, »Normal« und »Hoch« geht– aufgrund der besseren Übersichtlichkeit zunächst in den Untergruppen

- Kundenbezogene Risiken,
- Produkt- und Transaktionsrisiken,
- Risiken der Vertriebswege und Geschäftsbereiche,
- ggf. Länderrisiken und
- ggf. sonstige Risiken (Statistik, Verhalten)

zu unterteilen.

Bei der Darstellung des geringen Risikos empfiehlt es sich jedoch nicht, diese Struktur mit allzu detaillierten Ausführungen zu den Einzelrisiken anzufüllen. Die in der Kategorie »Geringes Risiko« enthaltenen Kunden bilden nämlich naturgemäß den größten Anteil am Gesamtkundenbestand eines Hauses, sodass diese Gruppe die meisten Kunden aufnehmen wird. Die Kunden mit einem geringen Risiko dürften dabei eine unüberschaubare Anzahl von Kombinationen verschiedenster Einzelrisiken aufweisen, sodass eine zu feine Verästelung in der Darstellung dieser Risikokombinationen den Rahmen (und die Geduld) eines jeden Geldwäschebeauftragten überstrapazieren dürfte.

Eine zu fein gegliederte Darstellung ist im Übrigen aber auch gar nicht notwendig, da ihr Aussagewert ohnehin nicht besonders groß ist. Ein Beispiel mag dies verdeutlichen: Der Geldwäschebeauftragte stellt im Rahmen seiner Analyse fest, dass Kunden, die im Geschäftsgebiet wohnen, ein Gehaltskonto führen, regelmäßige Geldeingänge in einigermaßen gleicher Höhe erhalten, eine SparkassenCard und eine Kreditkarte besitzen und ggf. eine Baufinanzierung mit der Sparkasse vereinbart haben, mit einem geringen Risiko einzustufen sind. Nun könnte er weitere Merkmale definieren, die diesen Kundenkreis weiter beschreiben. So könnte er feststellen, dass Kunden dieser Risikogruppe auch über Sparkonten, Sparbriefe, Depots mit festverzinslichen Wertpapieren etc. verfügen dürfen, ohne zugleich in eine andere Risikoklasse überführt zu werden. Die weitere Ausdifferenzierung ist jedoch bei dieser Kundengruppe völlig überflüssig, da die zusätzlichen Merkmale keinen Erkenntniswert hinsichtlich der genaueren Eingrenzung des Risikos haben. Denn es dürfte unstreitig sein, dass Sparkonten, Sparbriefe, Depots mit festverzinslichen Wertpapieren und ähnlichen risikoarmen Produkten in der Hand dieser Kundengruppe kein besonderes Risiko innewohnt, sodass diese Produkte in der Auflistung getrost fehlen dürfen.

Für die Festlegung der Kunden mit einem geringen Risiko ist es vielmehr ausreichend, lediglich die grundlegenden Kriterien für die Definition einer kaum risikobehafteten Kundengruppe festzuschreiben und Ausführungen zu Produkten, die ebenfalls kein besonderes

Risiko aufweisen, im Rahmen der Darstellung der geringen produkt- und transaktionsbezogenen Risiken abzuhandeln (vgl. nachfolgend unter b). Mit dieser Vorgehensweise können die Kriterien für die Klassifizierung der Kunden mit einem geringen Risiko vergleichsweise kurz gehalten werden, während die von diesen Kunden in der Regel zusätzlich genutzten Produkte, die ebenfalls ein geringes Risiko aufweisen, gleich gruppenweise von der weiteren Risikobetrachtung ausgeschlossen werden können.

Nun könnte man auf die Idee verfallen, die Darstellung des geringen Risikos vollständig wegzulassen, da in dieser Risikokategorie zwangsläufig alle Kunden, Produkte, Transaktionen usw. enthalten sein müssen, die nicht den Kategorien »Normales Risiko« und »Hohes Risiko« zugewiesen sind. Diesen Umstand macht sich auch Siron®Profile zunutze, indem es alle diejenigen Kunden, die nicht in diese Risikosegmente eingestellt werden, automatisch als gering risikobehaftet einstuft.

Was für ein EDV-Programm gilt, kann jedoch bedauerlicherweise nicht als Arbeitserleichterung für den Geldwäschebeauftragten übernommen werden. Denn die Institute haben den konkreten Umfang der von ihnen erfüllten Sorgfaltspflichten nach § 3 Abs. 4 GwG entsprechend dem Risiko des jeweiligen Vertragspartners, der jeweiligen Geschäftsbeziehung oder der jeweiligen Transaktion zu bestimmen und gegenüber den nach § 16 Abs. 2 GwG zuständigen Behörden auf Verlangen darzulegen, dass die von ihnen getroffenen Maßnahmen im Hinblick auf die Risiken der Geldwäsche und der Terrorismusfinanzierung als angemessen anzusehen sind. Ohne zumindest grundlegende Ausführungen zur Klassifizierung des geringen Risikos lässt sich diese Darlegungspflicht jedoch nicht erfüllen, da die Angemessenheit der ergriffenen Maßnahmen nur dann zuverlässig beurteilt werden kann, wenn nachvollziehbar ist, welche Überlegungen der Geldwäschebeauftragte bei der Klassifizierung sämtlicher Risiken angestellt hat.

Abschließend sei darauf hingewiesen, dass die Einstufung eines bestimmten Sachverhaltes als geringes Risiko nicht bedeutet, dass keine Sicherungsmaßnahmen zu treffen sind. So sind Kunden, die in der Risikogruppe »Gering« eingestuft sind, gleichwohl durch allgemeine Sicherungsmaßnahmen zu überwachen, da auch bei ihnen geldwäscherelevante Auffälligkeiten nicht gänzlich ausgeschlossen werden können.

a) Kundenbezogene Risiken

Die Definition des geringen Risikos bei Kunden und Kundengruppen wird überwiegend nur auf der Basis einer technischen Lösung vorgenommen werden können. Eine manuelle Einstufung ist dagegen zumindest bei Retail-Banken vollkommen ausgeschlossen, da die Masse der Kunden und Geschäftsbeziehungen einer Einzelbetrachtung schlichtweg entgegensteht.

Bei der automatisierten Bewertung des geringen Risikos ist zwischen Kunden und Kundengruppen, bei denen bereits gesetzlich nur ein Mindestmaß an Überwachungsmaßnahmen erforderlich ist (vgl. § 5 GwG) und der großen Gruppe der Bestandskunden, die aufgrund ihres typischen Verhaltens kein besonderes Risiko darstellen, zu unterscheiden. Während die erste Gruppe bereits über so genannte Dominanzkriterien in Siron®Profile (vgl. oben Kapitel 2.2.3.1) entsprechend segmentiert wird, ohne dass der Geldwäschebeauftragte hierzu eine gesonderte Einstellung für die betreffenden Kunden vornehmen muss, ist für die Einsortierung der zweiten Gruppe die Bildung entsprechender Segmentindizien erforderlich. Wie bereits ausgeführt, sind unter Siron®Profile allerdings keine eigenen Segmentindizien für die Bildung des geringen Risikos zu definieren. Vielmehr reicht es aus, das normale und hohe Risiko durch entsprechende Indizien abzugreifen – den Rest erledigt die Software alleine, indem sie alle übrig gebliebenen Kundenbeziehungen in den Topf des geringen Risikos wirft.

Bei der Darstellung des Segments des geringen Risikos in der Gefährdungsanalyse reicht es daher aus, die betreffenden Kundengruppen zu benennen; ausführliche Beschreibungen zu Sicherungsmaßnahmen und Segmentierungsvorgaben kann man sich hier ersparen.

b) Produkt- und Transaktionsrisiken

Bei der Gliederung des produkt- und transaktionsbezogenen Risikos (egal, ob geringes, normales oder hohes Risiko) bietet sich die Bildung von Kategorien an, in denen die verschiedenen Produktgruppen (z. B. Geschäftsgiro-, Privatgirobereich etc.) zu größeren, thematisch zusammengehörenden Blöcken zusammengefasst werden können. Innerhalb der Produktgruppen erfolgt eine weitere Bündelung der vergleichbaren Einzelprodukte in Produktvarianten.

Die hier verwendeten Unterteilungen und Bezeichnungen sind willkürlich, eine Anpassung an die institutsindividuelle Situation ist jederzeit möglich. Die gewählte Terminologie sei am Beispiel der Produktkategorie »Girogeschäft« erläutert:

- Produktkategorie = Girogeschäft
- Produktgruppen = Geschäftsgiro- und Privatgirokonten
- Produktvarianten = z. B. Kartengeschäft, besondere Kontoformen (Jedermann- oder Guthabenkonto, Konten für Schüler und Studenten etc.), aber auch Kassenwesen, Teilnahme am Datenträgeraustauschverfahren usw.

Die Bündelung dient der Wahrung der Übersichtlichkeit, da die Darstellung einer Vielzahl von Einzelprodukten in Papierform zu einem unüberschaubaren und nicht mehr handhabbaren Datensammelsurium führen würde. Auch ist eine Einzeldarstellung der produktbezogenen Risiken schon deswegen nicht erforderlich, weil die verschiedenen Einzelprodukte einer bestimmten Produktgruppe in der Regel gleichermaßen gut oder schlecht für den Missbrauch zu kriminellen Zwecken geeignet sind. Weder in der Bewertung noch in der Festlegung der zu ergreifenden Sicherungsmaßnahmen spielt es zum Beispiel eine Rolle, ob inkriminierte Gelder über ein Tagesgeldkonto gewaschen werden oder über ein Termingeldkonto mit dreißigtägiger Laufzeit. Beide Produkte sind gleichermaßen (in einem mehr oder weniger großen Umfang) zu Geldwäschezwecken missbrauchbar, aber auch mit den mehr oder weniger identischen Mitteln zu überwachen. Aus diesem Grund ist eine zusammenfassende Darstellung beider Produkte unschädlich.

Soweit entsprechende Ausführungen hierzu erforderlich sein sollten, können natürlich auch Kategorien gebildet werden, die tatsächlich nur einen unselbständigen Teil einer Produktkategorie darstellen, die für das jeweilige Institut aber nach Art und Umfang so erheblich sind, dass eine separate Beschreibung angezeigt und sinnvoll ist (z. B. die Beschreibung des Kassenwesens, das üblicherweise in der Kategorie »Geschäfts- und Privatgirokonto, Inlandszahlungsverkehr« mitbehandelt wird, im Einzelfall aber aufgrund seiner institutsbezogenen Bedeutung einen besonderen Stellenwert haben kann).

Neben der Bildung der übergeordneten Produktkategorien und der Produktgruppen ist eine weitere Zusammenfassung der Einzelprodukte in Produktvarianten innerhalb der jeweiligen Gruppe sinnvoll. Wie an dem eingangs erwähnten Beispiel der Tages- und Termingeldkonten gezeigt, ist es nicht erforderlich, eine Bewertung jedes einzelnen Produktes vorzunehmen. Dies galt sowohl für das bisherige »analoge« Konzept einer Gefährdungsanalyse, als auch für das neue, auf einer software-basierten Unterstützung beruhende Konzept. Erst bei der Darstellung des hohen Risikos wird – wie noch zu zeigen sein wird – eine stärkere Ausdifferenzierung notwendig, um die Vergleichsgruppe der Hochrisikokunden nicht zu groß werden zu lassen.

Unabhängig davon, welche Form der Zusammenfassung von Ihnen gewählt wird, ist bei der Darstellung des geringen Risikos von Produkten und Transaktionen eine Beschreibung in tabellarischer Form sinnvoll, um die Übersichtlichkeit der Analyse zu wahren. Allerdings können – anders als dies bei der Darstellung des normalen und hohen Risikos erforderlich ist – ganze Produktgruppen pauschal als wenig risikobehaftet für die weiteren Ausführungen ausgeblendet werden (z. B. Sparbriefe). Denn bei Produkten und Transaktionen, die nur einem geringen Risiko unterliegen, werden in der Regel keine oder allenfalls allgemein wirkende technische Sicherungsmaßnahmen zu treffen sein. Das liegt ganz einfach daran, dass Produkte und Risiken für sich genommen keinerlei Risiko beinhalten, sondern risikoneutral sind. Erst die missbräuchliche Nutzung bestimmter Produkte durch Kunden lässt diese im jeweiligen Einzelfall zu einem Risiko werden. Daher ist es eigentlich unpräzise, wenn von dem Risiko eines bestimmten Produkts gesprochen wird. Zutreffender ist es vielmehr, von der Missbrauchsanfälligkeit zu sprechen, also der Eignung eines Produkts oder einer Transaktion für eine missbräuchliche Verwendung.

Vor diesem Hintergrund findet die Überwachung von Produkten und Transaktionen ganz überwiegend über eine Kombination von verschiedenen Parametern statt, die nur auf Kundenebene wirken. Direkte technische Sicherungsmaßnahmen, die unmittelbar auf ein Produkt oder eine Transaktion angewendet werden, sind dagegen selten (z. B. die Überwachung von Schlüsselbegriffen im Verwendungszweck von Überweisungen und Lastschriften). Ausführungen hierzu sind bei der Einschätzung der normalen und hohen Missbrauchsanfälligkeit entsprechender Produkte und Transaktionen zu machen.

Um die Übersichtlichkeit der Darstellung nicht zu gefährden, sollten bei der Darstellung der produkt- und transaktionsbezogenen Risiken (unabhängig von der Klassifizierung nach den Kriterien »gering«, »normal« und »hoch«) insgesamt nicht mehr als zehn Kategorien gebildet werden. Das im Rahmen des hier vorgestellten Gliederungskonzepts behandelte Beispiel der Sparkasse Schurkenhausen beschränkt sich auf die Kategorien:

- Girogeschäft (Geschäfts- und Privatgirokonto)
- Inlandszahlungsverkehr
- Auslandsgeschäft
- Termingelder
- Sparbriefe
- Spareinlagen
- Darlehen
- Schließfächer und Verwahrstücke

Neben diesen Kategorien können je nach Bedarf weitere Kategorien gebildet werden, insbesondere dann, wenn diese zum Schwerpunkt der Geschäftstätigkeit des Institutes gehören. Denkbar sind Ausführungen zum Wertpapiergeschäft, zu Wechseln und Avalkrediten sowie zum Versicherungs- und Immobiliengeschäft.

c) Risiken der Vertriebswege und Geschäftsbereiche

Die Risikoeinstufung der Vertriebswege und Geschäftsbereiche erfasst die Gefährdungslage, die sich aus der Organisationsstruktur des Instituts und der von ihm eingesetzten Vertriebswege ergibt. Die Organisationseinheiten stellen die Schnittstelle zu den Kunden des Instituts mit ihren unterschiedlichen Anlage- und Finanzierungswünschen dar. Je nach Zuordnung der Kunden und Produkte bilden die einzelnen Geschäftsbereiche daher ein mehr oder weniger großes Risiko, Ziel einer kriminellen Handlung oder eines entsprechenden Missbrauchs zu werden.

Daher reicht die alleinige Bewertung der verschiedenen Kunden- und Produktgruppen ohne Berücksichtigung des Gefährdungspotentials in den jeweiligen Organisationseinheiten für ein zutreffendes Bild über die Risikosituation des Instituts nicht aus. Der Geldwäschebeauftragte muss einerseits die einzelnen Organisationseinheiten kennen und andererseits eine Vorstellung über deren spezifisches Umfeld haben, um einschätzen zu können, welche besonderen Sicherungsmaßnahmen für die jeweilige Einheit erforderlich und angemessen sind.

Am Beispiel des Online-Bankings mag dies verdeutlicht werden: Hat ein Institut einen hohen Anteil von Kunden, die das Online-Banking ausschließlich nutzen und überwiegend auch über diesen Vertriebsweg angesprochen werden (z. B. bei Direktbanken), so dürften persönliche Kontakte zu diesen Kunden die Ausnahme darstellen. Da das Institut die einzelnen Kunden und deren Umfeld nicht (mehr) einschätzen kann, ist der Einsatz eines automatisierten Research-Systems unerlässlich, um Auffälligkeiten in der Geschäftsbeziehung zu erkennen. Bestehen dagegen noch weitgehend persönliche Kontakte zu den Kunden und dient das Angebot des Online-Bankings lediglich zur Ergänzung der Produktpalette, so liegt der Schwerpunkt bei der Risikovorsorge des Instituts in erster Linie in der Sensibilisierung der Mitarbeiter. Der Einsatz eines Research-Systems tritt dabei eher in den Hintergrund oder ist – je nach Institutsgröße – möglicherweise sogar gänzlich verzichtbar.

Aufgabe des Geldwäschebeauftragten ist es somit, sich neben den Kunden- und Produktgruppen auch mit den Organisationseinheiten zu befassen, um die spezifischen, für die jeweilige Einheit erforderlichen Sicherungsmaßnahmen festlegen zu können. Dabei kann die Darstellung grundsätzlich auf die kundenbezogenen Geschäftsbereiche beschränkt werden, da der Großteil der internen Abteilungen mangels Kundenkontakt in der Regel kein besonderes Gefährdungspotential beinhaltet. In diesen Bereichen dürfte ein Risiko regelmäßig allenfalls von den Mitarbeitern ausgehen, wenn dort z. B. Möglichkeiten der Manipulation von Geschäftsvorfällen gegeben sind. Daher sind entsprechende Bereiche vor allem mit Blick auf die Risikovorsorge gegenüber betrügerischen Handlungen zulasten des Instituts zu bewerten.

Von den Vertriebswegen und kundenbezogenen Organisationseinheiten, die ruhigen Gewissens als gering risikobehaftet angesehen werden können, kommen allenfalls das Präsenzgeschäft und das Wertpapiergeschäft in die engere Auswahl. Sonstige Geschäftsbereiche sind regelmäßig als normal risikobehaftet einzustufen, da dort immer mit einem gewissen Missbrauchspotential zu rechnen ist.

Filialbereich/Filialdirektion, Hauptstelle
Im Bereich des Präsenzgeschäftes ist natürlich das Filialnetz des Instituts eine der schwerpunktmäßig frequentierten Geschäftsbereiche. Dabei ist je nach den Gegebenheiten des Instituts unter Umständen eine Unterscheidung nach geringem und normalem Risiko erforderlich. Beispielsweise mag es Filialen geben, die aufgrund ihrer Lage und Klientel kein besonderes Risiko aufweisen. Andere dagegen liegen möglicherweise in einem sozialen Brennpunkt oder werden von Kunden frequentiert, denen man das Siegel »geringes Risiko« nur ungern aufdrücken möchte. Dabei sind die bestehenden Risiken ggf. unter Berücksichtigung der Ergebnisse der Erhebungsbögen für Kundenbetreuer zu beschreiben und zu bewerten.

Die Filialen können jeweils einzeln aufgeführt oder blockweise zu übergeordneten Organisationseinheiten, z. B. nach Filialbereichen oder Filialdirektionen, zusammengefasst werden. Die abschnittsweise Zusammenfassung der Risikobeschreibungen einzelner Filialen entsprechend der bestehenden Filialbereiche/Filialdirektionen dient der besseren Übersichtlichkeit bei Instituten, die über eine Vielzahl von Filialen verfügen. Bei einer überschaubaren Anzahl risikobehafteter Filialen, insbesondere bei kleineren und mittleren Instituten, kann auf diese Unterteilung verzichtet werden (vgl. das nachfolgende Beispiel der Sparkasse Schurkenhausen).

Bei der Bewertung des Filialnetzes wird in der Praxis häufig eine detaillierte Aufstellung von Mengengerüsten hinsichtlich der jeweils betrachteten Filiale in die Gefährdungsanalyse übernommen (z. B. Anzahl der Privat- und Firmenkunden der einzelnen Filiale, Anteil am Kreditgeschäft, Anteil am Passivgeschäft usw.). Mehr noch als im Rahmen der Darstellung zum Gesamtinstitut ist aber ein auf die einzelne Filiale herunter gebrochenes Zahlenkonvolut aus den bereits oben in Kapitel 2.2.1 (Bearbeitungshinweise zur Bestandsaufnahme, Allgemeiner Teil A. IV.) genannten Gründen verzichtbar. Zahlenangaben zu den einzelnen

Filialen müssen mühselig erhoben werden, bringen aber im Ergebnis keine Erkenntnisse über das konkrete Gefährdungspotential. Entscheidend ist vielmehr die Darstellung des Umfelds und des Einzugsbereiches der jeweiligen Filiale – unabhängig von ihrer Größe.

Sonstige Geschäftsbereiche
Bei der Darstellung sonstiger Geschäftsbereiche einschließlich der internen Abteilungen können diejenigen Bereiche beschrieben werden, die mangels eines besonderen Gefährdungspotentials im Rahmen der Gefährdungsanalyse nicht weiter berücksichtigt werden. Dabei kann eine kurze Begründung für die Ausklammerung dieser Bereiche gegeben werden. Ausführungen hierzu können jedoch dann unterbleiben, wenn entsprechende Erläuterungen bereits im Rahmen des Allgemeinen Teils unter A. III. (vgl. die Bearbeitungshinweise zur Bestandsaufnahme oben in Kapitel 2.2.1) erfolgt sind.

d) Länderrisiken
Länder spielen bei der Festlegung des geringen und des normalen Risikos keine Rolle, da es keinen Sinn macht, der Gefährdungsanalyse eine Aufstellung von Staaten beizufügen, denen man kein besonderes Risiko zubilligt. Eine entsprechende Aufstellung wäre in etwa so erkenntnisreich wie das Inhaltsverzeichnis eines Atlanten, sodass eine entsprechende Beschreibung verzichtbar ist.

Allerdings sieht Siron®Profile für die Einstellung von Länderrisiken auch in dieser Risikogruppe ein entsprechendes Segmentindiz vor. Soweit dieses Indiz genutzt werden soll, so kann hier beispielsweise die von der BaFin veröffentlichte Liste der Länder und Gebiete mit gleichwertigen Anforderungen bei der Verhinderung von Geldwäsche und Terrorismusfinanzierung eingestellt werden (vgl. Anhang). Diese Liste umfasst zum Zeitpunkt der Drucklegung u. a. die Länder Argentinien, Australien, Brasilien, Hongkong, Japan, Kanada, Mexiko, Neuseeland, die Russische Föderation, die Schweiz, Singapur, Südafrika und die Vereinigten Staaten von Amerika. Ein Erfordernis zur Nutzung einer entsprechenden Länderkategorisierung besteht jedoch nicht. Diese kann sich allenfalls bei der Festlegung des hohen Risikos ergeben (vgl. hierzu ausführlich unten in Abschnitt 2.2.3.10).

e) Sonstige Risiken (Statistik, Verhalten)
Auch sonstige Risiken können bei der Festlegung des geringen Risikos in der Regel aus der Darstellung ausgeklammert werden. Die Gruppe der sonstigen Risiken erfasst insbesondere Risiken, für die eine statistisch belegte Eintrittswahrscheinlichkeit spricht oder die an einem bestimmten Verhalten des Kunden festgemacht werden können.

Bei der Darstellung des geringen Risikos macht es jedoch keinen Sinn, die Wahrscheinlichkeit, dass sich ein Kunde risikolos verhalten wird (beispielsweise die Wahrscheinlichkeit, dass sich ein Familienvater, der seine Familie und seine Existenz nicht für eine strafrechtlich relevante Dummheit aufs Spiel setzen möchte) oder ein risikoarmes Verhalten (beispielsweise die Wahrscheinlichkeit dafür, dass ein Kunde Überweisungen nur im Inland durchführt) näher zu beschreiben, da man sich in diesem Bereich sehr schnell in einen didaktischen Besinnungsaufsatz verlieren kann, der keine wesentlichen Erkenntnisse bringt.

Sonstige Risiken spielen daher allenfalls im Bereich des normalen und regelmäßig im Bereich des hohen Risikos eine gewisse Rolle. Im Bereich des geringen Risikos sind Ausführungen hierzu üblicherweise verzichtbar.

2.2.3.7 Die Darstellung der Kundensegmentierung und die Klassifizierung des Geringen Risikos im Detail

Zur Verdeutlichung der vorstehenden Bearbeitungshinweise werfen wir erneut einen Blick in die Gefährdungsanalyse der Sparkasse Schurkenhausen.

Beachten Sie dabei bitte, dass die Darstellung der Kundenkategorisierung mit Blick auf die Vielzahl der verschiedenen Vertriebs- und Betreuungskonzepte der Institute nur grob skizziert wurde. Ausführungen hierzu können beliebig erweitert oder abgeändert werden; auch ist eine Darstellung in Tabellenform nicht erforderlich. Sollten entsprechende Regelungen im jeweiligen Institut an einer zentralen Stelle vorgehalten werden (z. B. im Organisationshandbuch), so genügt selbstverständlich auch der bloße Hinweis auf die Fundstelle.

B. III. Identifizierung und Klassifizierung der Risiken/Präventionsmaßnahmen:

Kundensegmentierung und Klassifizierung des Geringen Risikos

Nach den Feststellungen des Geldwäschebeauftragten verfolgt die Sparkasse die im Folgenden dargestellten Grundsätze zur Begründung einer Geschäftsbeziehung mit Neukunden (Kundenannahmeprozess). Der Kundenannahmeprozess ist dabei nicht auf den Beginn einer Geschäftsbeziehung beschränkt, sondern wird auch während der bestehenden Geschäftsbeziehung laufend überwacht und soweit erforderlich angepasst.

1. Kundenannahmeprozess

Das Kundenbetreuungsmodell der Sparkasse ist an einer Aufteilung nach Kundensegmenten ausgerichtet. Ab einer bestimmten, von der Sparkasse unter Ertragsgesichtspunkten festgelegten Einkommens- und Vermögenssituation (nur Geldvermögen; Grundbesitz und sonstige Vermögenswerte sind bei der Zuordnung in der Regel unbeachtlich) erfolgt eine individuelle Betreuung der Privatkunden, die auch deren persönliche Lebensumstände berücksichtigt und auf deren persönliche Bedürfnisse zugeschnitten wird. Hierfür werden speziell geschulte Mitarbeiter eingesetzt. Dabei erfolgt eine weitere Unterscheidung nach Intensivbetreuung und einfacher Betreuung, die sich jedoch nur in der Zuordnung der Kunden zu den einzelnen Betreuern auswirkt. Kunden, die in der Intensivbetreuung betreut werden, sind grundsätzlich dem Abteilungsleiter und seinem Stellvertreter zugeordnet.

Privatkunden, die unter den festgelegten Einkommensgrenzen für die individuelle Betreuung bleiben, wird die gesamte Palette der Dienstleistungen der Sparkasse im Rahmen der Privat- oder Firmenkundenberatung angeboten. Den Schwerpunkt des Angebotes bilden dabei standardisierte Produkte, die jedoch je nach Kundenwunsch und Produktkategorie individuelle Anpassungen in einem mehr oder weniger großen Umfang zulassen. Privatkunden, die Negativmerkmale aufweisen oder über ein Guthabenkonto verfügen, werden in den Serviceteams der Hauptstelle und der Filialen betreut.

Die Betreuung und Beratung der Firmenkunden richtet sich in erster Linie nach dem Kreditvolumen. Ab einer bestimmten Größenordnung erfolgt auch hier eine spezielle Betreuung durch besonders geschulte Firmenkundenbetreuer.

Die Verteilung stellt sich wie in der folgenden Tabelle dar.

	Kundensegment	Selektionskriterien	Vertriebs-status	Zuordnung
1	Individual-kunden	Vermögen ab 250 T€ oder Nettoeinkommen größer 5 T€/mtl.	Intensiv-betreuung	Vermögensberatung
2	Vermögende Privatkunden	Vermögen größer 75 bis unter 250 T€ oder Nettoein-kommen größer 3 T€ bis unter 5 T€	Betreuung	Vermögensberatung, Hauptstelle, Filialen (jeweils Filialleitung)
3	Standard Privat-kunden	Vermögen unter 75 T€ oder Nettoeinkommen unter 3 T€; keine Negativmerkmale	Beratung	Hauptstelle, Filialen (jeweils Privatkundenberatung)
4	Sonstige Kunden	Negativmerkmale, Gut-habenkonto	Service	Hauptstelle, Filialen (jeweils Serviceteam)
5	Mitarbeiter			Hauptstelle
6	Große Firmen	Geschäftskunden (Kreditvo-lumen über 250 T€)	Betreuung	Hauptstelle (Firmenkun-denbetreuung)
7	Mittlere Firmen	Geschäftskunden (Kredit-volumen über 100 T€ bis 250 T€)	Beratung	Hauptstelle (Firmenkun-denberatung), Filialen (Filialleitung)
8	Freiberufler	Ärzte, Rechts- und Steuer-beratung, soweit nicht im Einzelfall Betreuung durch Vermögensberatung	Beratung	Hauptstelle (Firmenkun-denberatung), Filialen (Filialleitung)
9	Freiberufler	übrige, nicht in lfd. Nr. 8 und soweit nicht im Einzelfall Betreuung durch Vermö-gensberatung	Beratung	Hauptstelle (Firmenkun-denberatung), Filialen (Filialleitung)

10	sonstige Firmen	alle, die nicht unter lfd. Nr. 6 bis 9 aufgeführt sind	Beratung	Hauptstelle (Firmenkunden-Service), Filialen (Filialleitung)
11	Organisationen ohne Erwerbscharakter	Kommunen/Vereine/Kirchen/andere Einrichtungen (Selektion über Sonderpreismodelle)	Beratung	Hauptstelle (Firmenkundenbetreuung ab 250 T€ Kreditvolumen, darunter Firmenkundenberatung)

Sämtliche Kunden sind aufgrund der Zuordnung selektierbar. Aus Marketingaktionen, Kundenbindungsprogrammen und der Erstellung von Kundenprofilen haben sich unter Geldwäschegesichtspunkten bisher keine besonderen Erkenntnisse ergeben.

2. Klassifizierung des Geringen Risikos

Nach den Feststellungen des Geldwäschebeauftragten ergeben sich in den nachfolgend beschriebenen Bereichen nur geringe Risiken für die Sparkasse, zu Zwecken von Geldwäsche, Terrorismusfinanzierung und betrügerischen Handlungen missbraucht zu werden. Soweit in der folgenden Darstellung auf EDV-gestützte Indizien (Segment- und Verdachtsindizien) Bezug genommen wird, so findet sich eine zusammenfassende Übersicht über die verschiedenen Indizien in Anhang C. I. am Ende dieser Gefährdungsanalyse.

a) Kundenbezogene Risiken

Geringe Risiken bestehen in den folgenden Kundenbeziehungen:

Risikobeschreibung	Sicherungsmaßnahme
Vergleichsgruppen unter Siron®Profile	
Gesetzliche Ausnahmen Nach § 5 GwG besteht bei • Geschäftsbeziehungen insbesondere zu • Kreditinstituten, • Versicherungsgesellschaften, • börsennotierten Gesellschaften und • inländischen Behörden grundsätzlich ein geringeres Risiko.	Unter Siron®Profile bestimmt die Vergabe der • entsprechenden Kundensystematikschlüssel bzw. • bei börsennotierten Gesellschaften mangels Kundensystematikschlüssel die manuell einzugebende Kundennummer

	die Zuordnung der betreffenden Kundengruppe zum Segmentindiz Nr. 23. Durch die an dieses Segmentindiz gebundenen Dominanzkriterien werden Kunden dieser Kategorie unabhängig von ihrem Nutzungsverhalten und der durchgeführten Transaktionen dauerhaft in das Risikosegment »Niedrig« eingeordnet. Unabhängig von dieser Zuordnung werden Geschäftsbeziehungen zu diesen Personen den allgemeingültigen Verdachtsindizien im eingesetzten Research-System (vgl. Anhang C. I.) unterworfen. Geldwäscherelevante Auffälligkeiten haben sich hieraus jedoch bislang nicht ergeben. Weiter gehende Sicherungsmaßnahmen sind nicht angezeigt.
Sonstige Kundengruppen Abgesehen von den bereits gesetzlich mit einem geringen Risiko belegten Personen sind nach Ansicht des Geldwäschebeauftragten auch die folgenden Kundengruppen kaum gefährdet, Straftaten aus dem Deliktsbereich der Geldwäsche, der Terrorismusfinanzierung und/oder des Betruges zulasten des Instituts zu begehen: *Übergreifend* • Kunden mit Sitz im Geschäftsgebiet (Privat- und Firmenkunden) *Privatkunden* • Privatkunden mit einem geregelten Einkommen, auch wenn sie Girokonten mit Dispositionskreditlinie, Allzweck- und Wohnungsbaudarlehen sowie Kreditkarten nutzen und Bareinzahlungen in einem gewöhnlichen Umfang durchführen • Schüler und Studenten	Die Überwachung der Geschäftsbeziehungen zu den nebenstehenden Kundengruppen einschließlich der von diesen in Anspruch genommenen Zahlungsverkehrsdienstleistungen der Sparkasse erfolgt über eine Vielzahl von allgemeingültigen Verdachtsindizien, die das in einer jeden Kundenbeziehung liegende, generell nicht ausschließbare allgemeine Missbrauchsrisiko abdecken. Die entsprechenden Indizien können dem Anhang C. I. unter der Auflistung der Verdachtsindizien entnommen werden. Dabei sind allgemeingültige Indizien in der Spalte »Kundengruppe« durch die Bezeichnungen »Gesamtkundenbestand«, »Privatkunden« und »Firmenkunden« gekennzeichnet. Segmentindizien bestehen für diese Kundengruppen nicht.

• Rentner • Erbengemeinschaften • Wohnungseigentümergemeinschaften • Lose Personenzusammenschlüsse, die ersichtlich zu privaten Zwecken gegründet worden sind und die nur ein geringes Umsatzvolumen aufweisen (Tippgemeinschaften, Kegelclubs, Spielgemeinschaften, Schulklassen, Personal- und Betriebsräte etc.) • Mietkautionskonten auf den Namen von Vermietern, auch wenn diese als Sammelmietkautionskonten geführt werden • … *Juristische Personen und Unternehmen* • Kirchengemeinden, kirchliche Einrichtungen • Krankenhäuser und Altenheime • Firmenkunden ohne Nutzung des Auslandszahlungsverkehrs • Freiberufler, insbesondere Angehörige rechtsberatender Berufe • Eigenbetriebe der öffentlichen Hand (z. B. Stadtwerke) • Versorgungsunternehmen, soweit nicht börsennotiert • Krankenkassen • Versorgungswerke und berufsständische Einrichtungen • Innungen und Kammern, soweit nicht Behörden • Waren- und Einkaufsgenossenschaften • Wald- und Jagdgenossenschaften …	

Einzelrisiken	
Hochtechnologie Vermittelt durch ihre Beteiligung an der zusammen mit der Stadt Schurkenhausen gegründeten *Schurkenhausener Technologie- und Strukturfördergesellschaft mbH* unterhält die Sparkasse eine Reihe von Geschäftsbeziehungen zu Hochtechnologieunternehmen, die sich in Schurkenhausen in den letzten 10 Jahren angesiedelt haben.	Durch den unmittelbaren und persönlichen Kontakt zu den Gründern der Unternehmen besteht keine Veranlassung zur Ergreifung besonderer Maßnahmen.
…	

b) Produkt- und Transaktionsrisiken

Mit einer geringen Missbrauchsanfälligkeit behaftet sind nach Einschätzung des Geldwäschebeauftragten auch die folgenden Produkte und Transaktionen:

Risikobeschreibung	Sicherungsmaßnahme
Inlandszahlungsverkehr	
Bargeschäfte	
Sorten, Devisen und Reiseschecks Das **Sortengeschäft** der Sparkasse erfolgt über ausgewählte Kassen im Filialnetz. Handbestände an Sorten werden bereits seit Einführung des Euro im Jahre 2002 in den Kassen nicht mehr vorgehalten, sondern auf der Grundlage einer vorherigen Kundenbestellung über die Landesbank Reichenhausen abgewickelt.	• Die Abwicklung des Sortengeschäftes erfolgt über das System »MAMMON« der Landesbank Reichenhausen. Mit diesem System wird eine weitgehend unbare Abwicklung des Sortengeschäftes über die Konten der betreffenden Kunden der Sparkasse erreicht. Bar abgewickelte Sortengeschäfte mit Gelegenheitskunden kommen in der Sparkasse so gut wie nicht vor. In

Das **Devisengeschäft** und der Verkauf von Reiseschecks wird ausschließlich über bestehende Konten abgewickelt.	diesen Fällen wird eine Identifizierung der Kunden ab einem Schwellenwert von 2 500 Euro durchgeführt. • Das Devisengeschäft unterliegt keinen besonderen Sicherungsmaßnahmen, da diejenigen Kunden (zumeist Firmenkunden), die einen entsprechenden Bedarf haben, ausnahmslos bekannt sind. Der Reisescheckan- und -verkauf bewegt sich üblicherweise um Beträge bis maximal 10 000 Euro, die von Kunden entsprechend ihres jeweiligen Bedarfs regelmäßig nur einmal innerhalb eines längeren Zeitraums geordert werden. Wiederholte Orders über größere Beträge sind bislang nicht vorgekommen. Da Beträge dieser Größenordnung nicht geldwäscherelevant sind, besteht keine Veranlassung, diese Transaktionsform in einer höheren Risikostufe einzugruppieren.
Edelmetalle Im Bereich des Auslandszahlungsverkehrs ist auch das Edelmetallgeschäft der Sparkasse angesiedelt.	Ein nennenswerter Umfang (im Jahr 2008 rd. 631 T€) ist jedoch hier nicht feststellbar; entsprechende Transaktionen werden im Übrigen fast ausschließlich mit Bestandskunden abgewickelt.
Sparbriefe	
Die von der Sparkasse angebotenen Sparbriefe sind mit Laufzeiten von zwei und vier Jahren ausgestattet und werden jährlich verzinst. Ein Sekundärmarkt für Sparbriefe besteht nicht. In Ausnahmefällen vermittelt die Sparkasse laufende Sparbriefe an interessierte Kunden, wenn der Sparbriefinhaber ein besonderes Bedürfnis für die vorzeitige Veräußerung hat.	

<table>
<tr><td colspan="2">Neben den üblichen Sparbriefen für Privatanleger legt die Sparkasse auf gesonderte Anfrage auch Sparbriefe für institutionelle Anleger auf. In diesem Bereich werden regelmäßig Mindestanlagebeträge von 10 Mio. € und mehr angelegt. Institutionelle Anleger sind dem Institut ausnahmslos bekannt und gehören ausnahmslos zu der nach § 5 Abs. 2 Nr. 1, 2 und 4 GwG mit einem niedrigen Risiko eingestuften Kundengruppe; Sicherungsmaßnahmen in diesem Bereich sind daher überflüssig.</td></tr>
<tr><td>Die von dem Institut angebotenen Sparbriefe sind für die gesamte vereinbarte Laufzeit unkündbar; Veränderungen der Anlagehöhe durch Ein- oder Auszahlungen während der gesamten Anlagedauer sind ausgeschlossen.</td><td>Aufgrund der Langfristigkeit der Anlage und der fehlenden Verfügungsmöglichkeit sind Sicherungsmaßnahmen nicht angezeigt.</td></tr>
<tr><td colspan="2"></td></tr>
<tr><td colspan="2">Spareinlagen</td></tr>
<tr><td colspan="2">Die Produktkategorie »Spareinlagen« umfasst die Produktgruppen Sparkonten und Vertragssparen. In dieser Gruppe werden die folgenden Produktvarianten angeboten:

• Spareinlagen mit 3-monatiger Kündigungsfrist
• Sparzertifikate mit Vertragslaufzeiten von 1 oder 3 Jahren
• Vermögenssparen ohne feste Laufzeit
• Prämiensparen mit gestaffelten Vertragslaufzeiten
• VL-Sparen mit Sparprämie
• (…)

Abgesehen von den Spareinlagen mit 3-monatiger Kündigungsfrist besteht bei allen übrigen Sparformen nur ein geringes Risiko.</td></tr>
<tr><td>Sparzertifikate und Vertragssparformen

Die von dem Institut angebotenen Sparzertifikate und Vertragssparformen sind unterschiedlich ausgestaltet.

Bei den Sparzertifikaten erfolgt die Einmalanlage eines Betrages von mindestens 5 000 Euro für eine Mindestanlagedauer von</td><td>• Wegen der auf den Vermögensaufbau ausgerichteten Zielrichtung von Sparzertifikaten und Vertragssparformen sind diese Sparformen nicht geldwäscherelevant, da sie keine flexible Handhabung der angesparten Beträge ermöglichen.</td></tr>
</table>

einem oder drei Jahren. Verfügungen über das Guthaben sind mit einer Kündigungsfrist von drei Monaten jederzeit möglich, führen aber zum Verlust der vereinbarten Verzinsung. Allen **Vertragssparformen** ist eine kontinuierliche Ansparleistung durch den Kunden in Form von vereinbarten Regelsparleistungen gemeinsam. Einmalige Einzahlungen oder Sonderzahlungen sind jedoch nicht ausgeschlossen. Die Kündigungsfristen bei den Varianten Vermögenssparen und Prämiensparen betragen jeweils 3 Monate; der Kontoinhaber kann im Kalendermonat 2 000 Euro vorschusszinsfrei verfügen. Zielrichtung der Vertragssparformen ist es, mit einer im Regelfall geringen monatlichen Ansparleistung über einen langfristigen Zeitraum Vermögen aufzubauen. Vereinbarte Vertragslaufzeiten von 25 Jahren sind hierbei keine Seltenheit.	• Durch die Sensibilisierung der Mitarbeiter im Rahmen der allgemeinen Schulungsmaßnahmen des Geldwäschebeauftragten ist sichergestellt, dass die Vereinbarung von außergewöhnlich hohen Ansparleistungen oder die Einmalanlage von größeren Beträgen, die mit den finanziellen Verhältnissen des Kunden nicht vereinbar sind, an den Geldwäschebeauftragten gemeldet werden. Weitere Sicherungsmaßnahmen erscheinen gegenwärtig verzichtbar.
VL-Sparen mit Prämie Beim VL-Sparen mit Prämie ist eine Verfügung innerhalb des Vertragszeitraumes grundsätzlich ausgeschlossen und nur in den gesetzlich zugelassenen Einzelfällen möglich.	Nicht geldwäscherelevant, keine besonderen Maßnahmen erforderlich.
(...)	
Auslandsgeschäft	
Das Auslandsgeschäft umfasst in der Organisationsstruktur der Sparkasse folgende Produktvarianten: • Zahlungsaufträge Z1 • Zahlungsaufträge EU-Standardüberweisung • Sorten, Devisen und Reiseschecks	

<table>
<tr><td colspan="2">

- Edelmetalle (traditionell zum Außenhandel des Instituts gehörig)
- Akkreditive und Dokumenteninkassi

Von den vorgenannten Produktvarianten sind jedoch nur Akkreditive und Dokumenteninkassi aus Sicht des Geldwäschebeauftragten als gering risikobehaftet einzustufen.

</td></tr>
<tr><td>

Akkreditive und Dokumenteninkassi

Der dokumentäre Auslandszahlungsverkehr spielt für die Sparkasse keine herausragende Rolle und weist ein Volumen (Export und Import) von insgesamt lediglich 21 021 T€ (Akkreditive, Dokumenteninkassi und Wechselinkassi) auf.

Als problematisch hat sich in der Vergangenheit nur die Umsetzung der Embargobestimmungen hinsichtlich Iran erwiesen, da die bestehenden Regelungen für die Praxis der Kreditwirtschaft vollkommen ungeeignet und im Wesentlichen nicht umsetzbar sind.

Die mangelnde Umsetzbarkeit bezieht sich dabei in erster Linie auf die Bestimmungen in Anhang I und II der Verordnung (EG) 423/2007 in der aktuell geltenden Fassung. Da Kreditinstitute keine Finanzdienstleistungen im Zusammenhang mit der Lieferung von in Anhang I und II aufgeführten Gütern erbringen dürfen, aber zugleich auch nicht beurteilen können, ob Lieferpapiere im Bereich des dokumentären Auslandsgeschäftes entsprechende Güter betreffen, sind Geschäftsbeziehungen zu Unternehmen, die in den Iran exportieren, erheblich und unnötigerweise erschwert worden. Die Beschränkung auf die Warenausfuhrkontrolle wäre bei der europaweiten Regelung dieses Bereiches vollkommen ausreichend gewesen.

</td><td>

- Der dokumentäre Auslandszahlungsverkehr wird ausschließlich für Bestandskunden, die im Rahmen des Firmenkundenkreditgeschäfts individuell betreut werden, abgewickelt; die Einführung besonderer Sicherungsmaßnahmen ist wegen der langjährigen Geschäftsverbindung hier nicht erforderlich. Im Übrigen ist zur Überwachung von langjährigen Geschäftsbeziehungen, bei denen ein hohes Kreditvolumen besteht und die – wie hier diejenigen Kunden, die den dokumentären Auslandszahlungsverkehr nutzen – ausnahmslos durch Spezialisten des Hauses betreut werden, das Segmentindiz Nr. 2 eingeführt worden (vgl. hierzu näher unter B. IV. 1.)

- Da die deutsche Niederlassung des britischen Automobilzulieferers C. Rash Automotive Ltd. auch Exporte von elektronischen Bauteilen in den Iran vornimmt und das dokumentäre Auslandsgeschäft mit der Sparkasse abwickelt, sind die Mitarbeiter der Auslandsabteilung angewiesen worden, Lieferpapiere für Exporte in den Iran mit den Anhängen I und II zu vergleichen. Das Unternehmen hat seinerseits für die von ihm in den Iran exportierten Bauteile entsprechende Sammelbeschlüsse des Bundesamts für Ausfuhrkontrolle (BAfA) beigebracht. Sämtliche Exporte waren danach bislang unbedenklich.

</td></tr>
</table>

	• Aufgrund der laufenden Kontrollen der eingereichten Dokumente durch die Auslandsabteilung sind weiter gehende Sicherungsmaßnahmen derzeit nicht angezeigt.
Schließfächer und Verwahrstücke	
Die Sparkasse bietet ihren Kunden in allen Filialen (ausgenommen Servicefilialen, in denen keine Mitarbeiter eingesetzt werden) die Möglichkeit, Schließfächer zu mieten und Verwahrstücke aufzugeben. Die Kunden können zwischen Schließfächern in den Tresoranlagen, die größere Wertgegenstände aufnehmen können, und Sparbuchschließfächern, die in den Geschäftsräumen der Filialen aufgestellt sind, wählen.	
Sparbuchschließfächer Im Zuge der Einführung von Loseblattsparbüchern und den seit zwei Jahren immer beliebter werdenden SparCards, die Verfügungen am Geldautomaten zulassen, ist die Nachfrage nach Sparbuchschließfächern deutlich rückläufig. Diese Schließfächer werden mittlerweile zu rund 80 % von Senioren genutzt, die traditionell die nach wie vor angebotene Sparurkunde bevorzugen.	Bei den Kunden, die Sparbuchschließfächer angemietet haben, handelt es sich überwiegend um Bestandskunden, die in den betreuenden Filialen in aller Regel persönlich bekannt sind. Die Schließfächer sind darüber hinaus bauartbedingt nicht zur Aufnahme größerer Wertgegenstände (insbesondere größere Mengen Bargeld) geeignet. Ein besonderes Risiko besteht demnach unter Geldwäschegesichtspunkten nicht; besondere Sicherungsmaßnahmen sind daher entbehrlich. Problematisch ist allenfalls, dass Sparbuchschließfächer offenbar häufiger für die Einlagerung von Schmuck verwendet werden. Im Rahmen des Einbruchs in die Filiale Kleptomanenplatz im März 2007 ist den Kunden hierdurch ein erheblicher Schaden entstanden, der nicht durch die bestehende Versicherung abgedeckt worden ist. Nach diesem Schadensereignis sind die Warnhinweise in

	den Formularmietverträgen, mit denen auf den bestimmungsgemäßen Gebrauch der Schließfächer hingewiesen wird, noch einmal deutlicher hervorgehoben worden. Ferner sollen die Kunden bei Abschluss eines Mietvertrages hierauf ausdrücklich hingewiesen werden.
Kreditgeschäft	
Das Kreditgeschäft der Sparkasse beinhaltet insgesamt gesehen ein normales Missbrauchsrisiko (vgl. unten unter B. IV. 2. Darlehen). Hiervon ausgenommen ist das Wechsel- und Avalkreditgeschäft der Sparkasse, das nach den Feststellungen des Geldwäschebeauftragten unter Risikoaspekten keine Rolle spielt.	
Wechsel Das Wechselgeschäft ist aus traditionellen Gründen dem Kreditgeschäft zugeordnet, obwohl es eine Mischung aus Zahlungsverkehrselementen (Wechselinkasso) und Kreditierungselementen (Diskontgeschäft) enthält. Da das Diskontgeschäft jedoch noch bis etwa Mitte der neunziger Jahre den größeren Anteil ausmachte, bestimmte dieses die Zuordnung zum Kreditgeschäft.	Mittlerweile ist das Wechselgeschäft aufgrund der geänderten Zahlungsgepflogenheiten stark rückläufig und wird nur noch mit wenigen, in der Regel persönlich bekannten Bestandskunden durchgeführt. Soweit Wechsel von nicht bekannten Kunden angenommen werden sollen, sind die Mitarbeiter angewiesen worden, die genauen Hintergründe für das angetragene Geschäft zu erfragen und in Zweifelsfällen den Geldwäschebeauftragten einzuschalten. Ähnlich wie beim dokumentären Auslandszahlungsverkehr gilt auch beim Wechselgeschäft, dass Kundenbeziehungen, die nur von wenigen Spezialisten betreut werden, einer gesteigerten Überwachung unterliegen sollten. Insoweit ist die über das Segmentindiz Nr. 2 getroffene Sicherungsmaßnahme in diesem Bereich ausreichend.

Avalkreditgeschäft	
Avalkredite werden in einem geringen Umfang mit Privatkunden abgewickelt (überwiegend zur Sicherung von Vermieterforderungen). Der ganz überwiegende Anteil in diesem Geschäftsbereich wird jedoch mit Firmenkunden abgewickelt.	Auch das Avalkreditgeschäft beinhaltet nach den Feststellungen des Geldwäschebeauftragten kein Missbrauchsrisiko; insbesondere sind Betrugsfälle zulasten des Instituts in dieser Geschäftssparte noch nicht vorgekommen. Auch hier wird der überwiegende Teil des Geschäfts mit Bestandskunden abgewickelt, die den Beratern in aller Regel bekannt sind.
(...)	

c) Risiken der Vertriebswege und Geschäftsbereiche

Ein geringes Risiko ist bei den Vertriebswegen und den kundenbezogenen Geschäftsbereichen aus Sicht des Geldwäschebeauftragten nur im Präsenzgeschäft einschließlich des Wertpapiergeschäfts gegeben, da hier durch entsprechende Sensibilisierung der Mitarbeiter und der weitgehend flächendeckenden Erfüllung des »Know-Your-Customer-Prinzips« nur wenige Missbrauchsgefahren bestehen.

Filialbereich/Filialdirektion, Hauptstelle

Aufgrund der vorhandenen Filialstruktur, dem oben unter 1. beschriebenen Betreuungskonzept und der Zuordnung der Kunden zu individuellen Beratern hat die Sparkasse einen umfassenden Einblick in die Vermögensverhältnisse ihrer Kunden. Bei den vermögenden Privatkunden, Unternehmen und Freiberuflern können in vielen Fällen auch Einblicke in die familiären bzw. betriebsinternen Verhältnisse gewonnen werden. Die Zuordnung vermögender Privatkunden und ausgesuchten Firmenkunden zu speziell ausgebildeten Beratern, die auf die individuellen Bedürfnisse dieser Klientel besonders eingehen können, ermöglicht darüber hinaus weitgehende Einblicke in die finanziellen und steuerlichen Verhältnisse dieser besonderen Kundengruppe, die im normalen Kundengeschäft nicht zu gewinnen sind.

Eine auffallende Häufung von besonderen Kundengruppen im Hauptstellen- und Filialbereich ergibt sich lediglich in der Filiale Wenigmoos (vgl. hierzu die Ausführungen unten unter B. IV. 1.). Daneben sind die Mitarbeiter der Filiale Bahnhofstraße, in deren Einzugsbereich eine besondere Häufung von Barbetrieben, Clubs und sonstigen Etablissements des Rotlichtmilieus festzustellen ist, sensibilisiert worden, ein besonderes Augenmerk auf Auffälligkeiten in der Kontobeziehung, insbesondere auf unverhältnismäßig hohe Bareinzahlungen oder Barauszahlungen zu richten und den Geldwäschebeauftragten über entsprechende Auffälligkeiten umgehend zu informieren.

Der Anteil der Kunden ausländischer Nationalität am gesamten Privatkundenbestand der Sparkasse ist mit 9,8 % gering; der Anteil der Kunden mit ausländischer Nationalität aus Usbekistan und Iran (vgl. Rundschreiben 13/2008 der BaFin; näher hierzu die Ausführungen zum hohen Risiko unter B. V. 1.) beträgt lediglich 0,35 % des Gesamtkundenbestandes. Dieser Anteil entfällt ausschließlich auf Kontobeziehungen zu im Geschäftsgebiet ansässigen Iranern; Kunden mit Nationalität Usbekistan unterhalten bei der Sparkasse keine Konten.

Einige Kunden haben darüber hinaus die Staatsangehörigkeit Aserbeidschan (vgl. Rundschreiben 6/2009 der BaFin; näher hierzu ebenfalls unter B. V. 1.); Auffälligkeiten in der Geschäftsbeziehung zu diesen Kunden haben sich im Rahmen der Research-Maßnahmen des Geldwäschebeauftragten aber nicht gezeigt.

Die Sparkasse erfüllt damit über das gesamte Filialnetz hinweg das Know-Your-Customer-Prinzip. Ausnahmen hiervon ergeben sich nur im Bereich der Online-Banking-Kunden, die nachfolgend in den Ausführungen zum normalen Risiko unter B. IV. 2. dargestellt sind. Aufgrund der Nähe der Sparkasse zu ihren Kunden werden die nachfolgend beschriebenen Sicherungsmaßnahmen, die keiner besonderen Produkt- oder Kundengruppe zugeordnet werden können, vom Geldwäschebeauftragten mit Blick auf das Filialnetz als ausreichend angesehen:

Im Rahmen von Präsenzschulungen durch den Geldwäschebeauftragten werden die Mitarbeiter in unregelmäßigen Abständen über Neuerungen im Bereich der Geldwäscheprävention unterrichtet. Neue Mitarbeiter, die im Filialnetz der Sparkasse eingesetzt werden, sind verpflichtet, das EDV-gestützte Lernprogramm »Geldwäschebekämpfung« der Fa. *Does & Paddel GmbH* zu bearbeiten. Die hieraus nach Bestehen eines Abschlusstests erworbenen Zertifikate werden von der Personalabteilung gesammelt und zur Personalakte genommen. Schließlich werden die Auszubildenden, die überwiegend im Filialbereich eingesetzt werden, im Rahmen des internen Unterrichts über Methoden der Geldwäsche unterrichtet.

Im gesamten Hauptstellen- und Filialbereich erfolgt eine lückenlose Überprüfung und Überwachung der Kreditlinien von Firmenkunden im Rahmen der jährlichen Kontokorrentkreditbelassungsprüfung und nach § 18 KWG. Die Überwachung nach § 18 KWG erfolgt dabei für alle Geschäftsstellen zentral durch das im Kreditsekretariat angesiedelte Kreditcontrolling.

Bei Zahlscheinüberweisungen, Reisescheck- und Edelmetallkäufen sowie -verkäufen, die den Schwellenbetrag von 15 000 € übersteigen, wird im Rahmen einer Kontrollsperre an allen Kassenterminals automatisch die Verpflichtung zur Identifizierung des auftretenden Kunden und zur Feststellung des wirtschaftlich Berechtigten angezeigt. Eine entsprechende Hinweissperre besteht bei Sortengeschäften ab einem Betrag von 2 500 €.

Die Einhaltung der Identifizierungspflichten und der Pflicht zur Feststellung des wirtschaftlich Berechtigten wird durch die Innenrevision und im Rahmen von Stichprobenkontrollen in regelmäßigen Abständen durch den Geldwäschebeauftragten überprüft.

Schließlich werden bestehende Kontoverbindungen und die hierüber verfügungsberechtigten Personen auf etwaige Namensübereinstimmungen mit Personen, Organisationen und Institutionen überprüft, die nach den Embargoverordnungen der EU bzw. Maßnahmen nach der AußenwirtschaftsVO mit Sanktionen belegt sind. Tatsächliche Übereinstimmungen sind jedoch bisher nicht gefunden worden.

Anhaltspunkte für eine besondere Gefährdungssituation der Sparkasse haben sich aus den implementierten Sicherungsmaßnahmen bislang nicht ergeben.

Wertpapiergeschäft
Auch das Wertpapiergeschäft ist eng an das »Know-Your-Customer-Prinzip« angelehnt. Sämtliche Mitarbeiter, die in diesem Geschäftsbereich im laufenden Kundenkontakt stehen, sind unter Geldwäschegesichtspunkten geschult und sensibilisiert.

Die Abwicklung des unter Geldwäschegesichtspunkten insoweit zu vernachlässigenden Wertpapier- und Depotgeschäfts (Back-Office) ist im Jahre 1999 im Wege der Auslagerung auf die Landesbank Reichenhausen übertragen worden.

Die Abwicklung des Tafelgeschäftes erfolgt ausschließlich gegen Offenlegung des Namens des betreffenden Kunden. Geschäfte mit Gelegenheitskunden kommen dabei nicht vor. Im Übrigen wird das Effektenkassenbuch von dem Geldwäschebeauftragten in unregelmäßigen Abständen im Rahmen von Stichprobenkontrollen auf geldwäscherelevante Auffälligkeiten hin überprüft. Weiter gehende Sicherungsmaßnahmen im Bereich des Wertpapiergeschäftes sind zum gegenwärtigen Zeitpunkt nicht angezeigt.

Sonstige Geschäftsbereiche
Des Weiteren sind Auffälligkeiten in internen Organisationseinheiten, die über keinen Kundenkontakt verfügen, nicht bekannt geworden. Zur Verhinderung von Gelegenheiten zur Begehung von betrügerischeren Handlungen zulasten der Sparkasse durch Mitarbeiter in internen Abteilungen besteht grundsätzlich die Verpflichtung, bare und unbare Buchungen durch den Vorgesetzten überprüfen und gegenzeichnen zu lassen. Auch bei sonstigen Geschäftsvorfällen hat die Sparkasse das Vier-Augen-Prinzip mit Angabe der Personalnummer und Gegenzeichnung des prüfenden Mitarbeiters generell angewiesen. Im Rahmen der Prüfungshandlungen der internen und externen Revision sind Verstöße gegen das Vier-Augen-Prinzip nur in wenigen Ausnahmefällen festgestellt worden. In allen diesen Fällen ist die zweite Unterschrift jedoch lediglich vergessen worden; betrügerische Handlungen sind insoweit nicht bekannt geworden.

Die Einführung weiterer Sicherungsmaßnahmen in den internen Organisationseinheiten sind vor dem Hintergrund des funktionierenden Vier-Augen-Prinzips und der entsprechenden Sensibilisierung der Mitarbeiter in diesen Organisationseinheiten nicht erforderlich.

2.2.3.8 Bearbeitungshinweise zum Teilabschnitt IV. Klassifizierung des Normalen Risikos

Bei der Klassifizierung des normalen Risikos beachten Sie bitte zunächst die vorstehenden Hinweise zur Einstufung des geringen Risikos, die hier weitgehend sinngemäß Anwendung finden. Während bei der Beschreibung des geringen Risikos jedoch eine stärkere Zusammenfassung insbesondere von Produkten, Transaktionen und Geschäftsbereichen möglich und zur Straffung der Analyse sogar gewünscht ist, lässt sich diese Vergröberung im Bereich des normalen Risikos nur noch teilweise aufrecht erhalten. Um aber zu vermeiden, dass die Schilderung des normalen Risikos durch eine zu feine Aufgliederung der Einzelrisiken zu groß und damit zu unübersichtlich wird, empfiehlt es sich nach Möglichkeit auch hier, die Darstellung der einzelnen Tatbestände, die aus Sicht des Geldwäschebeauftragten zur Einstufung in das normale Risiko führen sollen, in thematisch zusammengehörenden Blöcken zusammenzufassen und zu bewerten.

Mit zunehmendem Risiko nehmen die Einzelrisiken einen immer größeren Raum in der Darstellung ein. Dies liegt an dem bereits mehrfach zitierten Grundsatz, dass es keine größere oder gar einheitliche Gruppe von Personen innerhalb der Kundschaft eines Kreditinstituts gibt, die einen kriminellen Hintergrund und damit ein einheitliches Risikopotential aufweist. Gibt es aber kein pauschales Risikopotential, so verbietet sich letztlich auch eine zu grobe Sicht auf die Festlegung der erhöhten Risikokategorie »Normal«. Wie später noch zu zeigen sein wird, gilt dieser Grundsatz umso mehr bei der Festlegung des hohen Risikos.

B. IV. Identifizierung und Klassifizierung der Risiken/Präventionsmaßnahmen:

Klassifizierung des Normalen Risikos

1. Kundenbezogene Risiken

Die Zuordnung der normalen kundenbezogenen Risiken erfolgt ebenso wie bei der Darstellung des geringen Risikos allein anhand einer technischen Lösung. Bei der Aufstellung der Kriterien, die zur Einstufung in das normale Risiko führen sollen, ist daher darauf zu achten, dass diese sorgfältig beschrieben werden, um ein unnötiges Aufblähen dieses Risikosegments zu vermeiden.

Generell gilt, dass in den allermeisten Kreditinstituten der Bereich des geringen Risikos zugleich den größten Anteil der Kunden umfassen dürfte. Daneben wird, je nachdem, ob der Geldwäschebeauftragte die bestehenden Girokonten des Instituts generell als normales Risiko beschreibt oder ob er hier eine feinere Differenzierung vornimmt, das Segment des normalen Risikos mehr oder weniger groß ausfallen. Bei Retail-Banken sollte die Gruppe der mit einem normalen Risiko behafteten Kunden in der Regel jedoch kleiner sein, als die Gruppe, die ein geringes Risiko darstellt. Die weitaus kleinste Kundengruppe wird sich schließlich im Bereich des hohen Risikos wieder finden, da die allerwenigsten Kunden nun einmal einem kriminellen Broterwerb nachgehen.

Bei der Zusammenstellung der einzelnen Kriterien, die das normale Risiko festlegen, besteht der schwierigste Teil in der Definition der Segmentindizien, die unter Siron®Profile zur Befüllung dieses »Risikotopfes« führen sollen. Denn in diesem Zusammenhang gilt es, eine zu grobe Einteilung genauso zu vermeiden, wie eine zu feine Gliederung, die sich in einer unüberschaubaren Zahl von Einzelmerkmalen verliert und damit in einer kaum noch handhabbaren Gefährdungsanalyse münden würde. Bei der Festlegung der Kriterien für das normale Risiko ist ferner zu berücksichtigen, dass für die Einteilung in die Gruppe des geringen Risikos keine Segmentindizien gebildet werden müssen, da Siron®Profile automatisch alle diejenigen Kunden in diesen Topf wirft, die weder als normales noch als hohes Risiko abgestempelt sind. Je sorgfältiger die normalen und hohen Risikofaktoren daher beschrieben worden sind, umso genauer wird die Zuordnung der Kunden in das geringe Risikosegment. Vor diesem Hintergrund ist es besonders wichtig, bei der Definition der Segmentindizien den Blick auf die pyramidenförmige Verteilung der Risikokategorien nicht zu verlieren und die Einteilung so lange zu justieren, bis die Ergebnisse der Segmentläufe zu einer befriedigenden Verteilung der Risikogruppen führen.

Um keine Missverständnisse aufkommen zu lassen: Nicht die Software bestimmt die tatsächliche Risikoverteilung, sondern die Gefährdungsanalyse. Die Justierung der Software darf daher nicht dazu führen, unliebsame Risiken zu eliminieren, um eine ausgewogene Risikoverteilung zu erhalten. Gleichwohl lässt sich der Prozess der Justierung des Programms nicht immer von der Beschreibung der Risiken im Rahmen der Gefährdungsanalyse trennen.

Denn wenn die Ergebnisse der Segmentläufe eine offensichtlich unausgegorene Risikoverteilung zur Folge haben, ist es legitim und auch notwendig, die in der Gefährdungsanalyse niedergelegten Einzelrisiken noch einmal zu überdenken und ggf. anzupassen.

Soweit zur Definition der Kriterien für die Zuweisung des normalen Risikos auf bestimmte Kundengruppen zurückgegriffen werden soll, begegnet uns ein zusätzliches, aber altbekanntes Problem. Denn hierbei dürfte es sehr häufig an einer Selektionsmöglichkeit der betreffenden Kundengruppen fehlen, was bereits unter alleiniger Verwendung von Siron® AML zu Kopfzerbrechen in dem ein oder anderen Fall geführt hat. Während bei den Firmenkunden eine genaue Analyse der verschiedenen Kundengruppen aufgrund der systemseitigen Verschlüsselung noch relativ einfach erfolgen kann, begegnet die Zusammenfassung der in dem Institut vorhandenen Privatkunden zu unter Geldwäschegesichtspunkten relevanten Kundenkategorien in der Praxis erheblichen Schwierigkeiten. Das liegt daran, dass die in den Stammdatenbanken vorhandene Kundensystematik, die auf der beruflichen Stellung des Kunden beruht und nach der eine Zuordnung in erster Linie vorzunehmen ist, bei Privatkunden nur selten verlässlich gepflegt ist.

Selbst wenn sich ein Institut bemüht, die Daten weitgehend auf aktuellem Stand zu halten, ist die Kundensystematik allein nur eine eingeschränkt aussagekräftige Informationsquelle, da der bedingt durch die gewandelte Arbeitskultur häufigere Wechsel der Arbeitsstelle zu einem laufenden Anpassungsbedürfnis der gespeicherten Daten führt.

Alternativ lassen sich entsprechende Kundengruppen aber auch anhand anderer Informationsquellen bilden. So werden die Kunden eines Instituts üblicherweise nach bestimmten Kriterien eingeteilt, um Marketingkampagnen und Vertriebsansätze zielgruppenorientiert durchführen zu können. Ferner erfolgt im Regelfall eine Zuordnung der Kunden nach ihrer Bonität, ihrer Einkommenssituation und ihren finanziellen Verhältnissen zu bestimmten Organisationseinheiten. Schließlich gibt es in vielen Häusern bestimmte Produktarten, die nur einer bestimmten Kundengruppe zugeordnet werden und die dadurch selbständig auswertbar sind (z. B. »Guthabenkonto« bzw. »Konto für Jedermann« o. ä.).

Die verschiedenen Zuordnungsarten und Kriterien liefern zwar nur eine grobe Struktur für die Bildung von Kundengruppen. Dies ist aber unter Siron®Profile nicht weiter tragisch, da dieses System ja ohnehin nur auf eine bestimmte Vergleichsgruppe (nämlich dem jeweiligen Risikosegment und die für die Einordnung vordefinierten Segmentkennzeichen) zurückgreift. Daher spielt es unter Siron®Profile keine Rolle, ob beispielsweise der Landwirt oder ein kaufmännischer Angestellter hohe Bareinzahlungen über sein Girokonto abwickelt, die erkennbar nicht zu den finanziellen Verhältnissen des Kunden passen. Die berufliche Stellung des Kunden dürfte in vielen Fällen erst bei der Gesamtbetrachtung der Umstände des jeweiligen Falles einer von mehreren Anhaltspunkten für die Einordnung der Auffälligkeit als harmlos oder verdächtig sein. Möglicherweise wird der Geldwäschebeauftragte im Falle des Landwirts zu dem Ergebnis kommen, dass es sich bei den ungewöhnlich hohen Barumsätzen um Einnahmen aus einem neu eröffneten Hofladen handelt. Der beruflichen Stellung allein kann diese Einschätzung jedenfalls nicht entnommen werden. Und auch der kaufmännische

Angestellte wird in der überwiegenden Zahl der Fälle einen legalen Grund für seine Barumsätze haben, der sich aus der beruflichen Stellung allein in der Regel nicht ergeben dürfte. Zur Auswertung entsprechender Auffälligkeiten sind daher – wie bisher auch schon – zusätzliche Kriterien zu bilden.

2. Produkt- und Transaktionsrisiken

Ähnlich wie bei der Darstellung des geringen Risikos der Produkte und Transaktionen kann auch im Bereich des normalen Risikos ein zu großer Detaillierungsgrad unter Umständen eher nachteilig sein, da er im schlimmsten Fall zu einer uferlosen Darstellung führt, aus der sich umsetzbare Sicherungsmaßnahmen kaum noch ableiten lassen. Vor diesem Hintergrund ist spätestens an dieser Stelle die Zusammenfassung der einzelnen Produkte in Produktvarianten (vgl. die obigen Ausführungen unter 2.2.3.6 in Abschnitt B. III. 2. b) zu empfehlen. Wie umfassend die einzelnen Produktvarianten werden dürfen, lässt sich dabei nicht pauschal festlegen, sondern hängt stark von dem angebotenen Produktportfolio des Institutes ab. Entscheidend für die Zusammenfassung innerhalb einer Produktvariante ist, dass die darin zusammengeführten Einzelprodukte unter Geldwäschegesichtspunkten ein weitgehend vergleichbares Risiko beinhalten und mit relativ gleichgelagerten Sicherungsmaßnahmen überwacht werden können.

Bei den Produktkategorien Kreditgeschäft, Inlandszahlungsverkehr und Auslandsgeschäft sind zudem folgende Besonderheiten zu beachten.

a) Kreditgeschäft

Bei der Betrachtung des Kreditgeschäfts mag es sich im Einzelfall anbieten, den Fragebogen für Kundenbetreuer auch den Privat- und Firmenkundenberatern im Kreditgeschäft mit der Bitte um Beantwortung zuzuleiten, um deren persönliche Erfahrungen und Erkenntnisse aus dem betreuten Kundenstamm zu erfragen.

Von seiner Konzeption her richtet sich der Fragebogen jedoch in erster Linie an Mitarbeiter des Filialnetzes. Erfahrungen aus der Praxis haben gezeigt, dass die Befragung der Kundenbetreuer im Kreditgeschäft im Rahmen dieses formalisierten Erhebungsverfahrens im Regelfall keine geldwäscherelevanten Erkenntnisse liefert. Als zweckmäßiger hat sich daher die gezielte individuelle Ansprache der betreffenden Berater zu einzelnen Kreditengagements erwiesen, die dem Geldwäschebeauftragten z. B. im Rahmen der Bearbeitung der aus dem Research-System gelieferten Auffälligkeiten bekannt geworden sind.

b) Inlandszahlungsverkehr

Die generelle Ablehnung der Darstellung von Mengengerüsten und Stückzahlen gilt im Rahmen der Beschreibung und Bewertung der Risiken aus dem Inlandszahlungsverkehr nicht. Da dieser Geschäftsbereich weitgehend automatisiert abgewickelt wird, kann in der Regel davon ausgegangen werden, dass Auffälligkeiten nur durch automatisierte Sicherungsmaßnahmen, insbesondere in Form des eingesetzten Research-Systems, erkannt werden können. Art, Umfang und Angemessenheit der zu ergreifenden Maßnahmen richtet sich unter anderem auch nach dem Volumen dieses Bereiches, sodass entsprechende Angaben an dieser Stelle sinnvoll sein können.

c) Auslandsgeschäft, einschließlich Auslandszahlungsverkehr

Die vorstehenden Ausführungen zum Inlandszahlungsverkehr gelten bei der Beschreibung und Bewertung der Risiken des Auslandsgeschäftes entsprechend. Auch hier kann die Darstellung um allgemeine Angaben zum Volumen des Auslandszahlungsverkehrs ergänzt werden. Ausführungen zur Struktur des Auslandsgeschäfts (z. B. Abwicklung allein über Zentralinstitute, Bestehen von Korrespondenzbankbeziehungen) dürfen an dieser Stelle ebenfalls nicht fehlen. Ein entsprechendes Beispiel finden Sie in dem nachfolgenden Mustertext der Sparkasse Schurkenhausen.

3. Risiken der Vertriebswege und Geschäftsbereiche

Bei der Beschreibung der Vertriebswege und Geschäftsbereiche, die ein normales Risiko aufweisen, sind allgemeine Ausführungen ausreichend. Soweit risikoreichere Vertriebswege und Geschäftsbereiche überhaupt bestehen, sind detailliertere Beschreibungen allenfalls bei der Klassifizierung des hohen Risikos angebracht. Allerdings dürften Vertriebswege mit einem hohen Risiko bei deutschen Kreditinstituten grundsätzlich nicht zu finden sein – wären sie es doch, würde die BaFin nicht lange mit deren Schließung zögern. Denn bei der Unterscheidung zwischen normalem und hohem Risiko bei Vertriebswegen ist zu berücksichtigen, dass die Einsortierung eines ganzen Vertriebsweges oder Geschäftsfeldes in das hohe Risiko dazu führen würde, dass später sämtliche Einzelgeschäftsvorfälle laufend zu überwachen wären.

Hierfür besteht jedoch überhaupt kein Anlass, da hohe Risiken allenfalls bei einzelnen Transaktionen oder Einzelprodukten auftreten können. Ein Beispiel: Eine baden-württembergische Bank in Grenznähe zur Schweiz bietet Laufkunden eine (kostenpflichtige) Wechselmöglichkeit von Schweizer Franken in Euro an. Würde diese Bank den Bereich des Sortengeschäfts generell als hoch risikobehaftet einstufen, hätte sie keine Möglichkeit mehr, Bagatellbeträge ohne besondere Sicherungsmaßnahmen umzutauschen. Wollte nun der zu Besuch weilende achtjährige Schüler fünf Schweizer Franken umwechseln, um sich ein Eis kaufen zu können, so müsste er bei diesem Institut nach dessen selbst auferlegter Gefährdungseinstufung den gleichen Sicherungsmaßnahmen unterworfen werden, wie der schweizerische Geschäftsmann, der bei der Bank einen Koffer mit 20 000 sFr umzutauschen gedenkt. Bei allem Verständnis für Geldwäschepräventionsmaßnahmen – man kann alles übertreiben.

Selbst die Durchführung echter Finanztransfergeschäfte ist an sich nicht besonders risikoreich – die besondere Gefährlichkeit kann sich erst dann ergeben, wenn zusätzliche (und in Deutschland bankaufsichtsrechtlich nicht zulässige) Umstände hinzutreten. So sind Finanztransfergeschäfte beispielsweise dann hoch risikoreich, wenn sie anonym abgewickelt würden. Dies ist bei deutschen Instituten jedoch ausgeschlossen, sodass die Behandlung dieses Vertriebsweges unter dem normalen Risiko zutreffend ist.

Was für das normale Risiko gilt, gilt umso mehr für den Bereich des hohen Risikos. Denn nach dem zuvor Gesagten liegt es auf der Hand, dass man tunlichst darauf achten sollte, lediglich einzelne Produkte, Transaktionen oder Kombinationen besonders gelagerter Umstände in den Topf des hohen Risikos zu werfen. Ganze Geschäftsbereiche dort einrühren zu wollen, dürfte einem schnell den Appetit an der selbst bereiteten Präventionssuppe verderben. Näher zur Vorgehensweise bei der Ermittlung des hohen Risikos bei den Bearbeitungshinweisen zum Teilabschnitt V. nachfolgend in Abschnitt 2.2.3.10.

Typische Vertreter des normalen Risikos sind ferner das Online-Banking und das Telefon-Banking. Des Weiteren unterliegt beispielsweise auch der Vertrieb über selbständige Handelsvertreter oder sonstige Dritte einem normalen Risiko.

4. Länderrisiken

Entsprechend der obigen Ausführungen zum geringen Risiko ist es auch im Rahmen der Darstellung des normalen Risikos überflüssig, auf Länderrisiken einzugehen. Hier wie dort geht von bestimmten Ländern kein spezifisches Risiko aus, das in das dreigeteilte Schema Gering, Normal und Hoch gepresst werden könnte. Zwar gibt es Länder, die aufgrund ihrer gesellschaftlichen und politischen Struktur bestimmte Delikte und Deliktsgruppen begünstigen. Diese sind jedoch ausnahmslos (und allenfalls) bei der Klassifizierung des hohen Risikos zu berücksichtigen. Dagegen führen Ausführungen bei der Klassifizierung der übrigen Risikostufen nicht weiter und sind hier verzichtbar.

5. Sonstige Risiken (Statistik, Verhalten)

Während bei der Festlegung der Kriterien für das geringe Risiko in der Regel nicht auf statistisch belegte oder verhaltensbezogene Risiken zurückgegriffen werden sollte, ist dies bei der Beschreibung des normalen Risikos anders. So kann es durchaus sein, dass ein Kundenverhalten zwar noch nicht mit einem hohen Risiko behaftet, aber auch nicht zu ignorieren ist. Überweist ein Kunde beispielsweise häufig größere Beträge in ein bestimmtes Land, so kann dies auf einen kriminellen Hintergrund hindeuten. Wesentlich wahrscheinlicher ist jedoch, dass besagter Kunde bei näherem Hinsehen möglicherweise lediglich seine zurückgelassene Familie unterstützt oder einen sonstigen legalen Grund für die verschiedenen Transaktionen besitzt, sodass in Fällen dieser Art die Programmierung eines entsprechenden Verdachtsindizes mit der Folge der Einstufung in die Kategorie »Hohes Risiko« zu weit gehen würde. Entsprechende Fälle lassen sich mit dem gebotenen Augenmaß daher besser in der Kategorie »Normales Risiko« abbilden.

2.2.3.9 Die Klassifizierung des Normalen Risikos im Detail

Beachten Sie bitte bei den folgenden Übersichten der Sparkasse Schurkenhausen, dass die Darstellung der Beispielstexte auf einige wenige ausgewählte Produktvarianten beschränkt worden ist.

Weder die Darstellungsform, noch der Inhalt sind bindend und müssen an die institutsindividuelle Situation angepasst und verändert werden.

B. IV. Identifizierung und Klassifizierung der Risiken/Präventionsmaßnahmen:

Klassifizierung des Normalen Risikos

Nach den Feststellungen und Erkenntnissen des Geldwäschebeauftragten ergeben sich in den folgenden Bereichen normale Risiken zu Zwecken der Geldwäsche, der Terrorismusfinanzierung und des Betruges zulasten des Instituts, missbraucht zu werden.

Eine Differenzierung nach den einzelnen Gefährdungsbereichen Geldwäsche (GwG), Terrorismusfinanzierung (TF) und Betrug (B) in den nachstehenden tabellarischen Übersichten erfolgt aus Gründen der besseren Übersicht über die einzelnen Sicherungsmaßnahmen nicht. Der in erster Linie betroffene Gefährdungsbereich wird durch ein entsprechendes Kürzel (GwG, TF, B) bei der jeweiligen Risikobeschreibung kenntlich gemacht. Bei Mehrfachbelegung bestimmt die Reihenfolge der Kürzel den vorwiegend betroffenen Bereich.

1. Kundenbezogene Risiken

Der Geldwäschebeauftragte hat folgende kundenbezogenen Risiken im Segment des normalen Risikos festgestellt:

Risikobeschreibung	**Sicherungsmaßnahme**
Vergleichsgruppen unter Siron®Profile	
Indiz Nr. 1 (GwG) **»Bestandskunden (90-360 Tage) ohne erkennbar regionalen Bezug«**	Kunden (Privat- und Firmenkunden), die keinen Bezug zum Geschäftsgebiet der Sparkasse haben, sind generell einer verstärkten Überwachung zu unterziehen. Daher werden junge Kontobeziehungen zu diesem Personenkreis zunächst als Hochrisikogeschäftsbeziehungen über einen Zeitraum von 90 Tagen eingestuft (vgl. unten unter B. V. 1.). Bis zur endgültigen Kundenbeurteilung und der abschließenden Entscheidung über die Fortführung dieser Geschäftsverbindungen werden die betreffenden Kunden zunächst generell in die Risikostufe »Normal« eingeordnet. Der Beobachtungszeitraum umfasst 90 bis 360 Tage. Ergeben sich in dieser Zeit keine Auffälligkeiten oder Änderungen des Nutzungsverhaltens, die eine andere Risikoeinstu-

	fung nahe legen, wird der Kunde in das geringe Risiko eingestuft. Um insbesondere unverdächtige Kontoeröffnungen unter Verwandten und nahe stehenden Personen auszuschließen (z. B. Kontoeröffnung auf den Namen des außerhalb des Geschäftsgebietes lebenden minderjährigen Enkels durch die Großeltern), greift das Segmentindiz nur auf Girokontoeröffnungen und nur dann, wenn der Kunde nicht zugleich minderjährig ist. Auf diese Vergleichsgruppe werden insbesondere die Verdachtsindizien Nr. 10 und 21 unter Siron®AML angewandt.
Indiz Nr. 2 (GwG) **»Kunde in langjähriger Betreuung der Kreditabteilung«**	Um zu vermeiden, dass bei langjährigen Geschäftsverbindungen und insbesondere bei größeren Engagements die vermeintliche Gewissheit entsteht, dass der Kunde und sein typisches Verhalten bekannt ist und verbindlich eingeschätzt werden kann, werden Kunden, die als Bestandskunden bereits länger als 10 Jahre im System angelegt sind und bei denen die Summe der Debitsalden größer als 500 000 € ist, in die Risikokategorie »Normal« eingestuft. Denn die entstehende Gewissheit kann trügerisch sein und dazu verleiten, Auffälligkeiten in der Geschäftsbeziehung zu ignorieren. Für die so gebildete Vergleichsgruppe sind spezielle Verdachtsindizien nicht entwickelt worden. Kunden mit diesem Segmentkennzeichen werden insbesondere durch die allgemeinen Verdachtsindizien, und dort vor allem den Nr. 3 und 13 in ausreichender Weise überwacht. Auffälligkeiten ergeben sich dabei automatisch dann, wenn der Gesamtscore der dort eingestellten Einzelscore-Werte den Wert von 10 überschreitet.

Indiz Nr. 8 (GwG) **»Vermögende Privatkunden«**	Kundenverbindungen zu vermögenden Privatkunden stellen aus Sicht des Geldwäschebeauftragten generell kein geringes, sondern allenfalls ein normales Risiko dar. Der in der Voreinstellung von Siron®Profile vorgesehenen Einstufung in das hohe Risiko hat sich der Geldwäschebeauftragte jedoch nicht angeschlossen, da die in dieser Kategorie geführten Kunden ihren Beratern regelmäßig persönlich bekannt sind. Diese haben vielfach auch Einblick in die persönlichen Verhältnisse und Lebensumstände ihrer Kunden, so dass die Annahme eines hohen Risikos für die Sparkasse nicht gerechtfertigt ist. Auch für die Gruppe der vermögenden Privatkunden sind keine besonderen Verdachtsindizien definiert worden. Diese Vergleichsgruppe wird aus Sicht des Geldwäschebeauftragten in ausreichender Weise durch die allgemeinen Verdachtsindizien ausgewertet, die für das Risikosegment »Normal« definiert worden sind. Im Übrigen sind die dieser Kundengruppe zugeordneten Kundenberater ausreichend sensibilisiert, um etwaige Auffälligkeiten in der Geschäftsbeziehung erkennen zu können und ggf. an den Geldwäschebeauftragten weiterzugeben. Geldwäscherelevante Hinweise bezüglich dieser Kundengruppe konnten jedoch bislang nicht gewonnen werden.
Indiz Nr. 28 (GwG, B) **»Kunden mit schlechter Bonität«**	Kunden mit einem schlechteren Bonitätsmerkmal als … werden generell in die Gruppe des normalen Risikos eingeordnet. Bei diesen besteht eine latente Anfälligkeit für die gutgläubige Bereitstellung des eigenen Kontos zur Abwicklung von fragwürdigen Transaktionen, die eine legale und vermeintlich leicht verdiente Provision versprechen, in Wahrheit aber einen kriminellen Hintergrund haben (insbe-

	sondere Finanzagenten bei Phishing-Fällen). In der Regel wird der wahre Hintergrund der Transaktion aufgrund des fehlenden Unrechtsbewusstseins von den Kunden nicht erkannt. Kunden dieser Vergleichsgruppe werden mit dem Verdachtsindiz Nr. 11 überwacht, über das entsprechend hohe Zahlungseingänge auffällig werden.
Indiz Nr. …	
Einzelrisiken	
Eine auffallende Häufung von besonderen Kundengruppen im Hauptstellen- und Filialbereich der Sparkasse ergibt sich lediglich in der Filiale Wenigmoos. Im Einzugsbereich dieser Filiale ist eine Konzentration von einkommensschwachen Haushalten festzustellen, die insbesondere in der Hasse-Malnemark-Straße und deren Querstraßen in den vergangenen Jahren zum Entstehen eines sozialen Brennpunktes geführt hat. (GwG, TF, B)	Die Mitarbeiter der Filiale Wenigmoos sind daher bereits vor einigen Jahren besonders sensibilisiert worden, ihr Augenmerk auf Geschäftsbeziehungen zu dieser Kundengruppe zu richten und Auffälligkeiten in der Kontoführung bei einkommensschwachen Kunden an den Geldwäschebeauftragten zu melden. Eine Auffrischung dieser Sensibilisierung erfolgt im Rahmen von regelmäßigen Informationsgesprächen, die anlässlich der turnusmäßigen Filialbesuche des Geldwäschebeauftragten mit den Mitarbeitern geführt werden. Im Übrigen werden die Kundenbeziehungen der Filiale Wenigmoos neben denen des Gesamthauses über die Kombination aus dem Segmentindiz Nr. 28 und dem Verdachtsindiz Nr. 11 in die EDV-gestützten Research-Maßnahmen des Geldwäschebeauftragten einbezogen.

2. Produkt- und Transaktionsrisiken

Die folgenden von der Sparkasse angebotenen Produkte und Transaktionen sind als normales Risiko eingestuft worden:

<table>
<tr><th>Risikobeschreibung</th><th>Sicherungsmaßnahme</th></tr>
<tr><td colspan="2">Girogeschäft</td></tr>
<tr><td colspan="2">Das Girogeschäft der Sparkasse umfasst die Produktgruppen »Geschäftsgiro« und »Privatgiro«. Beide Geschäftssparten umfassen wiederum eine Reihe von Produktvarianten.

Unabhängig von der Nutzungsart (Geschäfts- oder Privatgirokonto mit ihren jeweiligen Produktvarianten) dienen Girokonten dem Zahlungsverkehr und unterliegen daher grundsätzlich einem normalen geldwäscherelevanten Risiko, das je nach Kundengruppe und Transaktion stark differieren kann. Um der herausragenden Bedeutung des Girogeschäfts und der damit verbundenen Missbrauchsanfälligkeit hinreichend Rechnung zu tragen, ist eine unterschiedslose Einstufung sämtlicher Produktvarianten in das normale Risiko erforderlich. Dies gilt selbst dann, wenn die Produktvariante auf eine Kundengruppe zugeschnitten ist, die als gering risikobehaftet einzustufen ist oder gar selbst Adressat der Regelungen des Geldwäschegesetzes ist (z. B. Anderkonten für Notare und Rechtsanwälte).</td></tr>
<tr><td>Geschäftsgirokonten (GwG, TF, B)

Das Angebot der Sparkasse im Geschäftsgirobereich umfasst folgende besondere Produktvarianten (von der Aufzählung sämtlicher Nutzungsmöglichkeiten wird aufgrund des Umfanges abgesehen; für eine Gesamtaufstellung s. Konditionenverzeichnis):

• Stationäre Nutzung einschließlich Einzahlungen über Nachttresor und Geldeinzahlungsautomaten
• Online-Nutzung durch Kontoinhaber und Verfügungsberechtigte sowie durch eingeschränkt verfügungsberechtigte Mitarbeiter des Kontoinhabers
• Verfügungen mittels Kunden- und Kreditkarten (Haupt- und Zusatzkarten; letztere insbesondere für Mitarbeiter des Kontoinhabers)
• Teilnahme am Zahlungsverkehr mittels Datenträgeraustausch</td><td>Segmentindizien

Für die Überwachung der Geschäftsgirokonten sind keine Segmentindizien zur Einteilung des normalen Risikos definiert worden.

Allgemeine Sicherungsmaßnahmen

Ohne Vorliegen eines konkreten Anlasses werden folgende allgemeine Sicherungsmaßnahmen getroffen, die auf die einzelnen Produktvarianten bezogen sind:

• Überprüfung etwaiger hoher Anteile an Bareinzahlungen (Verdachtsindiz 9)
• Überprüfung des Zahlungsverkehrs auf auffällige Verwendungszwecke (Verdachtsindiz 12)
• Überdurchschnittlich hoher Anteil an eingehenden Kreditkartenzahlungen (Verdachtsindiz Nr. 17)</td></tr>
</table>

• (...) Für bestimmte Kundengruppen werden besondere Geschäftsgirokonten geführt: • Treuhandkonten insbesondere für mittlere und große Wohnungsverwaltungsgesellschaften • (...)	• (...) Bei den besonderen Geschäftsgirokonten werden ferner folgende allgemeine Sicherungsmaßnahmen anlasslosgelöst durchgeführt: • Auswertung der Umsätze auf den für Wohnungsverwaltungsgesellschaften eröffneten Konten auf Auffälligkeiten in Stichproben (einmal jährlich) • (...)
Privatgirokonten (GwG, TF, B) Das Angebot der Sparkasse im Privatgirobereich umfasst folgende Produktvarianten (von der Aufzählung sämtlicher Nutzungsmöglichkeiten wird aufgrund des Umfanges abgesehen; für eine Gesamtaufstellung s. Konditionenverzeichnis): • »Konto für Jedermann« (Konten, die ausschließlich auf Guthabenbasis geführt werden) • Online-Nutzung durch Kontoinhaber und Verfügungsberechtigte • Einstiegs-Girokonten für Junioren und Schüler • Kostenfreie Girokonten für Auszubildende und Studenten • »Silver-Konto« für Senioren • Betreuungskonten für Betreute (hierbei handelt es sich streng genommen nicht um eine eigene Produktvariante, sondern um die bisherigen Konten der Betreuten, die aus haftungsrechtlichen Gründen mit einer gesonderten Kennzeichnung versehen werden, um unzulässige Verfügungen erkennen zu können. • (...)	*Segmentindizien* Für die Überwachung der Privatgirokonten ist folgendes Segmentindiz definiert worden: Bei der Produktvariante »Betreuungskonten« ist hinsichtlich des im letzten Gesprächskreis beim Polizeipräsidenten Schurkenhausen geschilderten Einzelfalls (vgl. die Ausführungen oben unter B. II. 4. a) das Segmentindiz Nr. 24 geschaffen worden. Auffälligkeiten in dieser Vergleichsgruppe werden über das korrespondierende Verdachtsindiz Nr. 19 angezeigt. *Allgemeine Sicherungsmaßnahmen* Neben dem vorgenannten Segmentindiz werden ohne Vorliegen eines konkreten Anlasses folgende allgemeine Sicherungsmaßnahmen getroffen, die auf die einzelnen Produktvarianten bezogen sind: • Überprüfung etwaiger hoher Anteile an Bareinzahlungen (Verdachtsindiz Nr. 9) • Überprüfung des Zahlungsverkehrs auf auffällige Verwendungszwecke (Verdachtsindiz Nr. 12)

	• Überwachung von Lastschrifteinzügen über hohe Summen (Verdachtsindiz Nr. 15) • (...)
Inlandszahlungsverkehr	
Der innerdeutsche Zahlungsverkehr wies im vergangenen Geschäftsjahr ein Volumen von 18 336 Mio. € bei den Zahlungseingängen und ein Volumen von 10 120 Mio. € bei den Zahlungsausgängen auf.	
Vergleichsgruppen unter Siron®Profile	
Indiz Nr. 3 (GwG) **»Hohe Summe Bartransaktionen (Soll und Haben)«**	Privatkundenbeziehungen, bei denen die Gesamtsumme der Bartransaktionen innerhalb von 3 Monaten mehr als 100 000 € beträgt, können generell nicht als mit einem geringen Risiko behaftet eingestuft werden. Für das Segmentindiz wurden korrespondierende Verdachtsindizien nicht erstellt. Die Vergleichsgruppe wird in ausreichender Weise durch die allgemeinen Verdachtsindizien und dort insbesondere durch die Verdachtsindizien Nr. 3 und 6 überprüft.
Indiz Nr. 4 (GwG) **»Eingehende Auslandstransaktionen«**	Auch bei eingehenden Auslandstransaktionen ab einer Betragshöhe von 20 000 € ist eine geringere Risikoklassifizierung nicht angezeigt. Bei konvertierten Zahlungen, also Zahlungen, die in das Inlandszahlungsverkehrsformat überführt worden sind, erfolgt die Ermittlung über den Data-Textschlüssel 888. Zahlungen dieser Art werden erst dann auffällig, wenn zusätzlich die Kriterien des Verdachtsindizes Nr. 22 erfüllt sind.

Indiz Nr. 5 (TF) **»Häufige GAA-Verfügungen im außereuropäischen Ausland«**	Um mögliche Finanzierungsquellen und Verfügungsmöglichkeiten des internationalen Terrorismus im Ausland identifizieren zu können, werden Kundenbeziehungen, bei denen häufig Verfügungen am Geldautomaten im außereuropäischen Ausland vorkommen, einer Überprüfung unterzogen. Es müssen jeweils mindestens 6 Verfügungen innerhalb eines Monats über einen Gesamtzeitraum von wenigstens 3 Monaten vorgenommen werden (vgl. Verdachtsindiz Nr. 23).
Einzelrisiken	
Blitzgirogeschäft (GwG, B) Die Sparkasse bietet ihren Kunden die Durchführung echter Finanztransfergeschäfte im Sinne des § 25f Abs. 3 KWG in Form des Blitzgirogeschäftes an. Bei dieser Form der Überweisung kann der Kunde eine Bareinzahlung zur Barauszahlung bei einem Drittinstitut in Auftrag geben. Transaktionen dieser Art kommen jedoch nur sehr selten vor. Häufig handelt es sich dabei um Fälle, in denen Kunden, die sich urlaubs- oder dienstreisebedingt außerhalb des Geschäftsgebietes aufhalten, nach einem Diebstahl ihrer SparkassenCard und ihrer Barschaft keine andere Möglichkeit haben, um an Bargeld zu kommen. Noch seltener kommt es vor, dass die Sparkasse entsprechende Transaktionen von Drittinstituten mit der Maßgabe erhält, diese an Kunden oder Nichtkunden bar auszuzahlen.	Um Missbrauchsfälle in diesem Bereich zu vermeiden, wird sowohl bei Entgegennahme eines entsprechenden Auftrages als auch bei Barauszahlung einer derartigen Transaktion eine dokumentenmäßige Legitimation des Auftraggebers/Empfängers durchgeführt und auf einem Identifizierungsbogen dokumentiert. Ferner sind die Mitarbeiter angewiesen, in derartigen Fällen generell auf etwaige Auffälligkeiten zu achten und an den Geldwäschebeauftragten zu melden. Bislang haben sich jedoch keinerlei Auffälligkeiten bei den durchgeführten Geschäften ergeben. Weiter gehende Sicherungsmaßnahmen sind derzeit nicht angezeigt.

Allgemeine Zahlungsverkehrsrisiken (GwG, TF, B) Aufgrund des bedeutenden Volumens des Inlandszahlungsverkehrs sind darüber hinaus eine Reihe allgemeiner Sicherungsmaßnahmen getroffen worden.	• Mit Verdachtsindiz Nr. 6 werden häufige Zahlungen ohne Verwendungszweck (mehr als 60 externe Überweisungen bei Firmenkunden bzw. mehr als 20 externe Überweisungen bei Privatkunden innerhalb von 90 Tagen) als möglicher Hinweis auf die Durchführung von Hawallah-Banking kontrolliert. • Zahlscheinüberweisungen von Nichtkunden werden mit Inkrafttreten der GeldtransferVO ab einem Betrag von 0,01 € nur noch gegen Vorlage eines gültigen Legitimationspapiers ausgeführt; bei Bestandskunden wird die Kontonummer des Kunden auf dem Girobeleg vermerkt. • Bei sämtlichen Kundenkonten werden über das Verdachtsindiz Nr. 9 auffällig hohe Anteile von Bareinzahlungen innerhalb eines Zeitraums von 3 Monaten überprüft. • (...) Über die genannten Sicherungsmaßnahmen konnten bereits mehrere Auffälligkeiten festgestellt werden, die teilweise zu Verdachtsanzeigen geführt haben. Allgemeingültige Erkenntnisse lassen sich hieraus jedoch nicht ableiten, da es sich bei allen festgestellten Auffälligkeiten um Einzelfälle gehandelt hat.
Auslandsgeschäft	
Das Auslandsgeschäft ist im Haus der Sparkasse ausschließlich an das Bestehen einer Girokontoverbindung gebunden. Das Auslandsgeschäft umfasst in der Organisationsstruktur der Sparkasse folgende Produktvarianten: • Zahlungsaufträge Z1	

- Zahlungsaufträge EU-Standardüberweisung
- Sorten, Devisen und Reiseschecks
- Edelmetalle (traditionell zum Außenhandel des Instituts gehörig)
- Akkreditive und Dokumenteninkassi

Wie oben bereits näher ausgeführt (vgl. unter Abschnitt B. III. 2. b), sind das Sorten-, Devisen-, Reisescheck- und Edelmetallgeschäft sowie der dokumentäre Zahlungsverkehr, der aufgrund seiner Beschränkung auf wenige bekannte Kunden der Sparkasse eine nur untergeordnete Rolle spielt, als gering risikobehaftet eingestuft worden.

Demgegenüber unterliegen die übrigen Angebote des Instituts im Auslandsgeschäft aufgrund des deutlich größeren Volumens und der höheren Missbrauchsanfälligkeit dem normalen Risiko. Im nicht-dokumentären Zahlungsverkehr waren im vergangenen Jahr Zahlungseingänge in Höhe von 41 535 T€ und Zahlungsausgänge in Höhe von 119 391 T€ zu verzeichnen. Korrespondenzbankbeziehungen werden von der Sparkasse nicht unterhalten.

Zahlungsaufträge Z1 (GwG, TF, B) Diese Produktvariante umfasst Zahlungsaufträge, die in das außereuropäische Ausland weitergeleitet werden und den besonderen Bestimmungen des Außenwirtschaftsrechts, insbesondere den Bestimmungen der Außenwirtschaftsverordnung, unterfallen.	Getroffene Sicherungsmaßnahmen • Bareinzahlungen zur Weiterleitung in das Ausland waren im Jahre 2007 noch zulässig, sind aber nach Inkrafttreten der GeldtransferVO eingestellt worden. • Überwachung des AZV über die Verdachtsindizien Nr. 6 und 8 • Die Zahlungsempfänger von Überweisungen werden im Rahmen der Embargoverordnungen der EU bzw. der Maßnahmen nach der AußenwirtschaftsVO auf etwaige Namensübereinstimmungen mit Personen, Organisationen und Institutionen überprüft, die mit Finanzsanktionen belegt sind. Eine entsprechende Funktionalität wird im operativen System bereitgestellt. Tatsächliche Übereinstimmungen sind bisher nicht gefunden worden. • Anweisung an die Mitarbeiter des Außenhandels im Rahmen einer Änderung des Organisationshandbuches vom 7.April 2005, Zahlungssätze, die im Rahmen der Überwachung von Finanzsanktionen auffällig geworden sind und bei denen eine Anzeige an die

	Deutsche Bundesbank erfolgt ist, an den Geldwäschebeauftragten zu übermitteln. Der Geldwäschebeauftragte hat in diesen Fällen eine Überprüfung des Auftraggebers der Zahlung vorzunehmen. Besondere Auffälligkeiten ergaben sich aus den getroffenen Sicherungsmaßnahmen insgesamt gesehen nicht. Weiter gehende Maßnahmen sind daher zum gegenwärtigen Zeitpunkt nicht erforderlich.
EU-Standardüberweisung(GwG, TF, B) Die Abwicklung von Überweisungen in das europäische Ausland bis zu einem Betrag von 50 000 € (EU-Standardüberweisungen) kann beleggebunden oder im Wege des Online-Bankings erfolgen.	• Überwachung der Zahlungen durch das Research-System anhand der bereits oben genannten Indizien (vgl. Ausführungen zur Produktvariante Zahlungsaufträge Z1). • Bei der Disposition beleggebundener Zahlungen ab einem Betrag von 15 000 € besteht eine besondere Prüfungspflicht der Mitarbeiter. Danach sind Auffälligkeiten an den Geldwäschebeauftragten durch Übersendung einer Kopie des Beleges zu melden. Besondere Auffälligkeiten ergaben sich aus den getroffenen Sicherungsmaßnahmen ebenfalls nicht. Weiter gehende Maßnahmen sind daher derzeit nicht erforderlich.
(...)	
Termingelder	
In der Produktgruppe »Termingelder« werden folgende Produktvarianten angeboten: • Tagesgeldkonto mit täglicher Verfügungsmöglichkeit • Termingeldanlagen für 30, 60 und 90 Tage	

Die lediglich durch die unterschiedlichen Vertragslaufzeiten gekennzeichneten Produktvarianten der Tagesgeldkonten und Termingeldanlagen sehen eine laufzeitabhängige Verzinsung vor. Die Zinsvereinbarung bei Termingeldern kann nicht ordentlich gekündigt werden, sondern erlischt automatisch durch eine Verfügung während der vereinbarten Laufzeit. Tagesgeldkonten und Termingeldanlagen sind grundsätzlich an das Bestehen eines Girokontos gebunden; Ausnahmen von diesem Grundsatz bestehen lediglich bei institutionellen Kunden und im Interbankenverkehr. Verfügungen sind regelmäßig nur unbar mittels Umbuchung zwischen dem Anlagekonto und dem bestehenden Korrespondenzkonto zulässig. In Ausnahmefällen, insbesondere bei Kontoneuanlagen, kommen jedoch auch Bareinzahlungen vor. Die Teilnahme am Zahlungsverkehr ist bei diesen Konten ausgeschlossen. (GwG, TF, B)	Aufgrund der grundsätzlich bestehenden Anbindung von Tagesgeld- und Termingeldkonten an Korrespondenzkonten ist die Implementierung von besonderen Sicherungsmaßnahmen nicht erforderlich; ungewöhnliche Transaktionen werden über die allgemeine Überwachung durch das eingesetzte Research-Programm in ausreichendem Maß erkennbar gemacht. In diesem Zusammenhang decken insbesondere die kontokorrentbezogenen Indizien des Research-Programms, insbesondere das Indiz Nr. 13 (»Umsatzvergleiche«), ungewöhnlich hohe Transaktionen über Tagesgeld- und Termingeldkonten ab.
Spareinlagen	
Wie bereits oben bei der Festlegung des geringen Risikos in der Produktkategorie »Spareinlagen« ausgeführt, weisen lediglich die Sparkonten mit 3-monatiger Kündigungsfrist kein geringes Risiko auf. Alle übrigen Produktgruppen dieser Kategorie (Sparzertifikate, Vermögenssparen, Prämiensparen, VL-Sparen mit Sparprämie) sind dagegen nur mit einem geringen Risiko behaftet, für kriminelle Zwecke missbraucht zu werden.	
Sparkonto mit 3-monatiger Kündigungsfrist (GwG, TF, B) Beim Sparkonto mit 3-monatiger Kündigungsfrist besteht eine vorschusszinsfreie Verfügungsmöglichkeit in Höhe von 2 000 €	Die Möglichkeit zur Verfügung über Sparkonten mit 3-monatiger Kündigungsfrist eröffnet – wenn auch nur geringe – Möglichkeiten zu

pro Kalendermonat. Das Institut kann dabei an jeden Vorleger des Buches mit schuldbefreiender Wirkung auszahlen. Nach den Vorgaben des Instituts können Verfügungen des Kontoinhabers über einen höheren Betrag als den monatlichen Freibetrag ohne vorherige Kündigung gegen Legitimationsprüfung und unter Berechnung eines entsprechenden Vorschusszinses vorgenommen werden.	einem Missbrauch dieser Sparform insbesondere zu Geldwäschezwecken oder betrügerischen Handlungen. Entsprechende Einzelfälle sind in den vergangenen Jahren bei Einreichung ungedeckter Schecks auf Sparkonten bekannt geworden, die unmittelbar anschließend verfügt worden sind. Dabei hatten sich die Täter die geringen formalen Anforderungen an die Eröffnung entsprechender Sparkonten zunutze gemacht. Spareinlagen mit 3-monatiger Kündigungsfrist werden in die allgemeine Überwachung durch das eingesetzte Research-Programm einbezogen. Dabei ist insbesondere das Indiz Nr. 16 auf Spareinlagen abgestimmt worden. Die Implementierung von hierüber hinausgehenden Sicherungsmaßnahmen erscheint gegenwärtig nicht erforderlich.

Kreditgeschäft

Das Kreditgeschäft der Sparkasse umfasst folgende Produktgruppen (Kontokorrentkredite sind aufgrund ihrer sachlichen Nähe der Produktgruppe Geschäfts- und Privatgiro zuzuordnen und werden dort im Rahmen der allgemeinen Sicherungsmaßnahmen berücksichtigt):

- Gewerbliche Finanzierung
- Baufinanzierung
- Konsumentenkredite/Allzweckdarlehen
- Leasinggeschäft
- Sonderfinanzierungen
- (...)

Das Kreditgeschäft der Sparkasse birgt nach den Erfahrungen der letzten Jahre insgesamt betrachtet ein normales Risiko. Besondere Auffälligkeiten konnten bislang nicht festgestellt werden.

Die enge Ausrichtung an dem Know-Your-Customer-Prinzip ist für alle Geschäftsfelder im Bereich des Kreditgeschäfts der Sparkasse bestimmend. Ferner wird das Regionalprinzip im Kreditgeschäft eingehalten.

Bei Aufnahme der Geschäftsbeziehung erfolgt zunächst eine lückenlose Bonitätsprüfung aller Kreditkunden. Bei den Firmenkunden erfolgt eine Wiederholung der Bonitätsprüfung während der laufenden Geschäftsbeziehung mindestens einmal jährlich in der Regel bei Vorlage des Jahresabschlusses. Bei nicht fristgerechter Einreichung des Jahresabschlusses werden zusätzliche Unterlagen angefordert und in die Überprüfung einbezogen. Ein Scoring-Verfahren wird derzeit für Privatkunden eingeführt. Darüber hinaus werden Firmenkunden zwischenzeitlich über das verbandsseitig empfohlene standardisierte Rating-Verfahren eingestuft. Weiter gehende Hinweise zu den Verfahren können dem Organisationshandbuch Kredit entnommen werden.

Im Rahmen der Erstellung der Gefährdungsanalyse im Jahre 2003 ist aufgefallen, dass vorzeitige Darlehensablösungen (Sondertilgungen) lediglich bei Bartransaktionen im Kontokorrentbereich in die laufende Überwachung einbezogen werden. Der Geldwäschebeauftragte hat dies zum Anlass genommen, auch für die unbaren Sondertilgungen eine laufende Überwachung in der Sparkasse einzuführen. Konkret ist Ende 2003 im Rahmen einer gesonderten Mitarbeiterinformation das Kreditsekretariat angewiesen worden, die ohnehin durchzuführende Überprüfung einer Sondertilgung auf ihre vertragliche Zulässigkeit um eine Prüfung unter Geldwäschegesichtspunkten zu erweitern und etwaige Auffälligkeiten an den Geldwäschebeauftragten zu melden.

Weitere Sicherungsmaßnahmen beziehen sich ausnahmslos auf Betrugsfälle zum Nachteil des Instituts; besondere produktbezogene Sicherungsmaßnahmen wegen Geldwäsche oder Terrorismusfinanzierung sind dagegen nicht erforderlich. Insbesondere sind keine Segmentindizien zur Überprüfung des Datenbestandes im Bereich Darlehen definiert worden.

Baufinanzierung (B, GwG) Die Produktgruppe »Baufinanzierung« umfasst folgende Produktvarianten: • Objektfinanzierung • Wohnungsbaufinanzierung Gewerbekunden • Private Baufinanzierung • (...)	Die Baufinanzierung birgt, abgesehen von möglichen Risiken aus Sondertilgungen, ein geringes Risiko, zu Geldwäschezwecken oder zur Terrorismusfinanzierung missbraucht zu werden. Besondere Sicherungsmaßnahmen sind daher gegenwärtig hier nicht angezeigt. Anders sieht es im Bereich der Betrugsdelikte zum Nachteil des Instituts aus. In der Vergangenheit sind im Rahmen von Finanzierungen insbesondere für den Erwerb sanierungsbe-

	dürftiger Immobilien in zwei Fällen gefälschte Unterlagen vorgelegt worden. Die Fälschungen hätten durch Plausibilitätsprüfungen als solche erkannt werden können. Aufgrund der oberflächlichen Bearbeitung des betreffenden Kreditengagements (jeweils Kleindarlehensgrenze von 250 000 € nicht erreicht, unterhalb derer vereinfachte Kreditbearbeitung zulässig ist) blieben die Fälschungen unentdeckt, so dass es in der Folgezeit zum Ausfall beider Engagements gekommen ist. Der Gesamtschaden belief sich auf rund 443 000 €. Vor diesem Hintergrund ist die Bearbeitung von Kreditengagements für alle Kreditsparten neu geregelt worden. Im Bereich der Baufinanzierungen gelten nunmehr die folgenden Bestimmungen: • Herabsetzung der Kleindarlehensgrenze auf 50 000 € pro Darlehensnehmer • Besichtigung der zu finanzierenden Objekte in jedem Einzelfall • Der Baufortschritt/Sanierungsstand ist durch Gutachter oder Sachbearbeiter zu kontrollieren • Prüfung des Bauvorhabens ist grundsätzlich anhand von Originalunterlagen durchzuführen • Vorgelegte Eigenkapitalnachweise und Verdienstbescheinigungen sind zu plausibilisieren • Eingereichte Rechnungen sind anhand der Beschreibung des Bauvorhabens auf ihre Stimmigkeit zu überprüfen • Auffälligkeiten in den Engagements sind umgehend an den Geldwäschebeauftragten zu melden Sämtliche Neuregelungen ergeben sich aus der neu gefassten Organisationsanweisung Kredit.

Gewerbliche Finanzierung (B, GwG) Die Geschäftssparte Gewerbliche Finanzierung beinhaltet folgende Finanzierungsformen: • Betriebsmittelkredit, soweit nicht Kontokorrentkredit • Investitionsdarlehen • Factoring • (…)	 Risikoeinschätzung wie oben; die getroffenen Sicherungsmaßnahmen gegen Betrugsdelikte zum Nachteil der Sparkasse sind sinngemäß auch hier neu geregelt worden. Sämtliche Neuregelungen ergeben sich auch hier aus der neu gefassten Organisationsanweisung Kredit. Aufgrund der Vielgestaltigkeit der gewerblichen Finanzierungen sind Betrugsfälle nur schwer zu erkennen. Ergänzend werden die Firmenkundenbetreuer daher durch Multiplikatorenschulungen des Geldwäschebeauftragten auf mögliche Auffälligkeiten im Zusammenhang mit gewerblichen Transaktionen sensibilisiert.
Konsumentenkredite/Allzweckdarlehen (B, GwG) In der Geschäftssparte Konsumentenkredite und Allzweckdarlehen finden sich insbesondere Finanzierungen von Gebrauchsgütern des täglichen Lebens (insbesondere Auto-, Möbel- und sonstige Hausratfinanzierungen), die bei entsprechender Bonität des Kunden in der Regel nicht oder nur gegen Sachsicherheiten abgesichert werden. Personalsicherheiten und Grundpfandrechtsbestellungen für diese Darlehen sind, da es sich um ein reines Massengeschäft handelt, eher die Ausnahme.	 Risikoeinschätzung wie oben; die getroffenen Sicherungsmaßnahmen gegen Betrug zum Nachteil des Instituts betreffen vor allem die Beibringung von Unterlagen. Im Konsumentenkreditgeschäft bewegen sich die beantragten Kreditmittel in der Regel in einem überschaubaren Rahmen. Um den Aufwand in der Bearbeitung dieses Massengeschäfts nicht ausufern zu lassen, sind folgende neue Maßnahmen ab einem Kreditbetrag von 15 000 € getroffen worden: • Vorlage von Originaldokumenten; die Beibringung beispielsweise von Kopien der Verdienstbescheinigung wird grundsätzlich nicht mehr akzeptiert. Einkommensnachweise sind durch Abfragen der Gehaltskonten zu plausibilisieren. • Bei Kfz-Finanzierungen ist grundsätzlich eine Sicherungsübereignung gegen Übergabe des Kfz-Briefes durchzuführen. In der Vergangenheit ist in einem Fall eine Fahrzeugfinan-

	zierung beantragt worden, die aufgrund der vermeintlichen Bonität des Kunden blanko gewährt wurde. Der Erwerb eines Fahrzeugs war jedoch von vornherein nicht beabsichtigt gewesen. Der Gesamtschaden belief sich auf rund 39 000 €. • Stammdatensätze der Kunden, deren notleidende Engagements an das Inkassobüro Holsrein & Söhne GmbH verkauft worden sind, erhalten bis zur vollständigen Abwicklung der Restforderungen seit Anfang 2006 einen Hinweistext, mit dem auf den Forderungsverkauf hingewiesen wird. In der Vergangenheit ist es betroffenen Schuldnern mangels Erkennbarkeit der notleidenden Forderung im System und bedingt durch Mängel in der Sachbearbeitung (insbesondere Verzicht auf Einholung einer Schufa-Meldung bei Kleinstdarlehen) mehrfach gelungen, eine erneute Kreditierung zu erlangen, obwohl eine Rückführung aufgrund der finanziellen Situation von vornherein ausgeschlossen und auch nicht beabsichtigt war (Betrug zulasten des Instituts). Bei systemseitiger Abfrage der Person wird mit dem neu eingeführten Hinweis auf das Bestehen eines notleidenden Engagements hingewiesen. • Im Übrigen sind Auffälligkeiten in den Engagements umgehend an den Geldwäschebeauftragten zu melden. Sämtliche Neuregelungen ergeben sich auch hier aus der neu gefassten Organisationsanweisung Kredit.

Leasing (B, GwG)	
Im Leasinggeschäft des Instituts erfolgt eine Vermittlung von Leasingverträgen der im Finanzverbund stehenden Leasinggesellschaft Geiz & Kragen AG. Dabei werden Leasingverträge zu einem erheblichen Teil auch durch die Sparkasse refinanziert.	Die Kundenbetreuer des in der Kreditabteilung angesiedelten Fachreferats Leasing wurden bereits mit Hausmitteilung Nr. 108 vom 16.November 2004 angewiesen, vorzeitige Ablösungen von Leasingverträgen unter gleichzeitigem Erwerb des Leasinggegenstandes an den Geldwäschebeauftragten zu melden, soweit nicht eine Ablösung durch Drittinstitute vorliegt oder die Ablösung den finanziellen Verhältnissen des Leasingnehmers entspricht. Da das Leasinggeschäft im Firmenkundenbereich fast ausnahmslos mit Bestandskunden durchgeführt wird, die bereits eine langwährende Geschäftsbeziehung zur Sparkasse unterhalten, ergibt sich im Bereich der Prävention von Betrugsdelikten – anders als im Kreditbereich – kein Handlungsbedarf. Im Privatkundengeschäft kommen Leasinggeschäfte in einem nennenswerten Umfang ohnehin nicht vor. Für den Fall, dass Leasinggeschäfte mit Neukunden durchgeführt werden, sind die Mitarbeiter des Fachreferats Leasing durch eine gesonderte Schulungsmaßnahme des Geldwäschebeauftragten am 14.April 2009 wiederholt sensibilisiert worden. Die vorhergehende Schulungsmaßnahme für den Bereich Leasing war im Jahr 2006 durchgeführt worden.

Schließfächer und Verwahrstücke

Wie bereits bei der Festlegung des geringen Risikos ausgeführt, bietet die Sparkasse ihren Kunden in allen Filialen (ausgenommen Servicefilialen, in denen keine Mitarbeiter eingesetzt werden) die Möglichkeit, Schließfächer zu mieten und Verwahrstücke aufzugeben. Die Kunden können zwischen Schließfächern in den Tresoranlagen, die größere Wertgegen-

stände aufnehmen können, und Sparbuchschließfächern, die in den Geschäftsräumen der Filialen aufgestellt sind, wählen. Während Sparbuchschließfächer und Verwahrstücke lediglich dem geringen Risiko zuzuordnen sind, beinhalten Tresorschließfächer ein normales Risiko, zu kriminellen Zwecken missbraucht zu werden.	
Tresorschließfächer (GwG, TF) Tresorschließfächer stehen den Kunden in zwei verschiedenen Größen zur Verfügung. Der Zugang zu den Tresoranlagen erfolgt nach Abschluss der baulichen Veränderung dieser Anlagen in allen Filialen nur noch mittels elektronischer Einlasskontrolle anhand einer Zugangskarte. Die Fächer können mit der Karte und der zugehörigen PIN geöffnet werden; ein Vorschließen durch Mitarbeiter der Sparkasse ist nicht mehr erforderlich.	Tresorschließfächer sind aufgrund ihrer Anonymität generell geeignet, inkriminierte Vermögenswerte aufzunehmen. Eine Kontrolle des Fachinhalts ist dabei nicht möglich. Vor diesem Hintergrund werden Schließfächer grundsätzlich nur an Bestandskunden vermietet. Eine entsprechende Dienstanweisung besteht schon einige Jahre. Ferner sind die Mitarbeiter der Filialen, insbesondere die Kassierer, im Rahmen von Schulungsmaßnahmen sensibilisiert worden, darauf zu achten, ob Kunden, die Bargeld an der Kasse einzahlen oder einwechseln wollen, zuvor das Tresorfach aufgesucht haben. Dies lässt sich durch die bauliche Anordnung der Kassen und der Zugänge zu den Tresoranlagen in nahezu allen Filialen relativ gut feststellen. Bei Einzahlungen oder Einwechselung von Bargeld ab einem Betrag von 15 000 € und mehr ist eine entsprechende Beobachtung auf dem Kassenbeleg zu notieren und an den Geldwäschebeauftragten weiterzuleiten. Wenn eine entsprechende Beobachtung je nach Frequentierung der Kasse auch nicht immer möglich ist, konnten auf diese Weise bereits in mehreren Fällen Auffälligkeiten festgestellt werden. In einem Fall führte eine über mehrere Wochen durchgeführte Einwechslung von Einzelbeträgen in Höhe von insgesamt rund 375 000 DM im Zusammenhang mit der Euro-Bargeldeinführung zur Erstattung einer Verdachtsanzeige. Das Geld war jeweils vor der Einwechslung aus dem Tresorfach entnommen

	worden; die Höhe des Betrages ließ sich mit den finanziellen Verhältnissen des Kunden nicht in Übereinstimmung bringen. Ferner wurde aufgrund der Aufmerksamkeit eines Mitarbeiters der Filiale in der Marie-Huanah-Straße im vergangenen Jahr die Anmietung eines Schließfaches durch zwei Niederländer abgelehnt, die weder über eine Kontobeziehung zur Sparkasse verfügen, noch im Einzugsgebiet der Sparkasse ihren Wohnsitz haben. Einen Grund für die Anmietung des Faches gerade in dieser Filiale konnten die beiden Niederländer nicht angeben.
(...)	

3. Risiken der Vertriebswege und Geschäftsbereiche

Von den Vertriebswegen und Geschäftsbereichen, die ein normales Risiko beinhalten, vor allem für Zwecke der Geldwäsche und der Terrorismusfinanzierung missbraucht zu werden, kommt lediglich das Online-Banking für die Sparkasse in Betracht.
Echtes Telefon-Banking wird von der Sparkasse nicht angeboten. Lediglich in Ausnahmefällen werden Folgekontoeröffnungen für Bestandskunden telefonisch entgegengenommen. Dabei handelt es sich in der überwiegenden Zahl der Fälle um Termingeldanlagen, bei denen lediglich vorübergehend nicht benötigte Liquidität vom Girokonto umgebucht wird. Besondere Sicherungsmaßnahmen ergeben sich hierbei aufgrund der langjährigen Geschäftsbeziehung zu den betreffenden Kunden und der bloßen Umbuchung von bestehenden Girokonten im Hause der Sparkasse nicht. Transaktionen auf telefonische Anfrage werden im Übrigen schon aus haftungsrechtlichen Gründen generell nicht durchgeführt.

Die Anzahl der insgesamt am Online-Banking teilnehmenden Girokonten beträgt 35 678, was einem Anteil von 23,7 % am Gesamtgirokontenbestand des Hauses entspricht. Von den online genutzten Konten entfallen lediglich 0,8 % auf Kontoinhaber, die ihren Wohnsitz außerhalb des Geschäftsgebietes der Sparkasse haben und zu denen kein persönlicher Kontakt besteht.

Neben der Nutzung des Online-Banking ermöglicht die Sparkasse ihren Kunden auch die Nutzung des Online-Brokerage. Die Abwicklung online durchgeführter Wertpapiergeschäfte erfolgt ausschließlich über Girokonten der Sparkasse.

Die Funktion, mittels PIN/TAN oder HBCI Folgekonten zu eröffnen, ist technisch jederzeit aktivierbar; aus Gründen der zu beachtenden fernabsatzrechtlichen Vorschriften aber derzeit abgeschaltet. Die Organisationsabteilung ist angewiesen worden, sich vor einer etwaigen Aktivierung dieser Funktion mit dem Geldwäschebeauftragten ins Benehmen zu setzen, um die erforderlichen Sicherungsmaßnahmen abzustimmen. Die Aktivierung ist gegenwärtig jedoch nicht beabsichtigt.

Insgesamt ergibt sich im Bereich des Online-Banking kein besonderer Handlungsbedarf, da insbesondere auch durch die Notwendigkeit der persönlichen Eröffnung der online geführten Konten das Know-Your-Customer-Prinzip gewahrt bleibt. Die wenigen Konten, bei denen der Kontoinhaber nicht persönlich bekannt ist, werden bereits seit Jahren im Rahmen der allgemeinen EDV-gestützten Research-Maßnahmen überwacht. Auffälligkeiten haben sich hier bisher nicht ergeben.

Neben den allgemeinen Verdachtsindizien, die nach wie vor auch auf online geführte Konten angewendet werden, hat der Geldwäschebeauftragte kurz nach Einführung von Siron®Profile eine erneute Prozessanalyse im Online-Banking durchgeführt und hierbei den vertraglich eingeräumten Verfügungsrahmen der Kunden näher untersucht. Danach besteht die Möglichkeit, pro Tag insgesamt 10 000 € online zu verfügen. Allerdings kann dieser Verfügungsrahmen durch Kontaktaufnahme zur Hotline der Organisationsabteilung, Referat Multimedialer Vertrieb, die für entsprechende Kundenwünsche eingerichtet wurde, pro Tag auf bis zu 200 000 € erhöht werden.

Aufgrund dieser großen Bandbreite innerhalb des Verfügungsrahmens hat der Geldwäschebeauftragte das Segmentindiz Nr. 29 erstellt, das derzeit erprobt wird. Hiermit werden Geschäftsbeziehungen in die Vergleichsgruppe einsortiert, bei denen die Summe der baren und unbaren Haben-Umsätze innerhalb 30 Tagen einen Betrag von insgesamt 100 000 € übersteigt und bei denen mindestens 90 % dieser Umsätze per Online-Banking verfügt werden. Um insbesondere Baukonten, die zur Abwicklung von privaten Baufinanzierungen nach Bauabschnitten sehr häufig online geführt werden, aus den Auffälligkeitsanzeigen zu eliminieren, ist das Verdachtsindiz Nr. 24 geschaffen worden, nach dem eine Auffälligkeit nur dann generiert wird, wenn sich unter den Haben-Umsätzen mindestens drei Bareinzahlungen über mindestens 50 000 € (kumuliert) befinden.

Da das Online-Banking in den operativen Systemen der Sparkasse nicht als selbständige Produktvariante definiert ist und auch nicht über sonstige Selektionskriterien unmittelbar ausgewertet werden kann, ist das Segmentindiz an die für Online-Transaktionen reservierten Primanote ... mit dem Textschlüssel ... angebunden worden. Durch diese Vorgehensweise kommt es vor, dass auch Transaktionen, die nicht online veranlasst worden sind und irrtümlich über diese Primanote gebucht werden, von dem Segmentindiz berücksichtigt werden. In der Praxis hat sich dies jedoch bislang nicht als nachteilig herausgestellt. Insbesondere kam es bislang nicht zu einer Verwässerung der angezeigten Auffälligkeiten.

4. Sonstige Risiken (Statistik, Verhalten)

Im Übrigen sind dem Bereich des normalen Risikos die nachfolgenden Einzelrisiken zugeordnet worden, die statistisch belegbar oder verhaltensgebunden sind:

Risikobeschreibung	Sicherungsmaßnahme
Vergleichsgruppen unter Siron®Profile	
Indiz Nr. 6 (GwG) **»Hohes Volumen an Rücküberweisungen«**	Um inkriminierte Vermögenswerte in den Wirtschaftskreislauf einzuführen, bietet sich die Überzahlung eines tatsächlich oder zum Schein abgeschlossenen Vertrages (z. B. eines Versicherungsvertrages) an. Durch die anschließende Rücküberweisung des überschießenden oder des gesamten Betrages wird die ursprüngliche Mittelherkunft kaschiert (klassische Methode der Verschleierung, sog. Layering). Zur Begrenzung der angezeigten Auffälligkeiten hat der Geldwäschebeauftragte das Verdachtsindiz Nr. 25 geschaffen, dass eine Auffälligkeit nur dann anzeigt, wenn mindestens 50 % der Haben-Umsätze aus dem Ausland stammen und hiervon mindestens 45 % wieder ins Ausland zurückfließen.
Indiz Nr. 7 (GwG, B) **»Hohes Volumen an Rücklastschriften«**	Ebenfalls klassische Verschleierungstechnik, bei der zunächst größere Beträge im Wege von Lastschriften von einem Konto eingezogen und anschließend wieder zurückgegeben werden. Bei derartigen Transaktionen kann es je nach Volumen über das Risiko der Geldwäsche hinaus zu einem Kreditausfallrisiko kommen.

	Dieses Segmentindiz korrespondiert mit dem Verdachtsindiz Nr. 26, das Trefferanzeigen erst erzeugt, wenn der Anteil der Lastschriftrückgaben mehr als 80 % der Haben-Umsätze ausmacht.
Indiz Nr. 27 (GwG, TF) **»Regelmäßige Auslandstransaktionen«**	Regelmäßige Auslandstransaktionen mit einem hohen Umsatzvolumen sind aus Sicht des Geldwäschebeauftragten ebenfalls generell mit einem erhöhten Risiko behaftet. Korrespondierende Verdachtsindizien bestehen insoweit nicht; ausreichend ist hier die Auswertung dieser Vergleichsgruppe über die allgemeinen Verdachtsindizien, die auf das Risikosegment »Normal« angewendet werden.

2.2.3.10 Bearbeitungshinweise zum Teilabschnitt V. Klassifizierung des hohen Risikos

Die Beschreibung des hohen Risikos bildet den Abschluss der Risikoklassifizierung innerhalb der Gefährdungsanalyse. Die Bildung von Kriterien für dieses Risikosegment ist dabei zugleich auch der schwierigste Teil der Analyse, da es gilt, die wenigen Hochrisikobereiche des Instituts zutreffend zu erkennen und diese präzise und möglichst eng einzugrenzen, ohne dabei Aspekte, die im Rahmen der Bewertung eigentlich zu berücksichtigen wären, zu übersehen.

Trotzdem der Hinweis schon häufiger in diesem Buch zu lesen war, so kann ich ihn auch an dieser Stelle nur noch einmal wiederholen: Die Kunden eines Kreditinstituts (wenn es sich bei diesem nicht gerade um eine Bankmantelgesellschaft auf den Cayman Islands handelt) weisen generell kein erhöhtes Risiko auf, da sie ihren Lebensunterhalt zum weit überwiegenden Teil auf legale Weise bestreiten. Wenn dem aber so ist, kann es in Instituten generell keine zusammenhängenden Hochrisikobereiche geben, die pauschal mit einem entsprechend hohen Risiko belegt werden könnten. In deutschen Kreditinstituten dürfte der Anteil der Kunden, die in das hohe Risiko einzuordnen sind, unter 1 % der Gesamtkundschaft liegen – jeder andere Wert würde ein schiefes Bild von den Geschäftsbeziehungen des Instituts liefern.

Nun kann man gegen diesen Wert einwenden, dass dieser willkürlich festgelegt sei und sich kaum statistisch unterlegen oder gar nachweisen ließe. Das stimmt. Allerdings spiegelt dieser Wert die Ergebnisse der über die vergangenen Jahre hinweg ausgewerteten Verdachtsanzeigen wieder, die tatsächlich eine Vortat zu Geldwäsche oder ein Delikt mit einem terroristischen Hintergrund betrafen. Anhand dieser Auswertung lässt sich belegen, was ohnehin zu vermuten ist: nämlich, dass es sich bei den zugrunde liegenden Sachverhalten grundsätzlich nur um Einzelfälle gehandelt hat (vgl. insoweit beispielsweise die jährlich veröffentlichten Lagebilder Finanzermittlungen des Landeskriminalamtes Nordrhein-Westfalen).

Betrachtet man beispielsweise das Jahr 2006, so ergaben sich nach dem Lagebild Finanzermittlungen des LKA NRW eine Zahl von 2 092 erledigten Anzeigen. Von diesen ergaben sich in nur 818 Fällen (!) konkrete Hinweise auf die Verwirklichung einer Straftat aus den Bereichen Geldwäsche, Betrug, Steuerstrafdelikten und sonstiger Straftaten. Lässt man diese Fälle, in denen ein Ermittlungsverfahren tatsächlich eingeleitet worden ist, außer Acht und konzentriert sich auf die Gesamtzahl der erledigten Anzeigen, so ergibt sich gemessen an der Gesamtbevölkerung von Nordrhein-Westfalen von rund 18 Millionen Einwohnern ein Anteil von gerade einmal 0,01162 % an Einzelfällen, in denen zumindest die Vermutung krimineller Machenschaften in diesem Deliktskreis nicht auszuschließen war. Dieser Wert belegt meines Erachtens recht eindrucksvoll, dass der Anteil der Hochrisikokunden eines Kreditinstituts in keinem Fall mehr als 1 % der Gesamtkundschaft betragen darf. Würde der prozentuale Anteil potentiell krimineller Kunden dagegen mit mehr als 1 % des gesamten Kundenbestandes angesetzt, so ließe sich ein derartiger Wert mit der Anzahl der in einem Jahr erledigten Verdachtsanzeigen nicht in Übereinstimmung bringen.

Aber wie lässt sich der Einzelfallcharakter der auffälligen Kundenbeziehungen im Rahmen der Gefährdungsanalyse zutreffend abbilden? Am Beispiel der Prepaid-Kreditkarten sei dies verdeutlicht. Während der Newsletter Nr. 5 der Financial Intelligence Unit des Bundeskriminalamtes von Juli 2007 bestimmte Kreditkartenarten, insbesondere in bestimmter Weise ausgestattete Prepaid-Karten, mit einem hohen Geldwäscherisiko verbindet, lässt sich diese pauschalierende Aussage auf die Lebenswirklichkeit nicht uneingeschränkt übertragen. Der erste Fehler, der mit dieser Einstufung gemacht wird, ist die unzutreffende Aussage, dass bestimmte Zahlungskarten einem bestimmten Geldwäscherisiko unterliegen. Tatsächlich sind diese Karten aber vollkommen neutral. Das Risiko entsteht erst im Wege des Missbrauchs durch den Karteninhaber. Zutreffenderweise dürfte also allenfalls von der Missbrauchsanfälligkeit bestimmter Kartentypen gesprochen werden (vgl. bereits oben in Abschnitt 2.2.3.6 unter B. III. 2. b). Den zweiten Fehler begeht sodann derjenige, der aus dieser Einstufung die unzutreffende Annahme ableitet, dass der Inhaber einer solchen Karte seinerseits einem gesteigerten Risiko unterliegt. Diese Annahme ist vollkommen unhaltbar, da 99,9 % aller Kunden, die eine entsprechende Zahlungskarte ihr Eigen nennen, wohl kaum einen geldwäscherelevanten oder terroristischen Hintergrund haben. Oder sollten etwa alle VfB Stuttgart-Fans, die über eine entsprechende Vereinskarte verfügen, ohne die sie im Stadion nicht einmal eine Bratwurst erwerben können, kriminell sein?

Der Hauptteil der Zahlungskarten geht also an Kunden, die hiermit einen ganz bestimmten legalen Zweck verfolgen. Hierunter finden sich an ausländischen Schulen und Universitäten lernende Jugendliche, deren Eltern ein bequemes Zahlungsmedium zur Übermittlung der monatlichen Unterstützung benötigen, genauso, wie Kunden, die dem Internet ihre Zahlungsverkehrsdaten aus nachvollziehbaren Gründen nicht anvertrauen möchten und dafür lieber eine risikolose Prepaid-Karte als Zahlungsmittel einsetzen. Um es deutlich zu sagen: Alle diese Kunden weisen in der Regel ein **geringes** Risiko auf!

Erst dann, wenn der Kunde die ihm ausgehändigte Kreditkarte für missbräuchliche Zwecke nutzt, ist ein erhöhtes Risiko im Spiel. Zur Beschreibung dieses Risikos ist es im Rahmen der Gefährdungsanalyse also nicht damit getan, die Prepaid-Karte als Produktvariante generell als mit einem hohen Risiko behaftet einzustufen. Denn in diesem Fall würde man alle Karteninhaber, die eigentlich ein geringes oder allenfalls normales Risiko aufweisen, in unzutreffender Weise in das hohe Risiko einstufen. Hat ein Institut 200 000 Kunden und 2 000 Prepaid-Karten ausgegeben, so wären allein durch diese Einstufung bereits 2 % des Gesamtkundenbestandes hoch risikobehaftet. Nimmt man noch einige weitere Fallgruppen in ähnlich kritikloser Weise hinzu, so kommt man schnell zu einem Anteil von 10 bis 20 % des Gesamtkundenbestandes mit einem hohen Risiko – ein Wert, bei dem die BaFin im Falle seines Zutreffens ernsthaft über die Schließung des Institutes nachdenken müsste.

Es gilt also, geeignete Kriterien zu finden, die eine sinnvolle Beschreibung des hohen Risikos ermöglichen. Wie dies im Falle der Prepaid-Kreditkarte gehen kann, das zeigt die Gefährdungsanalyse der Sparkasse Schurkenhausen in dem folgenden Abschnitt 2.2.3.11 unter B.V. 2.). Doch zuvor wollen wir uns noch kurz mit einigen allgemeinen Überlegungen zu den sonstigen Risikokategorien auseinandersetzen.

B. V. Identifizierung und Klassifizierung der Risiken/Präventionsmaßnahmen:

Klassifizierung des Hohen Risikos

1. Kundenbezogene Risiken

Bei den kundenbezogenen Risiken sind zunächst diejenigen Kundengruppen zu erfassen, die aufgrund gesetzlicher Regelung per se mit erhöhten Sorgfaltspflichten zu behandeln sind. Nach § 6 Abs. 2 Nr. 1 GwG sind dies politisch exponierte Personen, also nicht im Inland ansässige natürliche Personen, die ein wichtiges öffentliches Amt ausüben oder ausgeübt haben, ein unmittelbares Familienmitglied dieser Personen oder eine ihnen bekanntermaßen nahe stehende Person.

Verstärkte Sorgfaltspflichten bestehen daneben bei Personen, für die eine Geschäftsbeziehung nach den Grundsätzen des § 6 Abs. 2 Nr. 2 GwG begründet worden ist (Kontoeröffnung unter Abwesenden, Distanzgeschäfte). Geschäftsbeziehungen dieser Art liegen nur dann vor, wenn der Vertragspartner eine natürliche Person und zur Feststellung der Identität nicht persönlich anwesend ist. In diesen Fällen hat das Kreditinstitut die Identität des Vertragspartners anhand eines Dokuments im Sinne des § 4 Abs. 4 Satz 1 Nr. 1 GwG, einer beglaubigten Kopie eines solchen Dokuments oder einer qualifizierten elektronischen Signatur im Sinne von § 2 Nr. 3 des Signaturgesetzes zu überprüfen und sicherzustellen, dass die erste Transaktion unmittelbar von einem Konto erfolgt, das auf den Namen des Vertragspartners bei einem unter die Richtlinie 2005/60/EG fallenden Kreditinstitut oder bei einem in einem Drittstaat ansässigen Kreditinstitut, für das Anforderungen gelten, die denen des GwG gleichwertig sind, eröffnet worden ist (vgl. Anhang). Echte Distanzgeschäfte dürften in der Praxis nicht sehr häufig vorkommen, da diese Kundengruppe nur solche Geschäftsbeziehungen umfasst, bei denen eine Legitimationsprüfung durch Dritte (z. B. mittels PostIdent-Verfahren) im Sinne des § 7 GwG nicht durchgeführt werden kann. Konkret fallen hierunter lediglich Geschäftsbeziehungen zu natürlichen Personen, die im nicht-europäischen Ausland leben und bei denen gleichwertige Bestimmungen für die Einschaltung zuverlässiger Dritter und/oder gleichwertige geldwäscherechtliche Bestimmungen nicht bestehen.

Beispiel: Der Kunde lebt in Südafrika und wünscht die Aufnahme einer Geschäftsbeziehung zu einem deutschen Kreditinstitut. In diesem Fall kann ein südafrikanischer Notar oder Rechtsanwalt zur Überprüfung der Identität des Kunden – anders als nach altem Recht – mangels gleichwertiger geldwäscherechtlicher Bestimmungen nicht herangezogen werden. Auch die Einschaltung des Konsulates scheidet aus, wenn dieses eine Identifizierung nach § 7 Abs. 2 GwG ablehnt. Damit kann die Kontoeröffnung nur unter den weiteren Voraussetzungen des § 6 Abs. 2 Nr. 2 GwG vorgenommen werden. Im Regelfall wird hierzu in erster Linie eine Bestätigung der südafrikanischen (Haus-) Bank des Kunden erforderlich sein, um sicherzustellen, dass die erste Transaktion tatsächlich von einem legitimierten Konto des Kunden erfolgt.

Neben diesem Sonderfall dürften bei überwiegend regional tätigen Kreditinstituten, wie vor allem bei Sparkassen und Volks- und Raiffeisenbanken, mit einem hohen Risiko lediglich Neukunden einzustufen sein, die keinen unmittelbaren regionalen Bezug zum Geschäftsgebiet des Instituts haben. Wie lange ein Kunde dabei als Neukunde anzusehen ist, ist individuelle Geschmacksfrage und von der individuellen Situation des jeweiligen Instituts abhängig. Im Beispiel der Sparkasse Schurkenhausen ist eine Geschäftsbeziehung, die über 90 Tage besteht, als junge Geschäftsbeziehung mit einem entsprechend hohen Risiko definiert worden. Geschäftsbeziehungen ohne regionalen Bezug, die länger als 90, aber kürzer als 360 Tage bestehen, werden darüber hinaus als Geschäftsbeziehungen mit einem normalen Risiko bewertet. Erst nach Ablauf dieser Zeit werden diese Kunden in das niedrige Risiko eingestuft, wenn sich keine sonstigen Auffälligkeiten in der Geschäftsbeziehung zeigen oder andere Risikokriterien verwirklicht werden.

Die Bewertung entsprechend junger Geschäftsbeziehungen kann dabei ganz unterschiedlich ausfallen. Denkbar ist es auch, derartige Geschäftsbeziehungen aus der Risikobetrachtung ganz auszuschließen – dies insbesondere dann, wenn das Institut geografisch so gelegen ist, dass Kundenbeziehungen dieser Art nicht oder praktisch nicht vorkommen.

Neben diesen Kundengruppen lassen sich weitere Konstellationen finden, bei denen ein hohes Risiko anzunehmen ist. Beispiele hierfür können sich aus den Berichten und Lagebildern der Ermittlungsbehörden ergeben, auf die Bezug genommen werden kann. Soweit sich entsprechende Kundengruppen definieren lassen, sollten Sie bei der Bildung der Segmentindizien jedoch unbedingt darauf achten, dass diese durch geeignete Kriterien soweit eingeschränkt werden, dass sich eine ausreichend überschaubare Vergleichsgruppe ergibt.

2. Produkt- und Transaktionsrisiken

Gleiches gilt bei der Festlegung des hohen Risikos bei den produkt- und transaktionsbezogenen Risikosegmenten. Wie das bereits in den einführenden Hinweisen zu diesem Kapitel dargestellte Beispiel der Prepaid-Kreditkarte zeigt, ist die sorgsame Einschränkung der Produkte und Transaktionen auf einige besonders risikoträchtige Faktoren notwendig, um nicht zu viele Kundenbeziehungen in unnötiger Weise in das hohe Risiko einzugruppieren.

3. Risiken der Vertriebswege und Geschäftsbereiche

Bei den verschiedenen Vertriebswegen und Geschäftsbereichen dürften sich regelmäßig keine besonders hohen Risiken ergeben. Eine Einstufung dieser Bereiche in das hohe Risiko würde zudem regelmäßig zu unscharfen Ergebnissen führen, da diese eine Vielzahl von Einzelgeschäften umfassen, die für sich betrachtet nicht besonders risikoreich erscheinen müssen. Vertriebswege und Geschäftsbereiche mit einem hohen Risiko sind nur in besonderen Geschäftssparten denkbar – so z. B. bei der Durchführung von Sortengeschäften ausschließlich oder überwiegend für Nichtkunden (»Wechselstubengeschäfte«) oder bei dem in letzter Zeit auch bei deutschen Kreditinstituten in Mode gekommenen Geschäftsfeld des Islamic Banking, also des Angebots von Bankdienstleistungen unter Beachtung muslimischer Grundsätze. Letzteres ist dabei aber nicht schon deshalb als risikoreicher einzustufen, weil es sich an muslimische Mitbürger wendet und damit einem gängigen (und unzutreffenden) Vorurteil entspricht.

Die Einstufung derartiger Geschäftsbereiche in das hohe Risiko erfolgt vielmehr aus der Überlegung heraus, dass die Funktionsweisen, Motive und Hintergründe dieser speziellen Geschäftstätigkeiten in der Regel nur den damit beschäftigten wenigen Spezialisten eines Instituts vertraut sind und vom Geldwäschebeauftragten, der dieses Spezialwissen in aller Regel nicht hat, schon aus diesem Grund nicht einfach ignoriert werden sollten. Vielmehr ist er gehalten, sich mit diesen speziellen Bereichen auseinander zu setzen. Bestehen entsprechende Geschäftsbereiche, so ist die sorgsame Formulierung einschränkender Kriterien aber auch hier in jedem Fall erforderlich, da sich ansonsten ein falsches Bild von der Risikoverteilung ergeben dürfte.

4. Länderrisiken

Während Länderrisiken im Bereich des geringen und des normalen Risikos keine besondere Rolle spielen, können sich länderspezifische Besonderheiten im Bereich des hohen Risikos durchaus niederschlagen. Wenn überhaupt, so macht eine Beschreibung von Länderrisiken meines Erachtens auch nur im Bereich des hohen Risikos Sinn (vgl. hierzu auch die obigen Ausführungen).

Anhaltspunkte für entsprechende Hochrisikoländer ergeben sich regelmäßig aus den Publikationen der Financial Action Task Force on Money Laundering (FATF) und aus entsprechenden Veröffentlichungen der Ermittlungsbehörden (FIU und LKA, aber auch örtliche Polizeidienststellen). Ferner wird auch die BaFin nicht müde, verstärkte Sorgfaltspflichten im Zusammenhang mit der Eingehung von Geschäftsbeziehungen zu Personen und Unternehmen mit Sitz in bestimmten, von ihr als hoch riskant eingestuften Ländern von den Kreditinstituten einzufordern.

Zwar ist es in diesem Zusammenhang grundsätzlich zu begrüßen, wenn die Aufsicht entsprechende Länder und Territorien, die sie aus nachvollziehbaren Gründen für besonders risikoreich einschätzt, veröffentlicht. Die bisher mit den Rundschreiben 13/2008 und 6/2009 veröffentlichten Sorgfaltspflichten in Bezug auf Usbekistan, Iran und Aserbeidschan können jedoch allenfalls als unnötige Ausweitung bereits bestehender Gesetzesvorgaben angesehen werden, da diese Länder (und entsprechende Geschäftsbeziehungen zu Personen und Unternehmen mit Sitz in diesen Ländern) über die Embargoüberwachung der Kreditinstitute bereits ausreichenden Sorgfaltsmaßnahmen unterliegen.

Hinzu kommt, dass die bürokratischen Anforderungen, die in diesem Zusammenhang an die Kreditinstitute gestellt worden sind, jedes Augenmaß für eine risikoorientierte Betrachtung entsprechender Geschäftsbeziehungen vermissen lassen. In diesem Zusammenhang ist es besonders bedauerlich, dass die überzogenen Anforderungen in erster Linie auf dem Rücken derjenigen Kunden mit Nationalität aus einem der besagten Länder ausgetragen werden, die bereits seit langen Jahren in Deutschland leben, ihren Lebensunterhalt auf ehrliche Weise verdienen, Steuern und Sozialabgaben zahlen, aber – wenn überhaupt – nur noch dann ein neues Konto eröffnen können, wenn sie sich einem aufsichtsrechtlich veranlassten, aber gleichwohl fragwürdigen und diskriminierenden Kundenannahmeprozess unterworfen haben. Denn insbesondere vor dem Hintergrund des Rundschreibens 13/2008 ist zu berücksichtigen, dass in Deutschland angelegte Geldbeträge von diesen Personen auch von daheim gebliebenen Familienangehörigen stammen können, die nur aus Sorge vor den politischen Unwägbarkeiten in diesen Ländern nach Deutschland transferiert worden sind. In diesen Konstellationen sind die erweiterten Identifizierungspflichten hinsichtlich des wahren wirtschaftlich Berechtigen zu erfüllen, was mangels Durchführbarkeit in vielen Fällen zu einer vollkommen grundlosen Kündigung der Geschäftsbeziehung zu entsprechenden Kunden führt.

Nichtsdestotrotz sind die entsprechenden Anordnungen der BaFin zu beachten, sodass entsprechende Länder ohne weitere Überlegung in die Kategorie des hohen Risikos einzusortieren sind.

5. Sonstige Risiken (Statistik, Verhalten)

Schließlich sind auch die Kriterien, die für die Beschreibung etwaiger sonstiger Risiken, die sich aus statistischen Daten der eingesetzten Research-Programme oder des individuellen Kundenverhaltens ergeben können, mit besonderer Sorgfalt zu beschreiben, um nicht zu viele Einzelrisiken in der Risikokategorie »Hoch« zu erhalten.

2.2.3.11 Die Klassifizierung des Hohen Risikos im Detail

Die Klassifizierung des hohen Risikos lässt sich am besten in Form eines Beispiels veranschaulichen. Schauen wir also noch einmal in die Gefährdungsanalyse der Sparkasse Schurkenhausen. Wie bei allen anderen Beispielstexten so gilt aber natürlich auch hier, dass die beschriebenen Sicherungsmaßnahmen lediglich zu Anschauungszwecken gebildet worden sind. Anpassungen, Änderungen und Ergänzungen sind daher institutsindividuell notwendig.

B. V. Identifizierung und Klassifizierung der Risiken/Präventionsmaßnahmen:

Klassifizierung des Hohen Risikos

Bei der Festlegung des hohen Risikos, für Zwecke der Geldwäsche, der Terrorismusfinanzierung oder des Betruges zulasten des Instituts missbraucht zu werden, hat der Geldwäschebeauftragte die folgenden Überlegungen angestellt. Wie bereits bei der Darstellung des normalen Risikos ist in der nachfolgenden Darstellung aus Gründen der Übersichtlichkeit auf eine getrennte Darstellung der Gefährdungsbereiche Geldwäsche (GwG), Terrorismusfinanzierung (TF) und Betrugsdelikten (B) verzichtet worden.

Der in erster Linie betroffene Gefährdungsbereich wird auch hier durch ein entsprechendes Kürzel (GwG, TF, B) bei der jeweiligen Risikobeschreibung kenntlich gemacht. Bei Mehrfachbelegung bestimmt die Reihenfolge der Kürzel den vorwiegend betroffenen Bereich.

1. Kundenbezogene Risiken

Nach den Feststellungen des Geldwäschebeauftragten ergeben sich im Bereich des hohen Risikos die folgenden Vergleichsgruppen und Einzelrisiken:

Risikobeschreibung	Sicherungsmaßnahme
Vergleichsgruppen unter Siron®Profile	
Indiz Nr. 9 (GwG) **»Politisch exponierte Personen (PEPs) oder natürliche Person mit Sitz im Ausland«**	PEPs sind gemäß § 6 Abs. 2 Nr. 1 GwG als Hochrisikokunden zu behandeln. Nach der Überprüfung des Alt-Kundenbestandes durch das Rechenzentrum Nullenburg hat sich die Sparkasse jedoch gegen die Anschaffung einer PEP-Datenbank entschieden, da sich eine derartige Software-Lösung für die wenigen Kunden der Sparkasse mit einem ausländischen Wohnsitz nicht rechnet. Für die wenigen Fälle, in denen Kunden mit einem ausländischen Wohnsitz ein Konto bei der Sparkasse eröffnen oder Bestandskunden ins Ausland umziehen, sind die Mitarbeiter im Markt stattdessen angewiesen worden, generell eine Genehmigung des Geldwäschebeauftragten zur Eingehung oder Fortführung der

	Geschäftsbeziehung einzuholen und aufgrund der Regionalität der Sparkasse zu hinterfragen, warum diese Kunden eine Geschäftsbeziehung zur Sparkasse eingehen möchten. Der Geldwäschebeauftragte ist darüber hinaus angewiesen, die Namen der betreffenden Kunden im Rahmen einer Internet-Recherche zu überprüfen, um einen etwaigen PEP-Status der betreffenden Kunden abzuklären. Soweit ein PEP-Status wider Erwarten festgestellt wird, werden die Kundennummern der betroffenen Kunden in das Segmentindiz Nr. 9 eingestellt. Die Überwachung der Mittelherkunft und -verwendung erfolgt sodann über die verschiedenen Überwachungsindizien unter Siron®AML, die auf das hohe Risikosegment angewendet werden.
Indiz Nr. 10 (GwG, TF) **»Kontoeröffnung unter Abwesenden (Distanzgeschäfte)«**	Distanzgeschäfte im Sinne des § 6 Abs. 2 Nr. 2 GwG kommen in der Sparkasse praktisch nicht vor. Gelegentlich ist zur Identifizierung eines Kunden ein Dritter im Sinne des § 7 GwG einzuschalten – entsprechende Geschäftsbeziehungen beziehen sich jedoch generell nur auf das Inland, sodass besondere Sicherungsmaßnahmen bei diesen Geschäften nicht erforderlich sind. Im Übrigen werden Geschäftsbeziehungen dieser Art durch die Segmentindizien 1 und 11 (vgl. nachfolgende Ausführungen) in ausreichender Weise überwacht. Für den Fall, dass es ausnahmsweise doch zur Begründung einer entsprechenden Geschäftsbeziehung im Sinne des § 6 Abs. 2 Nr. 2 GwG kommen sollte, ist neben der Einhaltung der dort genannten Voraussetzungen generell ein hohes Risiko anzunehmen. Für diesen Fall ist das Segmentindiz Nr. 10 eingesetzt worden.

Indiz Nr. 11 (GwG, TF) **»Neukunden ohne erkennbar regionalen Bezug«**	Da die Sparkasse dem Regionalitätsprinzip unterliegt, werden Neukunden (Privat- und Firmenkunden), die keinen erkennbar regionalen Bezug über ihren Wohnort oder ihre Arbeitsstelle aufweisen, zunächst als hohes Risiko eingestuft. Nach den Spezifikationen der Sparkasse gelten derartige Kundenbeziehungen über einen Zeitraum von 90 Tagen als junge Geschäftsverbindung. Im Anschluss werden entsprechende Geschäftsbeziehungen für einen Zeitraum von weiteren 270 Tagen in das normale Risiko eingestuft, soweit sich keine abweichenden Erkenntnisse aus etwaigen Auffälligkeiten ergeben haben (vgl. hierzu auch die Ausführungen oben unter B. IV. 1., Segementindiz Nr. 1). Um insbesondere unverdächtige Kontoeröffnungen unter Verwandten und nahestehenden Personen auszuschließen (z. B. Kontoeröffnung auf den Namen des außerhalb des Geschäftsgebietes lebenden minderjährigen Enkels durch die Großeltern), greift das Segmentindiz nur auf Girokontoeröffnungen und nur dann, wenn der Kunde nicht zugleich minderjährig ist. Für die Segmentindizien 1 und 11 sind die besonderen Verdachtsindizien Nr. 10 und 21 geschaffen worden. Ferner wurden die Mitarbeiter im Rahmen verschiedener Schulungsveranstaltungen des Geldwäschebeauftragten auf die sorgfältige Beobachtung entsprechender Kundenbeziehungen sensibilisiert. Auffälligkeiten, die einen strafrechtlich relevanten Hintergrund nicht ausschließen lassen, sind dem Geldwäschebeauftragten umgehend mitzuteilen. Ergänzende Sicherungsmaßnahmen sind aufgrund der im Übrigen mitlaufenden Verdachtsindizien, die auf das Risikosegment »Hoch« angewendet werden, nicht erforderlich.

Indiz Nr. …	
Einzelrisiken	
Scheinfirmen Aus dem Lagebild Finanzermittlungen des LKA NRW für das Jahr 2006 ist eine Typologie zur Abwicklung von Transaktionen unter Einbeziehung von Scheinfirmen beschrieben worden.	Die Erkennung entsprechender Firmen ist nicht einfach. Gleichwohl können die Merkmale entsprechender Scheinfirmen über die Segmentindizien Nr. 1 und 11 (junge Geschäftsverbindung) mit ihren korrespondierenden Verdachtsindizien unter Siron®AML gut erfasst werden.
Scheinfirmen können danach folgende Merkmale umfassen: • Junges Unternehmen mit sehr hohen Umsätzen • Häufige Überweisungen vom Durchlaufkonto in das Ausland • Keine fixen oder variablen Kosten erkennbar • Geschäftsbeziehung besteht ausschließlich zwischen einem Kunden und einem Lieferanten	Ergeben sich aus diesen technischen Maßnahmen Hinweise auf das Vorliegen einer etwaigen Scheinfirma, wird sich der Geldwäschebeauftragte mit dem zuständigen Kundenbetreuer in Verbindung setzen und die bestehenden Kontoverbindungen, insbesondere die Empfängerkontonummern, auf sich regelmäßig wiederholende Übereinstimmungen überprüfen. Ferner können sich Hinweise auf Scheinfirmen aus fehlenden Sollumsätzen an Versorgungsunternehmen (Strom-, Wärme- und Wasserlieferanten), an die gesetzliche Krankenversicherung und an das Finanzamt ergeben. Unabhängig hiervon überprüft der Geldwäschebeauftragte derzeit die Möglichkeit, eine entsprechend komplexe Abfrage im eingesetzten Research-System zu implementieren.
…	

2. Produkt- und Transaktionsrisiken

Hohe Risiken konnten ferner bei den nachfolgend aufgeführten Produkten und Transaktionen identifiziert werden:

Risikobeschreibung	Sicherungsmaßnahme
Vergleichsgruppen unter Siron®Profile	
Indiz Nr. 26 (TF) **»Prepaid-Kreditkarte«**	Seit dem Jahr 2008 sind erstmalig Prepaid-Kreditkarten bei der Sparkasse eingeführt worden (vgl. Ausführungen oben unter B. II. 1. b) bb). Prepaid-Kreditkarten sind u. U. zur Terrorismusfinanzierung geeignet, da sie weltweit – auch an Geldautomaten – einsetzbar sind. Da Prepaid-Karten insbesondere von Privatkunden ganz überwiegend zu legalen Zwecken eingesetzt werden, gilt es, die Anzahl der Auffälligkeiten durch eine geeignete Gestaltung der eingesetzten Segment- und Verdachtsindizien einzuschränken. Hierzu wurde die Segmentierung durch die Ausgestaltung des Indizes insoweit eingeschränkt, als nur Karteninhaber, die nicht minderjährig sind, in das hohe Risiko eingestuft werden. Ferner wird die Segmentierung erst ab einem Einzelumsatz (Haben) von mehr als 700 € und/oder einem jährlichen Gesamtumsatz von mehr als 6 000 € durchgeführt. Ergänzend wurde das korrespondierende Verdachtsindiz Nr. 18 so eingestellt, dass mindestens 3 Barauszahlungen am Geldautomaten in 30 Tagen vorgenommen werden müssen, um eine Auffälligkeitsanzeige zu erzeugen.

Indiz Nr. 12 (B, GwG) **»Ungewöhnlich hohe Anzahl an Barabhebungen (Privatkunden)«**	Bei Privatkunden sind mehrfache Barabhebungen am Tag unüblich. Daher wird ein entsprechendes Transaktionsverhalten aus Sicht des Geldwäschebeauftragten als hohes Risiko eingestuft. Der Hintergrund hierfür kann auch eine entwendete Kundenkarte sein. Um insbesondere entsprechende Schäden von Kunden abzuwenden, hat der Geldwäschebeauftragte das korrespondierende Verdachtsindiz Nr. 27 erstellt, mit dem ein oder mehrere Auszahlungen am Geldautomaten im europäischen Ausland erkannt werden können, wenn deren Gesamtvolumen den Auszahlungshöchstbetrag pro Tag und Karte erreicht.
Indiz Nr. 13 (GwG, B) **»Ungewöhnlich hohe Anzahl Auslandsscheckeinreichungen«**	Nach Auffassung des Geldwäschebeauftragten besteht ein unübliches Transaktionsverhalten auch bei der Einreichung von mehr als 10 Auslandsschecks pro Monat. Ein entsprechendes Transaktionsverhalten kann zum einen auf Geldwäsche, aber auch auf Betrugsdelikte hindeuten (Einreichung von gestohlenen Schecks, sog. disparische Schecks). Hierfür ist das Segmentindiz Nr. 13 erstellt worden, das jedoch nicht über ein korrespondierendes Verdachtsindiz verfügt. Die allgemeinen Verdachtsindizien, die das Risikosegment »Hoch« auswerten, sind hier aus Sicht des Geldwäschebeauftragten ausreichend.
Indiz Nr. 14 (GwG) **»Ungewöhnlich hohe Anzahl an Bareinzahlungen (Privatkunden)«**	Unüblich sind auch mehrmals tägliche Bareinzahlungen durch Privatkunden auf dasselbe Konto – insbesondere an verschiedenen Kassen. Kommen Transaktionen dieser Art vor, so werden diese durch die allgemeinen Verdachtsindizien, die auf das Risikosegment »Hoch« angewendet werden, überwacht.

Indiz Nr. 15 (GwG, TF) **»Zahlungseingänge werden komplett bar verfügt«**	Entspricht die Summe der Geldeingänge innerhalb 30 Tagen im Wesentlichen der Summe der Barabhebungen innerhalb desselben Zeitraums, so werden Geschäftsbeziehungen, bei denen Transaktionen dieser Art vorkommen, mit dem Segmentindiz Nr. 15 als hohes Risiko klassifiziert. Relevant ist dies jedoch erst bei größeren Beträgen ab 10 000 €. Korrespondierende Verdachtsindizien für diese Vergleichsgruppe bestehen nicht; ausreichend sind die allgemeinen Verdachtsindizien.
Indiz Nr. 16 (GwG) **»Bareinzahlung mit umgehendem Auslandstransfer«**	Unter Geldwäschegesichtspunkten problematisch sind auch Auslandstransaktionen, die sich unmittelbar an eine Bareinzahlung anschließen. Transaktionen dieser Art werden über die allgemeinen Verdachtsindizien für das hohe Risiko überprüft.
Indiz Nr. 17 (GwG) **»Hohe ausgehende Auslandstransaktionen«**	Hohe Auslandsüberweisungen oder Auslandsscheckbelastungen ab einem Gesamtumsatz von mindestens 50 000 € sind ebenfalls mit einem hohen Risiko verbunden, wenn aus der Geschäftsbeziehung heraus kein plausibler Grund hierfür abgeleitet werden kann und diese bei dem betreffenden Kunden bislang nicht vorgekommen sind. Auch hier bestehen keine korrespondierenden Verdachtsindizien. Soweit sich Auffälligkeiten in diesem Segment (insbesondere über das Verdachtsindiz Nr. 3) zeigen, die anhand der Verwendungszweckdaten und den sonstigen Angaben zum Kunden nicht verifiziert werden können, ist der Kunde grundsätzlich vom Kundenberater unter einem Vorwand auf diese Transaktion(en) anzusprechen. Hierzu wird sich der Geldwäschebeauftragte im Einzelfall mit dem Berater in Verbindung setzen.

Indiz Nr. 18 (GwG) **»Off-Shore-Zentren«**	Überweisungen in Länder, die als Steueroasen oder aufgrund ihrer geringen Regelungsdichte potentiellen Geldwäschern als Zufluchtsort dienen können, sind generell mit einem hohen Risiko belegt. Die Voreinstellung Delaware, Isle of Man, Guernsey, Jersey, Riezlern wurde vom Geldwäschebeauftragten um die Länder British Virgin Islands und Cayman Islands, die in der Vergangenheit beide von Kunden in Einzelfällen durch Transaktionen angesprochen worden sind, erweitert. Überweisungen ab einem Betrag von 15 000 € in eines dieser Länder werden über das Verdachtsindiz Nr. 20 auffällig. In der Vergangenheit ist insbesondere das im Gewerbepark II von Schurkenhausen ansässige metallverarbeitende Unternehmen *Eisen Kopp GmbH*, das Geschäftsbeziehungen zu osteuropäischen Unternehmen unterhält, durch Zahlungen auf Konten in Off-Shore-Zentren, vor allem an eine Bank auf den Cayman Islands aufgefallen. Eine in diesem Zusammenhang erstattete Verdachtsanzeige blieb jedoch sowohl unter Geldwäschegesichtspunkten als auch unter steuerlichen Aspekten ohne Ergebnis; die Verfahren wurden eingestellt. Nach Auskunft des LKA verfügen osteuropäische Unternehmen vielfach über entsprechende Konten, sodass die Zahlungen vermutlich einen legalen Hintergrund aufweisen. Glücklicherweise ließen sich kriminelle Handlungen nicht nachweisen.
Indiz Nr. 19 (GwG) **»Hohe Kreditkartenbelastungen«**	Soweit in einer Geschäftsbeziehung hohe Kreditkartenumsätze vorkommen, die nicht zu den finanziellen Verhältnissen des Kunden passen, so besteht in jedem Fall ein hohes Risiko, da der wirtschaftliche Hintergrund dieser Zahlungen in der Regel im Verborgenen bleibt. Der

	von der Sparkasse vorgegebene relevante Schwellwert für entsprechende Umsätze beträgt mindestens 15 000 €. Umsätze dieser Größenordnung werden über das Verdachtsindiz Nr. 30 erst auffällig, wenn die Kreditkartenzahlungen innerhalb von 30 Tagen mindestens 75 % der kumulierten Haben-Umsätze im selben Zeitraum entsprechen. In diesen Fällen dürfte ein auffälliges und ungewöhnliches Missverhältnis zwischen Einnahmen und Kreditkartenzahlungen bestehen.
Einzelrisiken	
Illegales Glücksspiel Die Sparkasse hat aus dem Lagebild Finanzermittlungen des LKA NRW für das Jahr 2006 eine Typologie zur Aufdeckung von Transaktionen aus illegalem Glücksspiel übernommen. Typische Kennzeichen für entsprechende Transaktionen aus dieser Deliktsgruppe sind: • Hohe Geldbeträge in »kleinen« Banknoten werden in »größere« Banknoten getauscht. • Personen mit Wohnsitz im Ausland eröffnen in Deutschland bei einem grenznahen Kreditinstitut ein Konto, über das aber kaum Transaktionen getätigt werden. • Geringes Interesse der Kontoinhaber an weiteren Leistungsangeboten des Kreditinstitutes	Im Rahmen der in regelmäßigen Abständen durchgeführten Multiplikatoren-Schulungen (zuletzt bei der Umsetzung des GwBekErgG) weist der Geldwäschebeauftragte zur Sensibilisierung der Mitarbeiter auf verschiedene Typologien hin. Hierzu zählt auch die in dem Lagebild Finanzermittlungen geschilderte Typologie. Fälle dieser Art lassen sich durch Research-Programme nicht aufdecken. Vielmehr bedarf es hier der besonderen Wachsamkeit der Mitarbeiter, insbesondere der Kassierer, wenn an diese in regelmäßigen Abständen der Wunsch auf Umtausch von kleineren in größere Banknoten herangetragen wird. Da im Rahmen illegalen Glückspiels in der Regel sehr große Gewinne erzielt werden können, sind hier grundsätzlich namhafte Summen im Spiel (einmalige Umtauschvorgänge regelmäßig deutlich höher als 20 000 €). Um die

	Mittelherkunft zu verschleiern, werden entsprechend hohe Bargeldbestände mit vorgeblichen Einnahmen aus legalen Erwerbsquellen erklärt (vor allem Marktbeschickung, z. B. durch Blumen-, Obst- und Gemüsestände, bei denen ausschließlich Bargeschäfte durchgeführt werden und entsprechend hohe Tageseinnahmen entstehen können). Typologien dieser Art werden in die künftigen Schulungsmaßnahmen des Geldwäschebeauftragten übernommen und mit den Teilnehmern, insbesondere bei Schulungen der Kassierer, als praxisnahe Beispiele besprochen.
(...)	

3. Länderrisiken

Kunden mit ausländischer Nationalität unterliegen aus Sicht des Geldwäschebeauftragten aufgrund ihrer Staatsangehörigkeit keiner automatischen Verdachtsvermutung und bergen kein erhöhtes Risiko gegenüber anderen Kundengruppen. Die besondere Überwachung dieser Kunden erfolgt ausschließlich aus Gründen aufsichtsrechtlicher Anordnungen.

Risikobeschreibung	**Sicherungsmaßnahme**
Ausländische Nationalitäten Der Anteil der Kunden ausländischer Nationalität am gesamten Privatkundenbestand der Sparkasse ist mit 9,8 % gering (vgl. hierzu auch die Ausführungen unter B. III. 2. c); der Anteil der Kunden mit ausländischer Nationalität aus Usbekistan und Iran (vgl. Rundschreiben 13/2008 der BaFin) beträgt lediglich 0,35 % des Gesamtkundenbestandes. Dieser Anteil entfällt ausschließlich auf Kontobeziehungen zu im Geschäftsgebiet ansässigen Iranern; Kunden mit Nationalität Usbekistan unterhalten bei der Spar-	Eine ausführliche Darstellung der getroffenen Maßnahmen der Sparkasse für die nach den aufsichtsrechtlichen Anordnungen mit verstärkten Sorgfaltspflichten zu behandelnden Nationalitäten findet sich oben unter B. II. 1. b) aa) »Geschäftsbeziehungen zu Kunden aus Iran, Usbekistan und Aserbeidschan«. Im Übrigen hat der Geldwäschebeauftragte die Mitarbeiter des Außenhandels angewiesen, ihm bei Überweisungen in die Länder Iran, Usbekistan und Aserbeidschan ab 15 000 € unverzüglich eine Kopie der Anlage Z 1 zur Außenwirtschafts-

kasse keine Konten. Einige wenige Kunden haben darüber hinaus die Staatsangehörigkeit Aserbeidschan (vgl. Rundschreiben 6/2009 der BaFin).	verordnung zuzuleiten bzw. bei direkter DV-technischer Erfassung eine Kopie des Zahlungssatzes zur Verfügung zu stellen. Auffälligkeiten in der Geschäftsbeziehung zu diesen Kunden haben sich im Rahmen der Research-Maßnahmen des Geldwäschebeauftragten nicht gezeigt. Neben diesen aufsichtsrechtlich festgelegten Kundenbeziehungen mit bestimmten Nationalitäten hat die Sparkasse nach Auswertung der Lagebilder des LKA NRW und der Berichte des Polizeipräsidiums Schurkenhausen folgende weitere Nationalitäten in eine verstärkte Überwachung einbezogen: ... Auch die individuelle Festlegung bestimmter Länderrisiken folgt insoweit aufsichtrechtlichen Anordnungen und entspricht nicht der Überzeugung des Geldwäschebeauftragten. Zur Überwachung dieser Geschäftsbeziehungen hat der Geldwäschebeauftragte das Segmentindiz Nr. 30 definiert, dass kumulierte Haben-Umsätze über 20 000 € innerhalb von 30 Tagen voraussetzt. Besondere Verdachtsindizien in Kombination zu diesem Segmentindiz bestehen nicht. Die bestehenden allgemeinen Verdachtsindizien, die auf das Risikosegment »Hoch« Anwendung finden, sind aus Sicht des Geldwäschebeauftragten ausreichend. Auch bei den Geschäftsbeziehungen zu Kunden dieser Nationalitäten ergaben sich bislang keine Auffälligkeiten.

4. Sonstige Risiken (Statistik, Verhalten)

Schließlich hat der Geldwäschebeauftragte die folgenden Risiken identifiziert, die aus statistischen Daten, die in der Vergangenheit systemseitig unter Siron®AML gesammelt wurden, abgeleitet werden können oder durch besondere Verhaltensweisen des Kunden geprägt sind:

Risikobeschreibung	Sicherungsmaßnahme
Vergleichsgruppen unter Siron®Profile	
Indiz Nr. 20 (GwG) **»Starker Umsatzanstieg bei Girokonto«**	Besonders auffällig und daher mit einem hohen Risiko behaftet sind quartalsweise Umsatzsteigerungen, die auf den ersten Blick nicht erklärlich, insbesondere nicht auf saisonale Umsatzsprünge zurückzuführen sind. Das einschlägige Segmentindiz Nr. 20 sortiert Geschäftsbeziehungen, bei denen der Umsatz des letzen Quartals im Vergleich zum Umsatz des vorletzten Quartals um mehr als 300 % ansteigt, automatisch in das hohe Risikosegment. Korrespondierende Verdachtsindizien bestehen zu diesem Indiz nicht; ausreichend ist aus Sicht des Geldwäschebeauftragten die Überwachung dieser Vergleichsgruppe mit den allgemeinen Verdachtsindizien.
Indiz Nr. 21 (GwG) **»Hoher Anteil Auslands- und Bartransaktionen«**	Ähnlich risikoreich sind Umsatztätigkeiten eines Kunden, die zum überwiegenden Teil durch bare Transaktionen (Einzahlungen) gekennzeichnet sind, deren Gegenwert in zeitlich engem Zusammenhang ins Ausland transferiert wird. Entsprechende Verhaltensweisen werden über dieses Segmentindiz abgedeckt. Die Auswertung dieser Vergleichsgruppe erfolgt über die allgemeinen Verdachtsindizien.

Indiz Nr. 22 **»Nicht nachvollziehbare Steigerung der Bareinzahlungen«**	Ebenfalls mit einem hohen Risiko werden Geschäftsbeziehungen über das Segmentindiz Nr. 22 versehen, bei denen Steigerungen der baren Transaktionen von mehr als 300 % im Vergleich zum Vorquartal vorgekommen sind. Soweit in dieser Vergleichsgruppe weitere Auffälligkeiten über die allgemeinen Verdachtsindizien angezeigt werden und ein krimineller Hintergrund für die Verhaltensänderung nicht unmittelbar erkennbar wird, ist zunächst zu ermitteln, ob die Schwankungen saisonal bedingt sind. In diesem Zusammenhang ist anlässlich einer Smurfing-Kontrolle vor mehreren Jahren beinahe eine Verdachtsanzeige gegen einen Kunden erstattet worden, der ein entsprechendes Verhalten gezeigt hatte. In dem damaligen Fall war die berufliche Tätigkeit des Kunden nicht bekannt; insbesondere war nicht bekannt, dass dieser – obwohl kein Land- oder Forstwirt – größere Ländereien besaß, die er teilweise mit Nadelhölzern bepflanzt hatte, die zum Weihnachtsgeschäft verkauft wurden. Im Dezember erfolgten bei diesem Kunden sodann erhebliche Bareinzahlungen, die im übrigen Jahr nicht vorkamen. Glücklicherweise wurde der Kunde vor Erstattung der Anzeige von seinem Berater unter einem Vorwand auf die auffälligen Einzahlungen angesprochen, sodass der Hintergrund für das Kundenverhalten noch rechtzeitig geklärt werden konnte. Über diese Vergleichsgruppe können zudem geldwäscheanfällige Branchen überwacht werden, ohne dass diese in jedem Einzelfall bekannt sein müssen. Ein Beispiel hierfür sind Telefonshops. Bei diesen besteht eine höchst effektive und sehr elegante Möglichkeit der Geldwäsche darin, Telefonkarten für Prepaid-Handys in großem Umfang gegen Zahlung aus inkriminierten Bargeldbeständen anzukaufen und über eine von dem Täter eigens hierfür

	eingerichtete Mehrwertrufnummer (0 900 …) abzutelefonieren. Der Erlös aus der Abrechnung der Mehrwertrufnummer kann als sauberes Geld wieder in den legalen Finanzkreislauf zurückgeleitet werden. Telefonshops müssen bei dieser Geldwäschemethode nicht zwingend als unmittelbar Tatbeteiligte eine Rolle spielen; gleichwohl ist dies nicht auszuschließen.
Indiz Nr. …	

2.2.4 Zusammenfassung für den Vorstand

Letzter Schritt bei der Erstellung der Gefährdungsanalyse sollte die Zusammenfassung der wesentlichen Ergebnisse sein, um dem Vorstand die Möglichkeit der schnellen Erfassung der institutsindividuellen Gefährdungssituation zu geben. Da dem Vorstand die vollständige Analyse vorzulegen ist, in der die einzelnen Bewertungen nachvollzogen werden können, kann sich der Geldwäschebeauftragte auf die Zusammenfassung der tatsächlichen Risiken oder wesentlichen Kernaussagen beschränken. Eine entsprechende Zusammenfassung könnte wie folgt gefasst werden:

Zusammenfassende Einschätzung der Gefährdungssituation

Ausgehend von den Untersuchungen zur Ermittlung des Gefährdungspotentials der Sparkasse Schurkenhausen kommt der Unterzeichner zu dem Ergebnis, dass eine aktuelle Gefährdungslage der Sparkasse, zu Zwecken der Geldwäsche und der Terrorismusfinanzierung missbraucht zu werden, nicht erkennbar ist. Ferner besteht für die Sparkasse kein erhöhtes Risiko, Opfer eines Betrugsdeliktes zu werden. Die durchgeführten Kontroll-, Sicherungs- und Research-Maßnahmen haben sich nach den Feststellungen des Unterzeichners als ausreichend erwiesen.

Im Jahr 2008 sind erstmals Prepaid-Kreditkarten in das Produktportfolio der Sparkasse aufgenommen worden. Karten dieser Art sind auch nach den Einschätzungen des Bundeskriminalamtes besonders geeignet, für Zwecke der Terrorismusfinanzierung missbraucht zu werden. Der Unterzeichner hat daher besondere Sicherungsvorkehrungen getroffen, um auffällige Transaktionen mit diesen Karten unmittelbar erkennen zu können; vgl. Ausführungen unter B. II. 1. b) bb) und unter B. V. 2.

Die gesetzlichen Anforderungen im Bereich der Geldwäscheprävention haben sich mit Inkrafttreten des Geldwäschebekämpfungsergänzungsgesetzes am 21. August 2008 in weiten Teilen grundlegend verändert (vgl. ausführliche Darstellung unter B. II. 2.). Herausragende Neuerung ist in diesem Zusammenhang die Änderung des Verständnisses des wirtschaftlich Berechtigten bei juristischen Personen, da hier unter anderem die natürliche Person, die mehr als 25 % der Anteile auf sich vereint oder mehr als 25 % der Stimmrechte kontrolliert, als wirtschaftlicher Eigentümer aufzuzeichnen ist. Da dieser gesetzliche Ansatz vollkommen neu ist, erwartete der Unterzeichner im laufenden Geschäftsjahr erhebliche Fehlerquoten in der Bearbeitung entsprechender Kontoeröffnungen durch die operativen Einheiten. Soweit sich die Erwartungen bestätigen sollten, wird der Unterzeichner verstärkte Schulungsmaßnahmen und zusätzliche Stichprobenkontrollen durchführen.

Ähnliches gilt für die Umsetzung der Geldtransferverordnung im Zahlscheingeschäft, da hier praxisferne und formalistische Anforderungen gestellt werden, die für die Kassierer nur schwer verständlich sind. Auch hier wird der Unterzeichner entsprechenden Fehlern durch verstärkte Stichprobenkontrollen und ergänzende Schulungsmaßnahmen entgegenwirken.

Die mit Rundschreiben 13/2008 und 6/2009 der BaFin veröffentlichten Sorgfaltspflichten in Bezug auf Usbekistan, Iran und Aserbeidschan sind in umfassender Weise im Haus der Sparkasse Schurkenhausen mit einem erheblichen Aufwand umgesetzt worden; vgl. hierzu ausführlich unter B. II. 1. b) aa). Besondere Erkenntnisse oder geldwäscherelevante Auffälligkeiten konnten jedoch nicht festgestellt werden. Aus Sicht des Unterzeichners handelt es sich bei den Anforderungen um den Aufbau zusätzlicher bürokratischer Hemmnisse, da die betroffenen Länder über die Embargoüberwachung bereits umfassenden und ausreichenden Sorgfaltspflichten unterliegen. Besonders bedauerlich ist, dass die Anforderungen der BaFin in erster Linie auf dem Rücken der Kunden mit entsprechender Nationalität ausgetragen werden, da für diese die Eröffnung eines neuen Kontos nur noch unter großen Schwierigkeiten erfolgen kann. Dies selbst dann, wenn diese Kunden bereits seit Jahren in Deutschland leben und ein geregeltes Einkommen erzielen.

Dem im vergangenen Berichtszeitraum entstandenen erheblichen Schaden durch Einreichung von gefälschten Überweisungsaufträgen, die durch Hineingreifen in unzureichend gesicherte Nachtbriefkästen erlangt wurden, ist durch bauliche Veränderung der Nachtbriefkästen in den meisten Filialen begegnet worden. Lediglich in den Filialen Postweg, Elsterweg und Kleptomanenplatz sowie in der Hauptstelle konnten die Briefkästen aufgrund des hohen Briefaufkommens der betreffenden Filiale und mangels zumutbarer Ausweichmöglichkeit auf andere Filialen nicht beseitigt werden. Ein entsprechender Umbau wird für die kommenden Renovierungsarbeiten in den betreffenden Geschäftsräumen empfohlen.

Der Vorfall in der Filiale Ruhesanft, bei dem sich ein als Telefontechniker verkleideter Mann Zugang zu dem ungesicherten Kellerraum der Filiale verschaffte, um einen WLAN-Zugangspunkt einzurichten, hat die Innenrevision in enger Abstimmung mit dem Unterzeichner und der Organisationsabteilung bewogen, das IT-Sicherheitskonzept der Sparkasse vollständig zu überarbeiten (vgl. Abschnitt B. II. 6.). Daneben wurden die Mitarbeiter durch entsprechende Schulungsmaßnahmen eines IT-Sicherheitsspezialisten sensibilisiert, um entsprechende Zutrittsversuche bereits im Vorfeld erkennen und abwehren zu können. Ferner wird sich der Geldwäschebeauftragte künftig bei den turnusmäßigen Vorort-Kontrollen über die angewiesene Absicherung der EDV-Anlagen durch mechanische Vorkehrungen überzeugen.

Weiter gehende Maßnahmen sind aus Sicht des Unterzeichners im Hinblick auf die getroffenen Feststellungen derzeit nicht erforderlich.

Schurkenhausen, den 22. Juni 2009

Siegfried Schnüffel
Geldwäschebeauftragter

2.2.5 Indizienkatalog

Der nachfolgende Indizienkatalog dient als Orientierungshilfe für die Erarbeitung einer entsprechenden Aufstellung. Als Übersicht über die eingesetzten Indizien ist eine entsprechende Aufstellung durchaus empfehlenswert, zumal sich der Erstellungs- und insbesondere der Nachbearbeitungsaufwand in vertretbaren Grenzen hält. Soweit die externe Revision des Instituts einen entsprechenden Katalog im Rahmen der Jahresabschlussprüfungen fordert und eine hiervon abweichende Form vorsieht, so sollte diese Form übernommen werden, um Doppelarbeiten zu vermeiden.

Inhaltlich beschreibt der nachfolgende Katalog die in der Gefährdungsanalyse der Sparkasse Schurkenhausen angesprochenen Indizien. Sämtliche der genannten Schwellwerte sind individuell zu überprüfen, da sie nicht für jedes Institut und jede Kundenbeziehung gleichermaßen herangezogen werden können. Für Retailbanken gelten sicherlich andere Schwellwerte als für Banken, die vornehmlich auf das Private Banking spezialisiert sind.

Bei der Lektüre der verschiedenen Indizien wird Ihnen auffallen, dass die Liste zunehmend ungeordnet erscheint. Dies liegt ganz einfach daran, dass man am Anfang mit einer systematisch geordneten Liste beginnt, die im Laufe der Zeit ständig erweitert wird. Dabei sollten Sie sich – wie Herr Schnüffel – davor hüten, die Liste bei jeder Änderung wieder in die richtige Reihenfolge zu bringen. Dies führt zu einem erheblichen Arbeitsaufwand, da in diesem Fall sämtliche Bezugnahmen im Text der Gefährdungsanalyse an die geänderte Reihenfolge angepasst werden müssen. Dieser Aufwand ist nicht nur unnötig, sondern zugleich fehleranfällig.

Beachten Sie bitte ferner, dass es sich bei dem Katalog lediglich um eine beispielhafte und unvollständige Sammlung handelt, der zwar der Praxis entlehnt ist, aber sicherlich nicht das praktische Bedürfnis eines jeden Instituts erfüllt. Neben einer Auswahl von Segmentindizien für die Arbeit unter Siron®Profile ist im Anschluss eine Aufstellung der Verdachtsindizien, die unter Siron®AML eingesetzt werden könnten, enthalten. Die Tabelle der Segmentindizien umfasst einen Teil der mit Auslieferung der Software im Mai 2009 voreingestellten Basisindizien sowie einige Segmentindizien, die für die Sparkasse Schurkenhausen entworfen worden sind. Beachten Sie bitte, dass einzelne der voreingestellten oder der hier gebildeten Indizien je nach Schnittstelle zum operativen System möglicherweise (noch) nicht einsetzbar sind, wenn die erforderlichen Vergleichsoperatoren aus den operativen Systemen nicht zur Verfügung stehen.

Die beiden nachfolgenden Tabellen dienen letztlich nur der Illustration und der Anregung für eigene kreative Ideen. Für alle beschriebenen Indizien (sowohl Segment- als auch Verdachtsindizien) gilt, dass diese an die individuelle Situation des jeweiligen Kreditinstituts angepasst werden müssen. Ihrer Phantasie sind dabei keine Grenzen gesetzt.

Segmentindizien unter Siron®Profile

Die Kennzeichnung in der Rubrik »AML-Indiz« bezeichnet das korrespondierende Verdachtsindiz, das für die Anzeige von Auffälligkeiten in dem jeweiligen Segment verantwortlich ist. Aufgeführt wird nur das jeweils unmittelbar korrespondierende Verdachtsindiz. Verdachtsindizien, die auf ein Risikosegment und nicht zugleich auf ein bestimmtes Segmentkennzeichen angewendet werden – z. B. Verdachtsindiz Nr. 3 – brauchen nicht angegeben werden. Bei den Segmentindizien sind nur in einigen Fällen Selektionskriterien für den operativen Datenbestand angegeben worden, wenn dies zum Verständnis der Beschreibung erforderlich ist. Diese einschränkenden Regeln entsprechen im Regelfall nicht der tatsächlichen Syntax, sondern sind auf wenige Punkte beschränkt. Die genauen Selektionskriterien und die Syntax der Indizien lassen sich aus den Begleitmaterialien der Fa. Tonbeller AG zu Siron®Profile und Siron®AML entnehmen.

Nr.	Segmentindiz	AML-Indiz	Beschreibung/Parameter	gültig ab
1	Bestandskunden (90 bis 360 Tage) ohne erkennbar regionalen Bezug – Normales Risiko (Kunde)	10, 21	Nach Ablauf von 90 Tagen nach Eröffnung einer neuen Geschäftsverbindung zu Kunden ohne erkennbar regionalen Bezug (vgl. Segmentindiz Nr. 11), wird die Kundenbeziehung für weitere 270 Tage bis zur endgültigen Entscheidung über die Fortführung in die Risikostufe »Normal« überführt. Einschränkende Kriterien: Produktgruppe = [Girokonto] und Kunde nicht minderjährig	21.5.2009
2	Kunde in langjähriger Betreuung der Kreditabteilung – Normales Risiko (Kunde)	-	Bei langjährigen Geschäftsverbindungen kann insbesondere bei größeren Engagements die vermeintliche Gewissheit entstehen, dass der Kunde und sein Verhalten bekannt ist und verbindlich eingeschätzt werden kann. Diese Gewissheit ist jedoch trügerisch und kann dazu verleiten, Auffälligkeiten zu ignorieren. (Bestandskunde > 10 Jahre und Summe der Debitsalden > 500 000 €)	21.5.2009
3	Hohe Summe Bartransaktionen (Soll und Haben) – Normales Risiko (Transaktion)	-	Kundensystematik = [Privatkunde] und Gesamtbetrag der Bartransaktionen ≥ 100 000 € innerhalb von 3 Monaten	21.5.2009

4	Eingehende Auslandstransaktionen – Normales Risiko (Transaktion)	22	Generelle Einstufung von eingehenden Auslandstransaktionen ≥ 20 000 € in die Risikokategorie »Normal« (Konvertierte Zahlungen über Zahlungssatzschlüssel 888 = Auslandstransaktionen ermittelbar)	21.5.2009
5	Häufige GAA - Verfügungen im außereuropäischen Ausland – Normales Risiko (Transaktion)	23	Terroristische Vereinigungen sind auf Verfügungsmöglichkeiten im Ausland angewiesen. Aufgrund der bestehenden weltweiten Verfügungsmöglichkeiten an Geldautomaten über die SparkassenCard ergeben sich insoweit latente Risiken. Anzahl der Auslandsbarverfügungen ≥ 5 und Auswertung über Kontokennzeichen.	21.5.2009
6	Hohes Volumen an Rücküberweisungen – Normales Risiko (Sonstige, Verhalten)	25	Klassische Methode der Verschleierung (Überzahlung eines Vertrages und anschließende Rücküberweisung des überschießenden oder des gesamten Betrages). Textschlüssel = 62, Kundensystematik = 2 oder 7 und Gesamtbetrag ≥ 100 000 €	21.5.2009
7	Hohes Volumen an Rücklastschriften – Normales Risiko (Sonstige, Statistik)	26	Ebenfalls klassische Verschleierungstechnik. Bei derartigen Transaktionsvolumina kann es über das Risiko der Geldwäsche hinaus zu einem Kreditausfallrisiko kommen. Textschlüssel = [Lastschriftrückgabe], Gesamtumsatz ≥ 50 000 €	21.5.2009
8	Vermögende Privatkunden – Normales Risiko (Kunde)	-	Kundenverbindungen zu vermögenden Privatkunden stellen generell kein geringes, sondern allenfalls ein normales Risiko dar (Voreinstellung von Siron®Profile sogar hohes Risiko).	21.5.2009
9	Politisch exponierte Personen (PEPs) oder natürliche Person mit Sitz im Ausland – Hohes Risiko (Kunde)	-	[Anm.: PEPs sind gemäß § 6 Abs. 2 Nr. 1 GwG als Hochrisikokunden zu behandeln. Bei Einsatz einer PEP-Datenbank (z. B. unter Siron®PEP) werden alle gekennzeichneten PEPs (nur natürliche Personen) automatisch in das Risikosegment »Hoch« übertragen. Soll eine entsprechende Datenbank nicht verwendet werden, so gibt es eine Vielzahl von Möglichkeiten, um die	21.5.2009

			Anforderungen des § 6 Abs. 2 Nr. 1 GwG zu erfüllen. Je nach Anzahl der Kunden, die ihren Hauptwohnsitz im Ausland unterhalten, können diese Kunden unterschiedslos als PEPs behandelt und erst im Falle von Auffälligkeiten auf ihren PEP-Status hin geprüft werden. Alternativ können Kunden auch – z. B. im Zusammenhang mit der Erhebung von Angaben zur Zinsinformationsverordnung – hinsichtlich ihres PEP-Status befragt werden. In der hier vertretenen Variante erfolgt eine Überprüfung des PEP-Status durch den Geldwäschebeauftragten im Rahmen einer Internet-Recherche.] Unabhängig von der individuell gewählten Lösung können Kunden, die als PEP identifiziert worden sind, über ihre Kundennummer in einem Segmentindiz erfasst werden (in der Siron-Syntax z. B. KUNDNU = 12 345, = 34 567 etc.). Sollen dagegen alle Kunden mit Wohnsitz im Ausland als potentielle PEP behandelt werden, so bietet es sich an, Ausschlusskriterien zu bilden, um die Anzahl der Treffer gering zu halten (z. B. Alter ≥ 67 Jahre, um im Ausland lebende Rentner aus der Trefferliste herauszuhalten). Eine Erfassung der einzelnen Kundennummern in einem Indiz sollte nur dann erfolgen, wenn die Anzahl der Kunden überschaubar ist.	
10	Kontoeröffnung unter Abwesenden (Distanzgeschäfte) – Hohes Risiko (Kunde)	-	Sofern es zur Begründung einer Geschäftsverbindung nach § 6 Abs. 2 Nr. 2 GwG kommt, ist generell ein hohes Risiko anzunehmen. Konten dieser Art sind in der Praxis der Sparkasse jedoch nicht relevant. Ausnahmsweise angelegte Konten dieser Art werden über Kontokennzeichen selektiert. Ergänzend greifen bei diesen Kontobeziehungen auch die Segmentindizien Nr. 11 und 1.	21.5.2009

11	Neukunden ohne erkennbar regionalen Bezug – Hohes Risiko (Kunde)	10, 21	Insbesondere bei Sparkassen, die dem Regionalitätsprinzip unterliegen, sind Neukunden (im Beispiel bis 90 Tage), die keinen erkennbar regionalen Bezug aufweisen (Wohnort, Arbeitsstelle), zunächst als hohes Risiko einzustufen. Einschränkende Kriterien: Produktgruppe = [Girokonto] und Kunde nicht minderjährig	21.5.2009
12	Ungewöhnlich hohe Anzahl an Barabhebungen (Privatkunden) – Hohes Risiko (Transaktion)	27	Unübliches Transaktionsverhalten bei mehr als einer Barabhebung je Tag. Kann ein Indiz für entwendete Kundenkarte sein.	21.5.2009
13	Ungewöhnlich hohe Anzahl Auslandsscheckeinreichungen – Hohes Risiko (Transaktion)	-	Unübliches Transaktionsverhalten bei mehr als 10 Auslandsschecks pro Monat.	21.5.2009
14	Ungewöhnlich hohe Anzahl an Bareinzahlungen (Privatkunden) – Hohes Risiko (Transaktion)	28	Unübliches Transaktionsverhalten bei regelmäßig wiederkehrenden Bareinzahlungen – zum Teil mehrmals täglich, ggf. an verschiedenen Kassen – auf dasselbe Konto.	21.5.2009
15	Zahlungseingänge werden komplett bar verfügt – Hohes Risiko (Transaktion)	-	Die Summe der Geldeingänge innerhalb 30 Tagen ist ähnlich der Summe der Barabhebungen innerhalb desselben Zeitraums. Relevant erst bei größeren Beträgen > 10 000 €.	21.5.2009
16	Bareinzahlung mit umgehendem Auslandstransfer – Hohes Risiko (Transaktion)	-	Habenumsatz (Bar) > 20 000 € und Auslandstransaktion innerhalb 10 Tagen über mindestens 90 % des Haben-Umsatzes	21.5.2009

17	Hohe ausgehende Auslandstransaktionen – Hohes Risiko (Transaktion)	-	Sofern es bei dem betreffenden Kunden in der Vergangenheit nicht zu Auslandstransaktionen gekommen ist, besteht ein hohes Risiko, da der Kunde von seinem bisherigen Verhalten abweicht.	21.5.2009
18	Off-Shore-Zentren – Hohes Risiko (Transaktion)	20	Überweisungen in Länder, die als Steueroasen oder aufgrund ihrer geringen Regelungsdichte potentiellen Geldwäschern als Zufluchtsort dienen können (Voreinstellung Delaware, Isle of Man, Guernsey, Jersey, Riezlern sind um die British Virgin Islands und die Cayman Islands erweitert worden.	21.5.2009
19	Hohe Kreditkartenbelastungen – Hohes Risiko (Transaktion)	30	Kreditkarten bieten die Möglichkeit zur Vornahme von Transaktionen, ohne den wirtschaftlichen Hintergrund erkennen zu können (Relevant erst bei Monatsumsätzen > 15 000 €)	21.5.2009
20	Starker Umsatzanstieg bei Girokonto – Hohes Risiko (Sonstige, Verhalten)	-	Umsatz des letzen Quartals steigt im Vergleich zum Umsatz des vorletzten Quartals um mehr als 300 % an.	21.5.2009
21	Hoher Anteil Auslands- und Bartransaktionen – Hohes Risiko (Sonstige, Verhalten)	-	Anteil der Bareinzahlungen an den Haben-Umsätzen innerhalb 90 Tage ≥ 45 % und Anteil Auslandstransaktionen an den Sollumsätzen ≥ 80 %.	21.5.2009
22	Nicht nachvollziehbare Steigerung der Bareinzahlungen – Hohes Risiko (Sonstige, Statistik)	-	Steigerung der Bareinzahlungen um 300 % im Vergleich zum Vorquartal, Summe der Haben-Umsätze > 50 000 € und bestimmte Produktvarianten (Geschäfts- und Privatgirokonten, Tagesgeldkonten und Termingelder)	21.5.2009

23	Behörden, Kreditinstitute, börsennotierte Konzerne – Niedriges Risiko (Kunde, Dominanzkriterium)	-	Behörden, Kreditinstitute, Finanzinstitute und börsennotierte Gesellschaften sind gemäß § 5 GwG unabhängig von der Art der durchgeführten Geschäfte privilegiert.	21.5.2009
24	Ungewöhnliche Transaktionen bei Betreuungskonten – Normales Risiko (Produkt)	19	Bei Betreuungskonten besteht ein latentes Risiko von missbräuchlichen Verfügungen durch den Betreuer. Einstellung einer Geschäftsverbindung in das normale Risiko erfolgt, wenn der Betreuer eine Kontovollmacht über das Konto des Betreuten hat. Denn eine entsprechende Bevollmächtigung ist aufgrund der gerichtlich eingeräumten Vertretungsmacht des Betreuers regelmäßig nicht notwendig.	26.5.2009
25	Erhöhte Sorgfaltspflichten bei bestimmten Nationalitäten – Hohes Risiko (Länder)	20	Von der BaFin vorgegebene Länderrisiken; derzeit Iran, Usbekistan und Aserbeidschan (vgl. Rundschreiben 13/2008 und 6/2009 der BaFin)	3.6.2009
26	Prepaid-Kreditkarte – Hohes Risiko (Produkt)	18	Prepaid-Kreditkarten sind u. U. zur Terrorismusfinanzierung geeignet, da sie weltweit – auch an Geldautomaten – einsetzbar sind. Einstufung in diese Vergleichsgruppe jedoch nur, wenn Karteninhaber ≠ minderjährig und monatlicher Einzelumsatz (Haben) > 700 € und/oder jährlicher Gesamtumsatz auf dem Kreditkartenkonto > 6 000 €	21.5.2009
27	Regelmäßige Auslandstransaktionen – Normales Risiko (Sonstige, Verhalten)	-	Auslandstransaktionen der vorausgegangenen 3 Monate > 5 und Summe der Transaktionen mindestens 75 % der kumulierten Haben-Umsätze im gleichen Zeitraum	3.6.2009

28	Kunden mit schlechter Bonität – Normales Risiko (Kunde)	11	Bonitätsmerkmal schlechter als ...	11.6.2009
29	Hohe Zahlungseingänge (Unbar und Bar) und Verfügung mittels Online-Banking – Normales Risiko (Vertriebswege)	24	Umsätze (Haben) auf sämtlichen Konten eines Kunden > 100 000 € in 30 Tagen und Summe der Online-Transaktionen mindestens 90 % des Umsatzvolumens im gleichen Zeitraum	16.6.2006
30	Besondere Überwachung von bestimmten Nationalitäten – Hohes Risiko (Länder)	-	Überwachung bestimmter Länderschlüssel, die die Sparkasse nach Auswertung von externen Quellen als risikobehaftet definiert hat und kumulierte Haben-Umsätze in 30 Tagen > 20 000 €	16.6.2009
31	...			

Verdachtsindizien unter Siron®AML

Die nachfolgend beschriebenen Verdachtsindizien greifen teilweise auf einzelne Segmentindizien zu. Dieser Zugriff ist unter Siron®AML derzeit (noch) nicht direkt darstellbar. Wenn Sie entsprechende Verdachtsindizien nachbauen möchten, können Sie ein entsprechendes Ergebnis beispielsweise erreichen, wenn Sie das betreffende Segmentindiz auf ein freies Segmentkennzeichen kopieren und das Verdachtsindiz auf dieses Kennzeichen zugreifen lassen.

Nr.	Verdachtsindiz	Score	Kundengruppe	Parameter/Schwellwerte	gültig ab
1	NCCT-Prüfung (Nationalität, Hausanschrift, Versandanschrift)	6	Gesamtkundenbestand	Staaten, die nach Auffassung der FATF als nicht-kooperierend eingestuft waren (FATF-List of Non-Cooperative Countries and Territories)	Inaktiv seit 2008
2	Prüfung des Kundennamens gegen zentrale EU-Sanktionsliste	10	Gesamtkundenbestand	Gestufter Score; z. B.: 100 % Übereinstimmung = Score 10, 70 % Übereinstimmung = Score 7	Inaktiv seit 21.5.2009

3	Auslandszahlungsverkehr in risikobehaftete Länder	5	Risikosegmente Normal und Hoch	Bestimmte Länderschlüssel und mehr als 10 000 € innerhalb 30 Tagen	30.10.2004, geändert 21.5.2009
4	Junges Konto (Tage seit Kundeneröffnung ≤ 90)	1	Gesamtkundenbestand	Geschäftsverbindung jünger als 90 Tage	Inaktiv seit 21.5.2009
5	Smurfing (Summe Bareinzahlungen innerhalb variablem Zeitraum) Privatkunden	5	Gesamtkundenbestand	Bareinzahlungen zwischen 2 500 und 15 000 € in 7 Tagen u. Gesamtsumme über 15 000 €	Inaktiv seit 2008
6	Häufige Zahlungen ohne Verwendungszweck (möglicher Hinweis auf Hawallah-Banking)	5	Risikosegmente Normal und Hoch	Mehr als 60 (Firmenkunden) bzw. 20 (Privatkunden) externe Überweisungen in 90 Tagen ohne Verwendungszweck	12.9.2005, geändert 21.5.2009
7	Hoher AZV-Anteil	5	Gesamtkundenbestand	Anteil Auslandstransaktionen über 80 % vom Gesamtumsatz	Inaktiv seit 2008
8	Schlüsselbegriffe	5	Gesamtkundenbestand	Bestimmte Schlüsselbegriffe im Verwendungszweck, die auf Terrorismusfinanzierung hindeuten können	3.2.2006
9	Hoher Anteil Bareinzahlungen	5	Gesamtkundenbestand	100 oder mehr Bareinzahlungen > 5 000 € innerhalb von 3 Monaten	24.5.2004
10	Neue Kundenbeziehung mit hohen Haben-Umsätzen	10	Risikosegmente Normal und Hoch	Segmentindizien 1 oder 11 treffen zu und mehr als 15 000 € Umsatz in 30 Tagen	21.5.2009
11	Kunden mit schlechter Bonität und unverhältnismäßig hohen Zahlungseingängen	10	Risikosegment Normal	Segmentindiz 28 trifft zu und Haben-Umsätze ≥ 35 000 € innerhalb von 3 Monaten	11.6.2009

12	Zahlungsverkehr mit auffälligem Verwendungszweck (Schlüsselwort)	10	Gesamtkundenbestand	Mehr als fünf Eingänge in drei Monaten mit einem der folgenden Schlüsselwörter im Verwendungszweck: »…, …«	29.7.2005
13	Umsatzvergleiche	5	Risikosegmente Normal und Hoch	Innerhalb von 10 Tagen bereits über 90 % Umsatzvolumen der letzten 90 Tage bei mindestens 30 000 € Umsatzvolumen in den vorausgegangenen 30 Tagen	21.5.2009
14	Zahlungseingänge von hohen Summen auf Girokonten von Minderjährigen	10	Privatkunden (Minderjährige)	Kumulierte Haben-Umsätze > 2 500 € innerhalb von 30 Tagen	3.2.2009
15	Lastschrifteinzug über hohe Summen	5	Privatkunden	Lastschrifteinzüge über einen Betrag ≥ 5 000 € innerhalb von 3 Monaten	24.5.2004
16	Regelmäßige hohe Auszahlungen von Sparkonten	5	Privatkunden	Monatliche Barauszahlungen von Sparkonten mit 3-monatiger Kündigungsfrist ≥ 2 000 €	27.2.2006
17	Überdurchschnittlich hoher Anteil an Kreditkartenzahlungen (Eingänge)	10	Firmenkunden	Eingänge von Kreditkartenunternehmen (VISA, MasterCard, American Express, Barclay, …; erkennbar anhand der Kontonummer und BLZ, über die entsprechende Transaktionen geleitet werden) ≥ 50 000 € im Monat	3.2.2009

18	Umsatzüberwachung von Prepaid-Kreditkarten	10	Risikosegment Hoch	Segmentindiz 26 trifft zu und Barverfügungen am GAA ≥ 3 in 30 Tagen	21.5.2009
19	Umsatzüberwachung bei Betreuungskonten	10	Risikosegment Normal	Segmentindiz 24 trifft zu und Kartenverfügungen ≥ 5 pro Monat und hohe Barverfügungen > 500 €	26.5.2009
20	Zahlungen ab 15 000 € an Off-Shore-Zentren und bei bestimmten Nationalitäten	10	Risikosegment Hoch	Segmentindizien 18 oder 25 treffen zu und Sollumsatz ≥15 000 €	3.6.2009
21	Junge Geschäftsbeziehung und Zahlungseingang aus dem Ausland	10	Risikosegmente Normal und Hoch	Segmentindiz 1 oder 11 treffen zu und hoher Zahlungseingang aus dem Ausland (Data-Textschlüssel 888 und Gutschriftsbetrag > 50 000 €)	3.6.2009
22	Barauszahlung von Zahlungseingängen aus dem Ausland	10	Risikosegment Normal	Segmentindiz 4 ist erfüllt und Verfügung von mehr als 90 % der Zahlungseingänge in Bar.	11.6.2009
23	Häufige GAA - Verfügungen im außereuropäischen Ausland	10	Risikosegment Normal	Segmentindiz 5 ist erfüllt und Anzahl Verfügungen ≥ 6 innerhalb 30 Tagen und Gesamtzahl Verfügungen ≥18 innerhalb 90 Tagen	11.6.2009
24	Online-Verfügungen	10	Risikosegment Normal	Segmentindiz 29 ist erfüllt und Anzahl Bareinzahlungen ≥ 3 mit einem kumulierten Volumen ≥ 50 000 € innerhalb 30 Tagen	16.6.2009

25	Hoher Anteil Rücküberweisungen	10	Risikosegment Normal	Segmentindiz 6 erfüllt und 50 % Auslandsanteil an den Haben-Umsätzen und korrespondierend 45 % Auslandsanteil an den Sollumsätzen	16.6.2009
26	Hoher Anteil Rücklastschriften	10	Risikosegment Normal	Segmentindiz 7 erfüllt und 80 % der Haben-Umsätze mit Textschlüssel = [Lastschriftrückgabe]	16.6.2009
27	Mehrere GAA-Verfügungen im europäischen Ausland am Tag	10	Risikosegment Hoch	Segmentindiz Nr. 12 erfüllt und Verfügungen am GAA im europäischen Ausland ≥ 1 und Summe = [Auszahlungshöchstgrenze] pro Tag	18.6.2009
28	Hohe Anzahl Barauszahlungen pro Tag	5	Risikosegment Hoch	Anzahl Barauszahlungen ≥ 3 und Summe Sollumsatz pro Tag > 20 000 €	18.6.2009
29	Hohe Sollumsätze über 50 000 €	5	Risikosegment Hoch	Kumulierte Sollumsätze > 50 000 € in 30 Tagen	18.6.2009
30	Missverhältnis zwischen Haben-Umsätzen und Kreditkartenzahlungen	10	Risikosegment Hoch	Segmentindiz 19 ist erfüllt und Kreditkartenzahlungen innerhalb 30 Tagen ≥ 75 % der kumulierten Haben-Umsätze im selben Zeitraum	18.6.2009

Anhang 1

Bundesanstalt für Finanzdienstleistungsaufsicht

24.03.2005
GZ: GW 1 – E 100

Rundschreiben 8/2005 (GW)
An alle Kreditinstitute in der Bundesrepublik Deutschland

Institutsinterne Implementierung angemessener Risikomanagementsysteme zur Verhinderung der Geldwäsche, Terrorismusfinanzierung und Betrug zulasten der Institute gemäß §§ 25a Abs. 1 Satz 3 Nr. 6, Abs. 1a KWG, 14 Abs. 2 Nr. 2 GwG

Anfertigung der institutsinternen Gefährdungsanalyse

Sehr geehrte Damen und Herren,

in letzter Zeit sind an mich vermehrt Anfragen zur Anfertigung der institutsinternen Gefährdungsanalyse im Rahmen des Risikomanagements zur Verhinderung der Geldwäsche, Terrorismusfinanzierung sowie des Betruges zulasten der Institute herangetragen worden. Diese veranlassen mich, auf nachfolgende grundlegende Leitlinien für die Anfertigung der institutsinternen Gefährdungsanalyse einzugehen.

Dabei weise ich vorsorglich darauf hin, dass bezüglich der Bekämpfung der Geldwäsche, Terrorismusfinanzierung sowie des Betruges zulasten der Institute in hohem Maße gemeinsame Risiken bestehen. Ungeachtet ihrer unterschiedlichen Struktur erfordern sie ähnliche Präventionsmaßnahmen, die zum Großteil sogar deckungsgleich sind. Es ist daher nicht notwendig, für die einzelnen Bereiche getrennte Gefährdungsanalysen zu erstellen.

1.

Gemäß § 25a Abs. 1 Satz 3 Nr. 6 KWG sowie § 14 Abs. 2 Nr. 2 GwG haben Institute **angemessene geschäfts- und kundenbezogene Sicherungssysteme** und Kontrollen zur Verhinderung der Geldwäsche, der Terrorismusfinanzierung sowie des Betruges zulasten der Institute zu schaffen.

»Angemessen« sind dabei solche Maßnahmen und Systeme, die der jeweiligen Risikosituation des einzelnen Institutes entsprechen und diese hinreichend abdecken. Die Sicherungssysteme haben sich insbesondere an der Größe, Organisation und Gefährdungssituation des einzelnen Institutes, insbesondere dessen Geschäfts- und Kundenstruktur, auszurichten (vgl. Ziffer 38 meiner Verlautbarung über »Maßnahmen der Kreditinstitute zur Bekämpfung und Verhinderung der Geldwäsche vom 30.03.1998).

Was angemessen ist, beurteilt sich – wie sonst auch im Rahmen der Schaffung von Risiko Management Systemen – auf der Grundlage der eigenen Gefährdungsanalyse des Institutes bezüglich der Risikostruktur der von dem Institut angebotenen Dienstleistungen (so auch die Begründung zum 4. Finanzmarktförderungsgesetz in BT-Drs. 14/8017). Die Systeme sind laufend neuen Erkenntnissen und Gefährdungslagen anzupassen (s. ebenfalls BT-Drs. 14/8017).

2.

Ziel der institutsinternen Gefährdungsanalyse ist es, die institutsspezifischen Risiken zu Zwecken von Geldwäsche, Terrorismusfinanzierung sowie Betrug zulasten des Instituts zu erfassen, zu identifizieren, zu kategorisieren, zu gewichten sowie darauf aufbauend geeignete Geldwäsche-Präventionsmaßnahmen zu treffen.

3.

Bei der Anfertigung der institutsinternen Gefährdungsanalyse und der damit verbundenen Herleitung der erforderlichen Maßnahmen halte ich insbesondere folgende **Schritte** für **notwendig**:

- die vollständige Bestandsaufnahme der institutsspezifischen Situation
- die Erfassung und Identifizierung der kunden-, produkt- und transaktionsbezogenen Risiken
- die Kategorisierung, d. h. Einteilung in Risikogruppen, und ggf. zusätzliche Gewichtung, d. h. Bewertung, der identifizierten Risiken
- die Entwicklung geeigneter Parameter für die erforderlichen Research-Maßnahmen (vor allem für EDV-RESEARCH-Systeme) aufgrund des Ergebnisses der institutsinternen Risikoanalyse.
- die Überprüfung und Weiterentwicklung der bisher getroffenen Präventionsmaßnahmen unter Berücksichtigung des Ergebnisses der Gefährdungsanalyse

Für die **Bestandsaufnahme** der institutsspezifischen Situation ist die jeweilige Geschäftsstruktur des Institutes von Belang. Im Rahmen der Bestandsaufnahme kommt es insbesondere auf die Erfassung der im Institut vorhandenen grundlegenden Kundenstruktur, der Geschäftsbereiche und -abläufe, der Produkte, darunter des Volumens und der Struktur des nationalen und internationalen Zahlungsverkehrs, der Vertriebswege sowie der Organisationssituation des Institutes an.

Die **Identifizierung und Kategorisierung der Risiken** lässt sich mithilfe des über Geldwäschetechniken im Bankensektor inzwischen vorhandenen Erfahrungswissens durchführen. Das hierfür erforderliche Erfahrungswissen kann aufgrund nationaler und internationaler Typologienpapiere und Verdachtskatalogen, dem im Institut vorhandenen bzw. zu gewinnenden Wissen (etwa aus lokalen Presseauswertungen), der allgemeinen Analyse von Verdachtsfällen, die das Institut in der Vergangenheit tangierten oder dem Erfahrungsaustausch mit Geldwäschebeauftragten anderer Institute gewonnen bzw. aktualisiert werden. Eine wichtige Rolle spielt in diesem Zusammenhang auch das von mir mit meinem

Rundschreiben 25/2002 (Q) als Auslegungshilfe versandte Papier des Baseler Ausschusses für Bankenaufsicht zur »Sorgfaltspflicht der Banken bei der Feststellung der Kundenidentität«.

Die Ergebnisse der Identifizierung, Kategorisierung und Gewichtung der Risiken sind im Rahmen der einzelnen Präventionsmaßnahmen umzusetzen, insbesondere sind die Parameter für die erforderlichen Research-Maßnahmen (vor allem für EDV-Research-Systeme) hieraus herzuleiten. Es ist zu überprüfen, ob die bereits bestehenden Systeme die identifizierten Risiken abdecken und Optimierungen vorzunehmen oder zusätzliche Maßnahmen zu treffen sind.

Wie im Risikomanagement generell ist auch bei der Umsetzung der einzelnen Präventionsmaßnahmen im jeweiligen Einzelfall um so sorgfältiger vorzugehen, je höher das Risikopotential ist. In Abhängigkeit von dem Risikopotential sind auch die Entscheidungsbefugnisse innerhalb des Institutes zu staffeln.

4.

Zum Zwecke der **gruppenweiten Umsetzung** des Geldwäsche-Risikomanagements gemäß § 25a Abs. 1 Satz 3 Nr. 6, Abs. 1a KWG sowie § 15 GwG halte ich es zudem für erforderlich, die Gefährdungsanalyse gruppenweit anzufertigen und auf alle gruppenangehörigen Unternehmen im In- und Ausland (vgl. dazu § 10a Abs. 2 KWG und § 15 GwG) zu erstrecken. Dabei sind auch solche gruppenangehörigen Unternehmen in die Gefährdungsanalyse aufzunehmen, die selbst keine Finanztransaktionen durchführen oder sich an deren Durchführung direkt beteiligen, jedoch Geschäfte oder Dienstleistungen anbieten, die das Risiko in sich bergen, für die Nutzung zur Geldwäsche geeignet zu sein (wie z. B. die reine Vermögensberatung oder Vermögensbetreuung).

5.

Wichtig ist zudem, dass die institutsinterne Gefährdungsanalyse für die interne bzw. externe Revision nachvollziehbar **schriftlich fixiert** wird. Dies ermöglicht es dem Geldwäschebeauftragten auch, die Gefährdungsanalyse – ggf. zusammen mit seinem Tätigkeitsbericht – zumindest einmal jährlich dem Vorstand vorzulegen.

6.

Im Hinblick auf den fortlaufenden Wandel der angebotenen Dienstleistungen sowie der Durchführung von Finanzgeschäften, den technischen Fortschritt sowie nicht zuletzt die sich laufend ändernden Methoden der Geldwäsche sollte die Gefährdungsanalyse regelmäßig, zumindest einmal im Jahr, einer Überprüfung unterzogen und – soweit erforderlich – **aktualisiert** werden.

Mit freundlichen Grüßen
Im Auftrag
Menke

Anhang 2

Bundesanstalt für Finanzdienstleistungsaufsicht

07.11.2008
GZ: GW1 - QIN 5 606-2008/0 011

Rundschreiben 13/2008 (GW)

An alle Kreditinstitute und an alle Finanzdienstleistungsinstitute sowie an alle Versicherungsunternehmen, die Lebensversicherungsverträge bzw. Unfallversicherungsverträge mit Prämienrückgewähr anbieten, in der Bundesrepublik Deutschland

Erklärung der FATF vom16.10.2008 zu Usbekistan und dem Iran

Meine Rundschreiben 8/2007 (GW) sowie 4/2008 (GW)

Mit den Rundschreiben 8/2007 (GW) sowie 4/2008 (GW) hatte ich Sie über die Erklärungen der Financial Action Task Force on Money Laundering (FATF) vom 11.10.2007 bzw. 28.02.2008 zu Missständen bei der Bekämpfung der Geldwäsche sowie Terrorismusfinanzierung in Usbekistan und dem Iran informiert und um Beachtung der Empfehlungen der FATF gebeten.

Die FATF hat sich nunmehr im Rahmen ihrer Plenumssitzung vom 15.-17.10.2008 erneut mit der Situation in Usbekistan und dem Iran befasst und festgestellt, dass im Ergebnis noch keine konkrete Reduzierung des Länderrisikos in beiden Fällen eingetreten ist. Auf die Erklärung der FATF zu Usbekistan und dem Iran wird verwiesen.

Da Geschäftsaktivitäten und Transaktionen von und nach Usbekistan oder dem Iran mit einem hohen Risiko unter dem Gesichtspunkt der Geldwäsche und Terrorismusfinanzierung verbunden sein können, sind folgende Maßnahmen zur Eindämmung dieses Risikos zu treffen:

1.

a) Verstärkte Kundensorgfaltspflichten bei Geschäftsbeziehungen bzw. Finanztransaktionen von oder mit natürlichen oder juristischen Personen oder Gesellschaften mit Sitz in Usbekistan oder dem Iran bzw. mit Konto in diesen Ländern.

Bei Geschäftsbeziehungen bzw. Finanztransaktionen von oder mit natürlichen oder juristischen Personen oder Gesellschaften mit Sitz in Usbekistan oder dem Iran bzw. die über ein in diesen Ländern geführtes Konto abgewickelt werden, sind ab sofort verstärkte Anforderungen an die Kundensorgfaltspflichten zu stellen. Hierzu gehören insbesondere folgende Anforderungen:

- Im Falle bestehender Geschäfts- oder Kontobeziehungen zu Personen, einschließlich juristischer Personen oder Gesellschaften, mit Sitz in Usbekistan oder dem Iran sind diese einer erneuten Überprüfung zu unterziehen. Über das Fortbestehen der Geschäftsbeziehung oder deren Kündigung muss unter Einbeziehung der nächst höheren Führungsebene entschieden werden. Das Ergebnis dieser Überprüfung sowie die getroffene Entscheidung sind zu dokumentieren.
- Auch die Entscheidung über die Neuaufnahme von Geschäftsbeziehungen hat unter Einbeziehung der nächst höheren Führungsebene zu erfolgen und ist zu dokumentieren.
- Das Institut bzw. Versicherungsunternehmen hat sich über die Herkunft der eingesetzten Vermögenswerte Gewissheit zu verschaffen.
- An die Feststellung des wirtschaftlich Berechtigten gemäß §§ 1 Abs. 6 i. V. m. § 3 Abs. 1 Ziff. 3 GwG, insbesondere im Falle von juristischen Personen und Gesellschaften sind erhöhte Anforderungen zu stellen. Diese sind einer Identifizierung anhand von Legitimationsdokumenten zu unterziehen.
- Bestehen an der Kundenidentität, der Herkunft der Vermögenswerte oder der Identität des wirtschaftlich Berechtigten Zweifel, darf die Geschäftsbeziehung nicht begründet oder fortgesetzt werden.

b) Verstärkte Kundensorgfaltspflichten im Hinblick auf Geschäftsbeziehungen bzw. Finanztransaktionen von oder mit Finanzinstituten mit Sitz in Usbekistan oder dem Iran

Bei Geschäftsbeziehungen (insbesondere Korrespondenzbankbeziehungen) bzw. Finanztransaktionen von oder mit Finanzinstituten mit Sitz in Usbekistan oder dem Iran sind ab sofort verstärkte Anforderungen an die Kundensorgfaltspflichten zu stellen.

Insbesondere halte ich es für erforderlich, bestehende Korrespondenzbankbeziehungen zu Banken in Usbekistan oder dem Iran einer erneuten Überprüfung zu unterziehen. Über das Fortbestehen der Geschäftsbeziehung oder deren Kündigung muss unter Einbeziehung der nächst höheren Führungsebene entschieden werden. Das Ergebnis dieser Überprüfung sowie die getroffene Entscheidung sind zu dokumentieren.

Ebenso ist die Entscheidung über die Neuaufnahme von Korrespondenzbankbeziehungen zu Banken in Usbekistan oder dem Iran unter Einbeziehung der nächst höheren Führungsebene zu treffen und zu dokumentieren.

Um zu verhindern, dass Banken aus Usbekistan oder dem Iran stattdessen die Korrespondenzbankbeziehungen mit anderen Banken benutzen, halte ich es darüber hinaus für erforderlich, zu überprüfen, ob andere Banken, mit denen eine Korrespondenzbankbeziehung besteht, eine Korrespondenzbankbeziehung zu einer Bank aus Usbekistan oder dem Iran unterhalten. Gegebenenfalls ist auch für diese Sachverhalte eine Entscheidung über das Fortbestehen der Korrespondenzbankbeziehung zu den betreffenden Instituten unter Einbeziehung der nächst höheren Führungsebene durch eine höhere Entscheidungsebene zu treffen.

c) Verstärkte Kontroll- und Verdachtsmeldepflichten bzgl. Finanztransaktionen nach/aus Usbekistan oder dem Iran

Finanztransaktionen nach/aus Usbekistan oder dem Iran

- bei denen die Auftraggeberdaten i. S. v. Art. 4 der Geldtransferverordnung (Name, Adresse und Kontonummer) nicht beigefügt sind, bzw.
- bei denen der Datensatz im Rahmen des elektronischen Zahlungsverkehrs i. S. der Geldtransferverordnung nicht vollständig oder mit erkennbaren Leerformeln (z. B. »one of our clients«) ausgefüllt ist, bzw.
- einen Betrag von 15 000,- Euro oder mehr aufweist

sind einer eingehenden Überprüfung zu unterziehen. Unter Einbeziehung der nächst höheren Führungsebene soll eine Entscheidung darüber getroffen werden, ob eine Verdachtsanzeige gemäß § 11 GwG zu erstatten ist.

Sofern in den vorstehend genannten Fällen Anhaltspunkte darauf hindeuten, dass bei einer Transaktion Geldwäsche vorliegt oder diese der Terrorismusfinanzierung dient, ist stets eine Verdachtsanzeige gemäß § 11 GwG zu erstatten.

Die Ergebnisse der Überprüfungen sowie die getroffenen Maßnahmen, einschließlich der Entscheidung über die Erstattung einer Verdachtsanzeige gemäß § 11 GwG, sowie die erstattete Verdachtsanzeige, sind zu dokumentieren.

2.

Es ist sicherzustellen, dass die o. a. Maßnahmen auch durch Zweigniederlassungen und Tochterunternehmen deutscher Institute bzw. Versicherungsunternehmen im Ausland ergriffen werden.

Anhang 3

Bundesanstalt für Finanzdienstleistungsaufsicht

25.03.2009
GZ: GW 1-GW 2001-2008/0 003

Rundschreiben 6/2009 (GW)
An alle Kreditinstitute, Finanzdienstleistungsinstitute, Kapitalanlagegesellschaften, Investmentaktiengesellschaften sowie an alle Versicherungsunternehmen, die Lebensversicherungsverträge bzw. Unfallversicherungsverträge mit Prämienrückgewähr anbieten, in der Bundesrepublik Deutschland

I. Erklärung der FATF vom 25.02.2009 zum Iran u. a.
II. Fortgeltung der gemäß Rundschreiben 13/2008 (GW) zu treffenden Maßnahmen in Bezug auf Usbekistan und den Iran
III. Erklärung von MONEYVAL vom 12.12.2008 zu Aserbaidschan

I.

Mit Rundschreiben 13/2008 (GW) (http://www.bafin.de/cln_116/nn_721 290/Shardocs/Veroeffentlichugen/DE/Service/Rundschreiben/2008/rs__0 813__gw.html?__nnn=true) hatte ich über die Erklärung der Financial Action Task Force on Money Laundering (FATF) vom 17.10.2008 zu Missständen bei der Bekämpfung der Geldwäsche sowie Terrorismusfinanzierung in Usbekistan und dem Iran informiert und dazu aufgerufen, bestimmte im Rundschreiben genannte Maßnahmen in Bezug auf Geschäftsbeziehungen und Transaktionen von und nach Usbekistan oder dem Iran zu treffen.

Die FATF hat sich im Rahmen ihrer letzten Plenumssitzung vom 23.-25.02.2009 erneut mit der Situation in Usbekistan, dem Iran und anderen Ländern befasst. In ihrer Erklärung vom 25.02.2009 (http://www.fatf-gafi.org/dataoecd/18/28/42 242 615.pdf) hat sich die FATF nach wie vor besorgt darüber gezeigt, dass der Iran noch keine Bestrebungen gezeigt hat, die fortbestehenden und tiefgreifenden Defizite bei der Bekämpfung von Geldwäsche und Terrorismusfinanzierung zu beseitigen und insbesondere die aus der Terrorismusfinanzierung resultierenden Risiken und ernsten Gefahren für die Integrität des inter-nationalen Finanzsystems anzugehen.

Die FATF hat daher ihre Mitglieder und alle Staaten aufgerufen, ihre Finanzinstitute dazu zu veranlassen, Geschäftsbeziehungen und Transaktionen mit dem Iran, einschließlich Unternehmen und Finanzinstitute dort, weiterhin besondere Aufmerksamkeit zu widmen und zusätzliche Gegenmaßnahmen zu treffen, um ihren Finanzsektor vor Geldwäsche- und Terrorismusfinanzierungsrisiken zu schützen, die vom Iran herrühren. Die Staaten sollen sich außerdem davor schützen, dass Korrespondenzbankbeziehungen zur Umgehung oder Verhinderung von Gegenmaßnahmen und Risikoverhinderungsmaßnahmen missbraucht werden.

Vor diesem Hintergrund sind zusätzliche verstärkte Kundensorgfaltspflichten in Bezug auf Korrespondenzbanken mit Geschäftsbeziehungen bzw. Transaktionen zu bzw. von Personen oder Unternehmen mit Sitz im Iran erforderlich:

Um zu verhindern, dass Unternehmen oder Personen aus dem Iran Korrespondenzbanken in Drittländern zur Umgehung und zum Unterlaufen der mit Rundschreiben 13/2008 (GW) genannten Maßnahmen missbrauchen, haben deutsche Kreditinstitute sorgfältig zu überprüfen, ob und inwieweit ausländische Banken, mit denen sie Korrespondenzbeziehungen unterhalten, Konten für Unternehmen oder Personen aus dem Iran führen und ob diese in Bezug auf solche Konten verstärkte Kundensorgfaltspflichten anwenden, die denen entsprechen, die unter 1. a) in meinem Rundschreiben 13/2008 (GW) genannt sind.

Die vorgenannte Pflicht gilt erst recht in Bezug auf Konten, die von ausländischen Banken für öffentliche Stellen im Iran geführt werden.

II.

Im Übrigen gelten die gemäß Rundschreiben 13/2008 (GW) von den Kreditinstituten, Finanzdienstleistungsinstituten, Kapitalanlagegesellschaften, Investmentaktiengesellschaften und Versicherungsunternehmen zu treffenden Maßnahmen in Bezug auf Usbekistan und den Iran unverändert fort.

III.

Der Experten-Ausschuss zur Überprüfung von Maßnahmen zur Verhinderung der Geldwäsche und der Terrorismusfinanzierung beim Europäischen Rat (MONEYVAL) hat im Dezember 2008 fortbestehende Defizite von Aserbaidschan bei der Verhinderung von Geldwäsche und Terrorismusfinanzierung festgestellt und insofern zu erhöhten Sorgfaltspflichten aufgerufen (http://www.coe.int/t/dghl/monitoring/moneyval/About/MONEYVALstatementAZ_en.pdf). Die FATF hat sich dieses Petitum zueigen gemacht und die Erklärung von MONEYVAL auf ihrer Website veröffentlicht.

Um den aus diesem Sachverhalt resultierenden Risiken von Geldwäsche und Terrorismusfinanzierung zu begegnen, sollten Kreditinstitute, Finanzdienstleistungsinstitute, Kapitalanlagegesellschaften, Investmentaktiengesellschaften und Versicherungsunternehmen daher erhöhte Sorgfaltspflichten in Bezug auf Geschäftsbeziehungen und Transaktionen von und mit in Aserbaidschan ansässigen Personen, Unternehmen und Finanzinstituten anwenden.

Im Auftrag
Dr. Fürhoff

Anhang 4

Bundesanstalt für Finanzdienstleistungsaufsicht

(Stand: Mai 2009, aktuelle Fassung jeweils unter www.bafin.de)

Länder und Gebiete mit gleichwertigen Anforderungen bei der Verhinderung von Geldwäsche und Terrorismusfinanzierung

Die Richtlinie des Europäischen Parlamentes und des Rates zur Verhinderung der Nutzung des Finanzsystems zum Zwecke der Geldwäsche und der Terrorismusfinanzierung 2005/60/EG (Dritte EG-Geldwäscherichtlinie) eröffnet in verschiedenen Vorschriften Privilegien für Beziehungen zu Drittländern, sofern diese Drittländer Präventionsanforderungen erfüllen, die denen der Dritten Geldwäscherichtlinie entsprechen (z.B. Art. 11 (1), Art. 16 (1) (b), Art. 28 (4)). Das am 4. Juli 2008 beschlossene Geldwäschebekämpfungsergänzungsgesetz enthält ebenfalls an verschiedenen Stellen Bezugnahmen auf solche Drittländer (§§ 5 Abs. 2 Nr. 1 und Nr. 3, 6 Abs. 2 Nr. 2, 7 Abs. 1 und 12 Abs. 1 Nr. 2 und 4 GwG; § 25d Abs. 1 Nr. 3 Buchstabe b) KWG; § 80e Abs. 1 Nr. 4 Buchstabe b) VAG).

Da die EU-Kommission kein Mandat zur Erstellung einer offiziellen EU-Liste von Ländern mit gleichwertigen Standards besitzt, haben sich die EU-Mitgliedstaaten im Komitee zur Verhinderung von Geldwäsche und Terrorismusfinanzierung in Brüssel untereinander auf eine Liste von Drittländern verständigt, bei denen sie aufgrund objektiv feststellbarer Kriterien von einer Gleichwertigkeit der entsprechenden Präventionsstandards ausgehen konnten.

Die zwischen den Mitgliedstaaten vereinbarte Liste beinhaltet die folgenden Länder:

- Argentinien
- Australien
- Brasilien
- Hongkong
- Japan
- Kanada
- Mexico
- Neuseeland
- die Russische Föderation
- die Schweiz
- Singapur
- Südafrika
- die Vereinigten Staaten von Amerika

Die Mitgliedstaaten der EU sowie des Europäischen Wirtschaftsraums (EWR) bedürfen bereits durch ihre Implementierung der Dritten Geldwäscherichtlinie keiner Gleichwertigkeits-Qualifizierung. Als gleichwertig gelten ebenfalls die Anforderungen in den französischen Überseegebieten (Mayotte, Neu Kaledonien, Französisch Polynesien, Saint Pierre und Miquelon sowie Wallis and Futuna) sowie in den niederländischen Überseegebieten (Niederländische Antillen und Aruba). Diese Überseegebiete gehören zwar nicht zur EU oder zum EWR, gelten aber im Rahmen der FATF als Teil von Frankreich bzw. den Niederlanden.

Die Liste ist auch als Anhang des Protokolls der Sitzung des Komitees vom 18. April 2008 auf der angegebenen Seite der EU-Kommission im Internet zu finden. Es ist beabsichtigt, diese Liste regelmäßig auf Grundlage der jeweils neuesten Länderprüfungsberichte der Financial Action Task Force on Money Laundering (FATF), der jeweiligen Regional-Gremien, des IWF oder der Weltbank zu aktualisieren und Veränderungen jeweils zu veröffentlichen. Die BaFin wird die jeweils aktuelle Liste ebenfalls auf ihrer Homepage veröffentlichen.

Abbildungsverzeichnis

Endnoten

1 Vgl. Begründung zum GwBekErgG, BT-Drs. 16/9038, S. 50.
2 BGBl I 1993, Seite 1770.
3 BGBl I 1992, Seite 1302.
4 Vgl. ausführlich hierzu Lang/Schwarz/Kipp, Regelungen zur Bekämpfung der Geldwäsche, 3. Auflage 1999, Rdnr. 1.28.
5 Anlage 3 zur Kabinettssache des Bundesministers des Innern vom 23. März 1992 – P I 7 – 625 362 – 8/10, Seite 1 f.
6 Vgl. Rundschreiben 8/2005 der BaFin vom 24. März 2005, Ziff. 3.
7 Das hier beschriebene Korrekturverfahren für nach § 24 c KWG unzulässige Namenszusätze bezieht sich auf eine Lösung in den Systemen der Finanz Informatik GmbH & Co. KG, Münster. Institute, die der Finanz Informatik nicht angeschlossen sind, sollten sich bei ihrem zuständigen Rechenzentrum erkundigen, ob entsprechende Korrekturverfahren verfügbar sind.